Once weekly
psychoanalytic psychotherapy

週1回
精神分析的
サイコセラピー
実践から考える

編著 髙野 晶 Takano Aki
山崎孝明 Yamazaki Takaaki

遠見書房

まえがき

　本書は,『週一回サイコセラピー序説』(2017, 創元社) を受けて編まれた, いわば続編であり, 序説の次に来る本編であるともいえる。ここでは, 本書が編まれることになった経緯について記してみたい。

　日本の精神分析の歴史を考えるうえで欠かせないできごとに, アムステルダム・ショックがある。1993年に発生した, 日本精神分析協会における訓練がIPA (International Psychoanalytical Association；国際精神分析学会) の求める基準を満たしていなかったことが発覚し, IPAから是正を求められた事件である。

　古澤平作らが精神分析を輸入して以来, 日本では長く「週1回」は精神分析と近似のものとして扱われてきており, 少なくとも両者に断絶があるとは考えられていなかった。そこに, ある種の「外圧」がかかり,「週1回」は精神分析では・ないことが突きつけられることとなったのである。私見では, それがトラウマとなり, 日本の精神分析業界では「本物」「贋物」についてコンプレックスを抱えることになった。ゆえに爾来(じらい), 業界は「週4回」の「精神分析」をなんとか根づかせようと苦心してきた。その結果,「週1回」は等閑視されることとなった。

　そうした情勢に変化の兆しがあったのが, 2010年前後である。「週4回」と比較してではなく,「週1回」そのものを論じようという機運が高まった。長らく日陰者であった「週1回」に, ようやく日の目が当たったのである。『序説』は, そうした歴史の流れの中で編まれた。当時,「週1回」は精神分析学会におけるホットトピックであった。

　だが, 時の流れは速い。今や,「週1回も面接できない」「枠は30分です」「そもそも個室がありません」といった環境で働く援助職も多い。精神分析学会にて, 大会発表においても,『精神分析研究』誌においても,「応用」というジャンルが新設されたことはその変化の象徴である。私自身, そうした変化に呼応して, 昨年には『精神分析的サポーティブセラピー (POST) 入門』を共著で上梓したばかりだ。「週1回」は, もはや旬とは言えないのかもしれない。

　だがしかし, 個々の臨床には旬も何もない。社会の変化にキャッチアップする

ことも重要だが，社会の変化に流されずに，患者にとって有用な選択肢を示すことも，私たちに求められる能力である。数として減少傾向にあるのは事実だろうが，今でもやはり「週1回」の臨床が津々浦々で営まれていることは間違いない。それは，「週1回」はやはり臨床的に意義がある設定だからである（むろん，吟味されずに慣習的に「週1回」が行われていることが皆無だと言う気はないが）。さらに言えば，学問的には「週1回」の価値や意義，適用や限界などは，いまだ探求されつくしてなどいない。『序説』という名が示すように，その作業はまさに緒に就いたばかり，というところだろう。

　そうであるからには，「週1回」について，『序説』どまりで終わらせるわけにはいかない。『序説』は精神分析家の北山が監修し，精神分析的精神療法家の髙野が編集したものであった。そのまえがきで，髙野は以下のように述べている。

　　本書はタイトルに "序説" と名づけられています。この後にくる本論を予告する，というよりは，週一回のセラピーに関する論考が今後発展していくことを予見して，という意味合いです。そのような読者の方々への期待を最後に投げかけて，まえがきとします。

　その後，「週1回」にまつわる論文がいくつか著されたことに鑑みれば，この「予見」は一定正しかったと言える。しかし，上で述べたように，日本社会の余力のなさもあり，今その火が消えかかっていることは否めない。
　私は『序説』が発行されたとき，「読者の方々」の一人であった。『序説』をはじめとした「週1回」についての論考から多くを学び，そして自身でも「週1回」についての論文をいくつかものした。そうやって形にすることで，個人的には，「週1回」についての学問的探究は，ひと区切りついたように感じていた。
　そんな折，2023年の精神分析的心理療法フォーラムにおいて，「週1回と介入技法」というタイトルのセミナー講師依頼を受けた。荷が重いと思った私は，私が「『週1回』の専門家」と目している髙野に，ともに講師を務めてもらえないかと依頼し，快諾を得た。
　セミナー終了後，大仕事を終えたと思って一息ついている私に，髙野は「週1回」について，「『序説』の次」を考えてもよいのではないか，と示唆した。そのとき，私の脳裏に，先ほど引用したまえがきの一節が蘇った。
　私は現在，日本精神分析協会精神療法家センター（日本精神分析協会の設けた精神分析的精神療法家育成コースで養成された精神療法家・訓練途上の研修生・精神分析的精神療法に関心をもつ精神分析家によって構成され，精神分的精神療

法の研鑽と研究を行う組織）の研修生である。精神分析的精神療法家の資格を持っているわけではないし，心理療法家としてまだ中堅にさしかかったくらいのキャリアしか備えていない。一方，髙野は長年の間片手で数えられるほどしか存在しなかった「日本精神分析協会認定精神分析的精神療法家」であり続け，2024年現在はセンター長を務めている。髙野をはじめとした「週1回」を専門とする先達から学ぶことはまだいくらもあるが，いつまでも彼女たちに頼っているわけにもいかない。より若い世代が，上の世代が積み上げてきたものを引き継がねばならない。そう思った私は，「『序説』の次」を編まねばならぬ，と強く感じた。

　そこからは早く，間を置かずにセンターの精神療法家，研修生，センター会員の分析家および会員外の分析家に執筆を依頼し，多くの執筆者の快諾を得た。そうしてできあがったのが本書である。

＊

　内容を紹介しておこう。本書は全V部から成っている。
　I部は総論である。なぜ「週1回」なのかについて，これまで日本で積み上げられてきた研究をレビューし，あえて今「週1回」を問う意義について論じている。「週1回」は私たち治療者側のアイデンティティに関わるがゆえに重視されてきたところがある。それを断罪することは容易だが，生まれるものは何もないだろう。むしろ，そうした事態を引き起こした力動を丹念にふりかえることで，治療者側のアイデンティティ・ポリティクスとしてではなく，患者に提供する治療選択肢の質を向上させるといった方向から「週1回」研究を行うことが可能になることが論じられる。
　II部は技法論である。I部で述べたように，日本の精神分析コミュニティは，「精神分析的」であることに拘りを持たざるを得ない歴史的経緯が存在した。その結果のひとつが，転移解釈の特権性の重視であった。しかし，藤山による「平行移動仮説」の提唱を経て，「週1回」に「週4回」の技法論を「平行移動」してもよい結果を生まないのではないだろうか，「週1回」には「週1回」特有の技法論があり，それを追求していくべきではないか，という問題意識が醸成されていった。ここに収められた論考は，それへの応答であるといえる。
　III部は，設定論である。「週1回」という設定のポテンシャルを最大限に引き出すために，対面法，背面法，カウチ，といった患者－治療者の位置取りがいかように治療過程に影響するかが論じられる。また，「週1回」は「週4回」と比して

抱える力が弱いとされるが，そのなかでも精神分析的セラピーを有効に行うための設定，すなわち A-T スプリットについても現代的に考察される。

　IV部では，領域別の「週1回」の実践が描き出される。「週1回」は汎用性が高い。ゆえにいろいろな場で採用される設定である。しかし，どこでも同じように「週1回」のセラピーが行われるわけではない。ここでは，そうした領域ごとの「週1回」らしさを感じ取ってもらえるだろう。

　V部には，「週1回」から（における）「精神分析的」を考える論考が収められている。「精神分析は精神分析である」という言説を耳にすることは少なくない。「精神分析を受けたり，実践したことのない人に精神分析は語れない」。これもまた，まれならず遭遇する文章である。だがしかし，本当にそうなのだろうか。たしかに語れることに制限はあるかもしれないが，口を噤む必要はないのではないか。ここでは，精神分析家であるか否かや，その実践がいわゆる「精神分析的」であるか否かを問わず，フラットに「精神分析的」を問い直すという野心的な試みが著者たちによって挑まれている。

＊

　「週1回」を論じることは，治療者側のアイデンティティ・ポリティクスにすぎないのだろうか。これまでの「週1回」研究に対し，そのような批判が生じるのは一定程度，理解できるように思う。しかし，本書はそこから歩を一歩進めている。頁を繰れば，「週1回」という設定が，実のある，患者にとって有用かつ必要な選択肢なのだ，ということが伝わるものになっていると思う。

　『序説』における髙野の投げかけに数年の時を経て私が応じたように，私も本書がさらなる「週1回」研究を生むことを期待している。読者諸氏には，彼岸のことではなく，此岸のこととして「週1回」について考え，さらにはその考えを論文や書籍の形で著していってもらえれば，編者を務めた甲斐があったというものである。数年後にさらなる「次」を目にする未来を夢見て，まえがきとしたい。

2024年10月　山崎孝明

目　次

まえがき 3

第Ⅰ部　総　論

第1章　「週1回」とは何か …………………………………… 13
山崎孝明

　Ⅰ　はじめに―なぜ「週1回」なのか　13／Ⅱ　「週1回」研究の蓄積　15／Ⅲ　結論：「週1回」は分析的にするのは難しい　20／Ⅳ　おわりに―「治療者のための『週1回』」を超えて　25

第Ⅱ部　技法論

第2章　週1回の精神分析的精神療法における here and now の解釈について ……………………………………………………… 31
岡田暁宜

　Ⅰ　はじめに　32／Ⅱ　週1回の頻度について　33／Ⅲ　here and now と転移について　33／Ⅳ　解釈について　35／Ⅴ　週1回の精神分析的精神療法における here and now の解釈の難しさ　36／Ⅵ　週1回の精神分析的精神療法における here and now の解釈に向けて　42／Ⅶ　おわりに　44

第3章　精神分析的精神療法における振動―― Strachey 概念の重要性と，その現代的意味付け ………………………………………… 45
縄田秀幸

　Ⅰ　はじめに　45／Ⅱ　臨床素材　47／Ⅲ　考察　52／Ⅳ　おわりに　56

第4章　関係性以前の接触のインパクト――週1回セラピーにおける重要性 …………………………………………………………… 59
藤山直樹

8 週1回精神分析的サイコセラピー

　　Ⅰ　はじめに 59／Ⅱ　精神分析における関係性の扱い──転移解釈，変容性解釈 61／Ⅲ　週1回セラピーで起きること 64／Ⅳ　週1回セラピーで何ができるか──接触面でのインパクトへの着目 66／Ⅴ　おわりに 68

第5章　週1回の精神分析的心理療法における転移の醸成──変容性解釈の
　　　　第一段階再考……………………………………………………… 70

　　　　　　　　　　　　　　　　　　　　　　　　　　　　　　　山崎孝明

　　Ⅰ　はじめに 71／Ⅱ　精神分析における転移解釈 71／Ⅲ　精神分析的心理療法における転移解釈 74／Ⅳ　臨床素材 76／Ⅴ　症例のまとめ 79／Ⅵ　考察 80／Ⅶ　おわりに 85

第Ⅲ部　設定論

第6章　対面法と寝椅子，そして対面法 ………………………………… 91

　　　　　　　　　　　　　　　　　　　　　　　　　　　　　　　髙野　晶

　　Ⅰ　はじめに 91／Ⅱ　治療構造論の概略 91／Ⅲ　患者と治療者にとっての寝椅子と対面法 92／Ⅳ　週1回の対面法と寝椅子のさまざま 93／Ⅴ　対面法と相互交流 97／Ⅵ　おわりに 105

第7章　週1回の精神分析的心理療法におけるカウチ使用に関する一考察
　　　　……………………………………………………………………… 107

　　　　　　　　　　　　　　　　　　　　　　　　　　　　　　　山崎孝明

　　Ⅰ　問題 108／Ⅱ　臨床素材 114／Ⅲ　考察 118／Ⅳ　おわりに 123

第8章　背面椅子式自由連想法を考える ………………………………… 126

　　　　　　　　　　　　　　　　　　　　　　　　　　　　　　　尹　成秀

　　Ⅰ　はじめに 126／Ⅱ　位置的設定としての背面椅子式自由連想法想法 127／Ⅲ　背面椅子式自由連想法の歴史 128／Ⅳ　週1回精神分析的心理療法のための設定としての背面椅子式自由連想法 129／Ⅴ　症例 131／Ⅵ　症例の考察 133／Ⅶ　おわりに 138

第9章　A-Tスプリットはアップデートできるか ……………………… 140

　　　　　　　　　　　　　　　　　　　　　　　　　　　　　　　髙野　晶

　　Ⅰ　セラピーはセラピーのみによって成らず──治療構造の中のA-Tスプリット 140／Ⅱ　歴史的レビュー 142／Ⅲ　医師から見たA-Tスプリットの現実 145／Ⅳ　ミニマムなA-Tスプリット 147／Ⅴ　文化共有モデルを超えて 150／Ⅵ　現代的なある視点を交えて 152

第Ⅳ部　それぞれの領域における「週1回」の実践

第10章　学生相談における「週1回」セラピー……………………157
　　　　　　　　　　　　　　　　　　　　　　　　　　飯島みどり

　Ⅰ　はじめに　157／Ⅱ　学生相談における「構造」の特徴　158／Ⅲ　学生相談における精神分析的セラピーにおける技法と適応　160／Ⅳ　事例　162／Ⅴ　事例の理解と意義　166／Ⅵ　学生相談における精神分析的セラピーの課題　167／Ⅶ　おわりに　168

第11章　開業における週1回精神分析的セラピー——傷つきのなかで生命感が蘇るプロセス……………………………………………170
　　　　　　　　　　　　　　　　　　　　　　　　　　日下紀子

　Ⅰ　はじめに　170／Ⅱ　開業での心理臨床実践の実際　171／Ⅲ　開業領域における週1回精神分析的セラピーの実際　173／Ⅳ　週1回精神分析的セラピーのプロセス考察　177／Ⅴ　おわりに　181

第12章　医療における週1回スピリットと技法……………………183
　　　　　　　　　　　　　　　　　　　　　　　　　　髙野　晶

　Ⅰ　はじめに　183／Ⅱ　個人史的に——頻度についてどんなふうに考えてきたのだろう　183／Ⅲ　そして医療における週1回スピリット　185／Ⅳ　日本精神分析学会第68回大会シンポジウム（2022）「週1回精神分析的精神療法における技法」　186／Ⅴ　解釈を伝えること　187／Ⅵ　日本精神分析学会第68回大会シンポジウム（2022）の後で　188／Ⅶ　介入のギアシフト　189／Ⅷ　「気分障害の精神分析——無能力感と境界形成をめぐって」（狩野，2018）から　190／Ⅸ　介入のギアシフトの一例：症例A　191／Ⅹ　総括　195

第13章　精神科クリニックにおける週1回セラピー——週1回一般外来と週1回精神分析的精神療法……………………………197
　　　　　　　　　　　　　　　　　　　　　　　　　　若松亜矢

　Ⅰ　はじめに　197／Ⅱ　「週1回」精神分析的精神療法との出会い　197／Ⅲ　私が実践している「週1回」精神分析的精神療法の目標——「よくなる」とは　198／Ⅳ　週1回一般外来診療　199／Ⅴ　私の立ち位置　200／Ⅵ　週1回一般外来診療　200／Ⅶ　週1回精神分析的精神療法　203／Ⅷ　週1回一般外来と精神分析的精神療法をめぐって　207／Ⅸ　さいごに　208

第Ⅴ部　週1回の「精神分析的」を考える

第14章　無意識の思考をたどること …………………………… 213
鈴木智美

　Ⅰ　はじめに　213／Ⅱ　週1回のリズム　214／Ⅲ　語られていることの無意識的な意味をたどる　214／Ⅳ　症例提示　216／Ⅴ　精神分析的か？　219／Ⅵ　おわりに　220

第15章　週1回セラピーの中で亡霊を見ようとすること ………… 222
関真粧美

　Ⅰ　言葉の隙間を漂うもの　222／Ⅱ　精神分析における亡霊　223／Ⅲ　"あの時"や"あそこ"を"今ここ"に接続するものとしての亡霊　224／Ⅳ　週1回セラピーにおける"今ここ"の取り扱い――亡霊を見ようとすること　225／Ⅴ　ビネット　227／Ⅵ　"今ここ"の外で巡らされる思索　229／Ⅶ　"あの時"や"あそこ"を"今ここ"に接続する"かさね解釈"　231

第16章　週1回の精神分析的心理療法空間に漂う日常性と時間 ……… 235
髙橋靖恵

　Ⅰ　週1回の設定は果たして特別であろうか　235／Ⅱ　日常性と週1回の精神分析的心理療法　236／Ⅲ　週1回の精神分析的心理療法と対面法　239／Ⅳ　精神分析的心理療法にみる時間　240／Ⅴ　結びにかえて――精神分析的心理療法の独自性　241

第17章　POSTを通じて考える週1回における「精神分析的」 ……… 244
山口貴史

　Ⅰ　はじめに　244／Ⅱ　POSTとは　244／Ⅲ　「精神分析的」とは　245／Ⅳ　「週1回」POSTと「週1回」精神分析的心理療法　246／Ⅴ　事例　247／Ⅵ　事例の解説　251／Ⅶ　「精神分析的瞬間」　252／Ⅷ　POSTにおいて「精神分析的瞬間」が生じる諸条件　252／Ⅸ　求められるセラピストの「舵取り」――精神分析的心理療法？　POST？　254／Ⅹ　「週1回」と精神分析らしさ／精神療法らしさ　255／Ⅺ　結論として　257

　あとがき　260

　索　引　263

第Ⅰ部 総論

第1章
「週1回」とは何か

山崎孝明

I　はじめに——なぜ「週1回」なのか

　「週1回」は，日本の精神分析コミュニティにとって，とても重要な数字である。

　一昔前には，そうした感覚はコミュニティの中で共有されたものであったように思う。それはあまりにも当然のこととされていたがゆえに，わざわざ活字化されることは少なかった。しかし，この数年でその雰囲気は変化したように感じられる。それは，流布する「週1回」に関する言説が「こうあるべし」という規範的なものから「実際のところこうである」という現状記述的なものに比重が移ってきたがゆえのことであろう。

　その結果，いまや「週1回」の重要性はある世代では当然のように共有され，ある世代では共有されないものとなり，ある種の分断を生むものとなってしまっている。なぜ重要なのかが文献になっていないため，後続世代からすれば「週1回」が重要なのだ，という空気を当然のこととして押しつけられても戸惑うだけだろう。ゆえに，ここではまず，なぜ私たちが「週1回」を特別視してきたかについて振り返りたい。

　1993年のアムステルダム・ショックまで，日本では一般には「週1回」の精神分析的心理療法は「精神分析」と呼称されてきた。それ以前，「週1回」と「週4回」に区別がなかったというよりも，「週4回」は「蜃気楼」（髙野, 1998）のようなものであり，その実在性が十分には感じられていなかったといったほうが正確だろう。

　だから，ある時期まで，日本においては「週1回」がほぼ「精神分析」だった。これが「週1回」が日本精神分析コミュニティにとって重要であるひとつめの理由である。

しかし，1993年の時点で，IPAより「週4回」は実在するし，それこそが精神分析であること，ゆえに「週1回」は精神分析で**はない**ことが突きつけられた格好になったわけである。であれば，「週1回」について扱っている「日本精神分析学会」は，実態に即して「日本力動精神医学会」，「日本力動精神療法学会」に名称を変更してもよかったのかもしれない。少なくともそのほうが，中身と看板とがねじれを孕むことにはならなかっただろう。実際，名称の変更が議題に上ることは何度もあったようだが，会員に「精神分析というものに対しての愛着がある」（西園，2004）という理由から，実現はしなかった。ここにすでに，治療者側のアイデンティティの問題が垣間見える。アムステルダム・ショック後に精神分析協会によって作られた，週1回以上の実践と訓練に基づく「精神分析的精神療法家」という日本独自の資格も，この微妙な状況の産物と見ることができる。

その後，日本では奇妙なダブルスタンダードが維持されることとなった。これから見ていくように，93年以後，少なくとも文献上で「週1回」が「週4回」に比べて「精神分析的」でないことは，無視できない頻度で取り上げられることになる。「『週1回』は精神分析的にすることが難しい」ということが明確に，何度も示されたのである。にもかかわらず，私たちは「週1回」を「週4回」の精神分析の理論でもって語ることをやめなかった。ここには，「見て見ぬふり」（山崎，2017）が存在した。

そうした歪な状況を正面切って取り上げたのが，2014年の藤山による精神分析学会会長講演（藤山，2015）である。ここに至って，私たちは「週1回」が「週4回」とは異なることを「見て見ぬふり」することはかなり難しくなった。

ゆえに，藤山の会長講演からしばらくの間，精神分析学会において「週1回」が盛んに論じられることとなった。そこで前提とされていたことを言語化するなれば，「「週1回」はたしかに「週4回」とは違う。「精神分析的」にするのが難しいのも事実である。しかし，「週1回」であれば，工夫次第で「精神分析的」なセラピーができる」というものであったといえるだろう。これが，私たちが「週1回」を重視してきたもうひとつの理由である。

このころ，それまで協会に少数でひっそりと存在していた数名の「精神分析的精神療法家」は，協会の北山らの協力を得，自らのあり方を模索し，検討を重ねた。その結果，2019年には「精神療法家センター」が，「やがては自立することが期待され」る形で，協会に「併設」（北山，2019）されることとなった。これは，「週1回」と「週4回」の差異が顕現した結果，「週1回」の現実的な可能性と限界が見えてきたがゆえのことであり，かつ精神療法家が自身の肯定的なアイ

デンティティを固めていったがゆえの——髙野（2018）の言葉を借りれば，「自負と慎み」を得たがゆえの——ことでもあろう。

　私は現在，その精神療法家センターの研修生である。このポジショナリティを明確にしたうえで，本論に入ろう。まずは，「週1回」についての研究の歴史——「週1回」を「精神分析的」にするのは難しいことが示された歴史——をざっと振り返りたい。

II　「週1回」研究の蓄積

シンポジウム①

　日本の分析コミュニティにおける，「週1回」，というよりは頻度についての研究の嚆矢は，1989年に精神分析協会で行われたシンポジウム「自由連想法と治療回数をめぐって」である。この内容は1990年に『精神分析研究』に掲載されている。

　次に，1998年の『精神分析研究』における特集「精神療法における時間的構造——とくに回数と時間をめぐって」があげられる。ここでは，鈴木（1998）による「週1回の精神療法における現実生活の主題と転移の扱い」が目を引く。彼は，「『週1回』でも『週4回』と同様に転移解釈は有効なのか？」という問いを立て，治療者は実際には「週1回」では「週4回」とは違う配慮を「無意識的に」行なっているに違いないにもかかわらず，その問題意識はオープンには語られてこなかったと指摘する。その上で，週1回の治療においては，現実生活の現実性を正しく評価すること，「大人の部分」の防衛的側面を否定的に捉えすぎないことが重要であると主張した。1993年のアムステルダム・ショックから数年しか経過しておらず，その語も膾炙していなかったこの時点で，のちに触れる「平行移動仮説」について検討していることは特筆に値する。

「週1回」についての教育研修セミナー①——藤山らの仕事

　その後，学会レベルで頻度について取り上げられたのは，藤山らによって企画された精神分析学会における教育研修セミナーである。「治療の頻度を考える——週一回から週五回まで」（2010），「セッションの頻度について——何がどう違うのか？」（2011）は，2012年に『精神分析研究』にて活字化された。その「特集にあたって」で藤山・妙木（2012）は「私たちの週1回の実践はどの程度『精神分析的』であるのか。私たちの実践と精神分析とのあいだに横たわる違いは単に程

度の問題なのか，質的なものか。そしてその違いをかたちづくっているのは，単に頻度の違いだけなのか。そして，まったく違った治療設定のなかで集積されてきた精神分析の知を参照して私たちの実践を語ることは，どの程度妥当なのか」と問うている。

藤山の仕事

　この教育研修セミナーがそうであったように，藤山は「週1回」についての議論を開始し，リードしてきた存在である。その成果は，「精神分析実践における頻度―『生活療法としての精神分析』の視点」(2012)，「週1回の精神分析的セラピー再考」(2015)，「精神分析らしさをめぐって」(2016)，「関係性以前の接触のインパクト：週1回セラピーにおける重要性」(2019)といった論文に結実している。

　彼の仕事の中でもっとも重要なのは，日本の精神分析コミュニティが無意識に採用していた「平行移動仮説」を抽出・言語化し，それが検証を要する「仮説」にすぎないことを明示し，議論の土台を作ったことである。以下に，藤山（2015）による平行移動仮説の定義を掲げておこう。

　　精神分析の技法論（週4回以上の頻度，カウチ設定，訓練分析を受けた分析家を基礎的設定として構築されたもの）を，本学会（註：日本精神分析学会）で一般的な（週1回の頻度，訓練分析を受けていないセラピストによる）実践における臨床素材の技法論的考察に平行移動して適用することができる。

　彼の基本的な論調は，「精神分析と週1回の精神分析的セラピーには『精神分析らしさ』の観点からすると，決定的な違いがある」，つまり精神分析は「精神分析らしさ」に溢れているが，精神分析的セラピーはそうではない，というものである。ゆえに"精神分析が優れており，精神分析的セラピーは劣っている"という主張として受け取られることがままあるようだが，彼は明確に「週1回の精神分析的セラピーが有用であるのは前提である」と述べていることには注意したい。私自身繰り返し述べてきていることだが，「精神分析的であること」と「治療として有用か」は別軸の概念である（山崎，2017）。

　ゆえに，藤山（2016）は「『平行移動仮説』をもはや信じられなくなった私たちは，いま分岐点にいる」と指摘し，「(精神分析学会が)いままでのような，精神分析とその周辺の経験を語り合う学会，『間口の広い入り口』的な学会を維持するのか，それとも，より『精神分析らしさ』を追求し，精神分析的な訓練を受け

た専門家だけが語り合う場としての学会になるのか」と「二つの道」のどちらに進むべきかと問う。この論文は「私たちは『平行移動仮説』に安住することは難しいし，『精神分析らしさ』に意識的にならないでいることも難しい。私たちは難しいところにさしかかっている」と閉じられている。藤山は，「二つの道」のそれぞれを進んだ場合に起こりうるであろうことを予測するにとどめ，自身の立場を明確にしていない。これは，この問題が，私たち精神分析的臨床に関わる者一人ひとりが考えるべきものであることを示している。

「週1回」についての教育研修セミナー②――北山らの仕事

「週1回」について考える際には，北山の仕事も外すことができない。北山は週4回以上の「フル精神分析」と比較し，批判的に語られがちな「週1回」について，日本文化との相性のよさなどを根拠に，一貫して肯定的な評価を与えている数少ない論者である。

彼の「週1回」への言及は随所で見られるが，教育研修セミナーに限って言えば，たとえば「週一回の精神分析的セラピーを生かす―日本における意義と創造性」(2018)，「精神分析的であるとはどういうことか―我が国の臨床実践，そして文化・言語・歴史との関連で考える」(2022) などがあげられる。

「週1回」についての教育研修セミナー③――岩倉らの仕事

藤山・北山は医師であり分析家である。対して心理士であり精神分析的心理療法家である岩倉も，この問題について重要な貢献をしており，関連する教育研修セミナーも多数行っている。具体的には，「週一回の精神分析的心理療法を考える―インテーク・アセスメント期に焦点をあてて」(2018)，年「週一回の精神分析的心理療法を考える（2）」(2019)，「精神分析的サポーティブセラピー：POST『再』入門」(2022)，「POSTにおける技法について」(2023)，である。

岩倉の仕事は，藤山の「二つの道」でいえば「精神分析とその周辺の経験を語り合う」ものであり，別言すれば後述する「精神分析的【心理療法】」について追求したものである，と整理することができる。

シンポジウム②

藤山を筆頭とし，北山，岩倉らの行った仕事と並行して，学会単位でのシンポジウムも開催されている。

「精神分析と精神分析的精神療法における共通基盤と相違―日本の精神分析的

精神療法の再見に向けて」（精神分析学会, 2017），「週一回の面接の中で here and now の解釈をどう生かすのか」（精神分析的心理療法フォーラム, 2018），「週1回精神分析的精神療法における技法」（精神分析学会, 2022）といったものがそれである。

　紙幅の関係上，それらの内容を詳細に追うことはしないが，ここで重要なのは「週1回」が公に，ふつうに議論されるトピックになった，ということである。アムステルダム・ショックが発生した1993年には，このような状況は考えられないものであっただろう。

髙野の仕事

　「週1回」を論じるうえで欠かせない存在に，髙野がいる。髙野は，「まえがき」でも述べた，アムステルダム・ショック時に日本精神分析協会が独自に設けた「精神分析的精神療法家」資格を初期に取得した3名のうちの1人である。いわば（精神分析ではなく）精神分析的精神療法の専門家と呼んで差し支えないだろう。それゆえにと推測されるが，彼女はわが国における「週1回」研究の一里塚である『週一回サイコセラピー序説』（2017）を，北山とともに編んでいる。

　彼女はそれ以前から，「週1回」について多くの論文を著している。「面接頻度を増やすことについて―週1回から週2回へ」（1998），「精神分析と精神分析的精神療法―分析的枠組と分析的態度からの展望」（2016），「週一回精神分析的精神療法の歴史」（2017），「週1回の心理療法―特性を治療構造から考える」（2018），「週1回の精神分析的精神療法―自負と慎みと」（2018）といったところがそれである。

　彼女の仕事で注目すべきは，藤山の「平行移動仮説」をもう一歩推し進め，「近似仮説」（髙野，2017）を抽出したことである。近似仮説は，「週一回の治療は毎日分析と近似である」という仮説であり，平行移動仮説と共通する部分があるが，より総体的なものであるという。たしかに，平行移動仮説が検証しようとしている問いの回答は「平行移動できる」もしくは「平行移動できない」の二者択一であるのに対し，近似仮説が検証しようとしているのは，「何が似ていて，何が似ていないのか」，「どんなときに似ていて，どんなときに似ていないのか」といったより詳細な回答が求められる問いである。

　髙野（2017）は，日本の精神分析界では五十年余りをかけて近似仮説に基づいた壮大な実験が行われてきたとみることができると述べているが，この観点を獲得することで，「週1回」研究の解像度は飛躍的に向上する可能性を得たと言え

る。

山崎の仕事

　そして私自身の貢献もここに挙げたい。日本において精神分析と精神分析的心理療法は長く難しい関係を続けてきた。しかし，その葛藤を生で生きていない世代である私は，これまで挙げてきた先達とは異なった角度からもこの問題を捉えている。つまり，その背景にある政治的要素にも目を向けているのが，私の「週1回」研究への独自の寄与であると言えるだろう。

　私自身，「週1回」についていくつかの論文を著してきた。具体的には，「週1回の精神分析的心理療法における転移の醸成―変容性解釈の第一段階再考」(2018)，「日本精神分析学会における週1回の精神分析的心理療法にまつわる歴史」(2019)，「週1回の精神分析的心理療法におけるカウチ使用に関する一考察」(2022b)，といったところである。

　中でももっとも重要なのは，「日本精神分析学会における『見て見ぬふり』」(2017) であると考えている。そこでは，「週1回」の精神分析的心理療法が正当に評価されてこなかった，精神分析コミュニティの力動について考察している。

　「見て見ぬふり」は，「その方が都合がよいために，現実に向かうように見えるが，現実を無視する」という態度を描写するためにスタイナー Steiner, J. (1985) が同名の論文で用いた用語である。彼は「どの程度意識的に，またもしくはどの程度無意識的にそれを認識しているのかという曖昧さを，この言葉が正しく伝える」とし，「見て見ぬふり」を可能にするには，可能性（chance）と共謀（collusion）が重要な役割を果たすと指摘する。私はここで，この概念を援用し，「『週1回』でも『週4回』と同様の精神分析的臨床現象が生起するという可能性」と，「その可能性の生起確率を問わないという形での共謀」が「『週1回』は精神分析ではない」という事実を見て見ぬふりすることを可能にしている，と論じた。平たく言えば，私たちは「『週1回』でも精神分析的に行える」というごく僅かな可能性に賭けることで，「精神分析的」というアイデンティティを維持しようとしてきたのだ，と指摘したのである。

　私がその論文を執筆していたのは 2015 年くらいからだが，当時は「週1回」の議論を（というよりも，精神分析学会全体を，かもしれない）藤山や北山といった精神分析家がリードしていた。精神分析家自身がいくらフラットに話したところで，「精神分析ではないもの」とされる精神分析的心理療法を生業とする精神分析的心理療法家——それが精神分析学会や精神分析的実践をしている人の大多

数なのだが——は，どうしても迫害的に受け取ってしまう。その構造自体に変化をもたらせるのは，精神分析家ではなく，精神分析的心理療法家でしかありえなかった。「見て見ぬふり」論文は，精神分析的心理療法家の立場から，精神分析的心理療法と精神分析の関係について述べたものであることに意味があった。

そこで私は，わが国で「『週1回』を『精神分析的』にすることは難しい」と主張されている文献をレビューし，それらが十分量積み重ねられていることを示した上で，以下のように述べている。

　　精神分析的心理療法は，精神分析ではない。そして，簡易版精神分析でもない。精神分析的心理療法は精神分析から生まれたものではあるが，しかし，いつまでも子どものままでいるわけでもない。それは少なくとも日本では，すでに何十年もの歴史があり，実績を積んできた，独立した，ひとつの「大人」の心理療法なのである。私たちは，その事実からも目を背けているのかもしれない。親と比較して限界を嘆くばかりではなく，自分自身ができることに目をむけること，つまり，精神分析との比較云々ではなく，精神分析的心理療法の実践自体が治療効果を上げているという事実に基づき，自分の行っていることへの健全な信頼を持つことも，私たちに求められることだろう。

III　結論：「週1回」は分析的にするのは難しい

すでに「週1回」についてはこれだけの研究の蓄積がある。そこで行われていたのは基本的には「『週1回』は精神分析的なのか」という平行移動仮説的検証であったが，その結果，「『週1回』は『分析的』にするのは難しい」という結論が出ていると言ってよいだろう（山崎，2017，2019）。つまり平行移動仮説は否定されたのである。それに加え，2010年代には「週4回」と「週1回」という対立軸だったものが，いまや「週1回」と「隔週以下，30分以下」，「構造化できない臨床」という対立軸になっているように思われる。

1．それでも，「週1回」問題は終わらない

にもかかわらず，ここまで見てきたように，「週1回」について問われ続けているのが現状である。となれば，「週1回」というテーマは同じでも，今問われているのはこれまで問われてきたような「『週1回』は分析的なのか」ではないことなのではないか，と考えるのが妥当だろう。

つまり，「『週1回』を分析的にするのは難しいのはわかった。その上で，いか

にすれば『週1回』を（分析的に，ではなく）有益なものにできるのだろうか」と問われているのではないだろうか。換言すれば，これまでの「週1回」研究においては平行移動仮説の正否が問われていたところ，現在は近似仮説の詳細が問われるようになってきているのではないだろうか。

しかしここで改めて，私たちはなぜこんなにも「週1回」についてこだわり，議論を続けているのだろうかと問うてみてもよいだろう。

この疑問への私の回答は，「『週1回』が私たちのアイデンティティにとって重要だから」というものだ（山崎，2015）。

というのも，冒頭で述べたように，「週1回」であれば，（かろうじて）「精神分析的」なセラピーができる，とされてきたのが日本の精神分析コミュニティの歴史であったからだ。今にして思えば，「『週1回』でも『週4回』と同様の精神分析的臨床現象が生起するという可能性」を検討した「見て見ぬふり」論文も，近似仮説的検討を施していたのだと理解することができる。

日本精神分析学会大会の30年以上にわたる抄録をサーベイした髙野（2017）が「抄録の内容を読むともなく目で追うと，頁のそこここに，精神分析的であろうとする，精神分析的に考えようとする苦闘があふれていた」と述べているように，私たちは，なんとか「分析的」であろうとしてきた。それは裏を返せば，私たちの「分析的」アイデンティティがいかに脆弱であったかということでもある。

こうした危機に直面して私たちが行ってきたのは，「いかにも精神分析らしいこと」をすることによって自身の「分析的」アイデンティティを保とうとする，ということだったのかもしれない。具体的には，自由連想法やカウチといった外形をそれらしくすること（岡田，2017）や，形ばかりの転移解釈を投与すること（岡田，2018b；山崎，2014, 2015, 2018）などがあげられる。

だがそのような方略は，治療的には功を奏さないことも多い。そうした事態は以前から存在していたことだろうが，この10年ほど，それが精神分析家からだけでなく，精神分析的心理療法家からも公に語られるようになってきた。それは，精神分析と精神分析的心理療法は別物であり，それぞれによさがあるものであるという理解が共有されていったことを背景にして，私たちの（精神分析の実践家ではなく）「精神分析的心理療法家」としてのアイデンティティが成熟したことを示しているとも言えるだろう。

こうしてアイデンティティの問題が解消とは言わないまでも薄れた結果，「週1回」についての冷静な議論が可能になってきているのが現代である。しかし，そうした治療者側のアイデンティティ・ポリティクスを措いておいても，そもそも

「週1回」を論じるには本質的な困難が存在している。次に、ここまで棚上げしてきたその難しさに目を向けてみよう。

2．「週1回」≒精神分析的心理療法を論じる難しさ

「週1回」、すなわち精神分析的心理療法を論じるのはそもそも難しい。

まず、「精神分析的」の定義が著者によってまちまちであり、まったくもって一貫しないという難しさがある。以前私はそうした状態を「『精神分析的』に最大公約数は存在しない」と述べた（山崎, 2022）。このテーゼを前提にすれば議論を構築することは可能かもしれないが、実際にはそれもあくまで私の考えにすぎない。実態的に「精神分析的」が存在する、と考える立場もある。ゆえに、「精神分析的」をめぐる議論は神学論争のようになり、いつまでも結論は出ないままとなる。

それに加え、「精神分析的心理療法」という用語が内包する難しさもある。前半の「精神分析的」に重点を置くか、後半の「心理療法」に重点を置くかで「精神分析的心理療法」という語の指すところが異なるのである。つまり、同じ「精神分析的心理療法」という用語を使っていても、著者によって違う内容を表していることがおうおうにしてあるのだ。

ここではその違いを明確にするために「【精神分析的】心理療法」と「精神分析的【心理療法】」という表記を導入したいと思う。つまり、「週1回」の実践において、それでも「精神分析的」であることを重視するのが前者、「週1回」の実践であるがゆえに「現実的」であることを重視するのが後者である。むろん、これは理念型であり、実際の臨床はそのように綺麗に分かれるわけではない。しかし、「週1回」について考えるためには理念、すなわち目標の違いが重要になってくる。目標の違いは、そこから逆算して導出される介入の違いに直結するものであり、臨床にも影響を及ぼすからだ。

この違いを明確に意識することで、私たちは「週1回」の「精神分析的心理療法」についての議論をより緻密に行うことができることとなる。たとえば、私は先ほど「『週1回』であれば、（かろうじて）『精神分析的』なセラピーができる、とされてきた」と述べたが、これは平行移動仮説水準の検討にすぎない。ここに「【精神分析的】心理療法」と「精神分析的【心理療法】」という補助線を用いて近似仮説水準の検討を施すと、この言説は①よき治療者と、精神分析的心理療法を利用する力が非常に高い患者とならば、【精神分析的】心理療法が可能である、②多くの場合、精神分析的【心理療法】は可能である、という二つの命題に分解

することができる。①と②では，論じられる内容や方向性がまったく異なることがおわかりいただけるだろう。

　ちなみに，私は以前の論文で，「【精神分析的】心理療法」を「精神分析的心理療法」と，「精神分析的【心理療法】」を「力動的心理療法」と呼び分けた（山崎，2019）。その使い分けについて，詳しくはそちらを参照してほしいが，今は，強調点の違いはあれど，やはり両者を「精神分析的」という名のもとに呼ぶのがよいという考えに変化している。というのも，関（2023）が指摘するように，「その名前にすることで，これまでの精神分析の知を心理療法に援用できる」からだ。こうした考えに基づいて命名されたのが，岩倉らの教育研修セミナーでもタイトルに用いられている精神分析的サポーティブセラピー Psychoanalysis Originated Supportive Therapy: POST である。

　紙幅の関係もあり，ここでその詳細を追うことはしないが，このあたりの用語の混乱にこそ，精神分析的心理療法を論じることの難しさが典型的に現れているということができる。

3.「週1回」の特徴──現実的であること

　このように，今でも（おそらく将来にわたって）統一見解が得られていない問題が山積しているのが「週1回」研究の現状である。しかし，1989年以来の研究の成果として，立場を超えて「週1回」の特徴についてのコンセンサスが得られている部分もある。

　Ⅱ節で1998年の鈴木の論文は注目に値すると述べたが，そこで強調されていたのは現実生活の現実性を正しく評価すること，「大人の部分」の防衛的側面を否定的に捉えすぎないことであった。以降も，「患者に多くの時間的経済的負担を強いることなく，そして患者のこころを根本的なところまで揺すぶることなく，症状と適応を改善する。そしてそれに要する期間も短い。…（中略）…いいことづくめである」（藤山，2015），「『実体をもった外的現実をそれとしてとらえたうえで，無意識との関係を理解する』姿勢というのがひとつの特徴となり，それは，週一回の精神療法ならではのあり方ともいえるようです。…（中略）…週一回の精神療法というのは，人びとがこの世でこころをもって生活者として生きていることと相性がよいものではないかと私は思います」（髙野，2017），「『日常生活や現実に基づく』という点に週一回の精神分析的精神療法の真の価値があり，そこに精神分析らしさとは異なる，ひとつの精神療法らしさがある」（岡田，2017）といった発言に見られるように，「週1回」が現実的であることを多くの論者が共

4．「『週1回』における技法」を論じることはできるのか？

「週1回」は現実的である。それは共有されている。問題は，その前提を利点と捉えるか否かである。

先ほど「『精神分析的』に最大公約数は存在しない」と述べたことと矛盾するように感じられるかもしれないが，「転移を扱うことこそが分析的である」という定義は，公約数ではないにしても，多くの分析的臨床家が肯くものだろう。であれば，「現実的」であることは「分析的」であることと両立しないことになる。空想の発展と転移の醸成を重視する立場から見れば，「現実的であること」はプロセスを阻害する要因となる。それがゆえに，従来の「週1回」研究の蓄積を通じて，「『週1回』では転移（関係性）を中心に据えるのは難しい，だから『精神分析的』にするのは難しい」という理解が得られている。

その理解をもとに，私たちはどこに進むべきなのだろうか。ここでは，本書第Ⅱ部でも扱っている「『週1回』における技法」を例に考えてみよう。その問いは，「精神分析的心理療法にとって，現実をどう考え，どう扱うか」と変形できる。これは，「『週4回』の知見を『週1回』に援用できるか」という平行移動仮説的問いではなく，「週1回」の近似仮説的検討と言えるだろう。

これまでの「週1回」研究において，技法については「転移は理解には用いるが解釈はしない」（平井，2017），「待ちながら（転移状況を）育む，転移外が重要な意味を持つ」（岡田，2018a），「転移を『観察』しながら，多様なレベルの解釈をする」（山崎，2018），といったことが言われている。論者の学派や「精神分析的」に対する態度は違えど，"転移を能動的に考え，しかし転移解釈というアクションはしない"ということでその内容はほぼ共通している。この水準であれば学派を超えて「『週1回』の技法」を述べることはできるのだろう。だがそれはやはり平行移動仮説水準の議論である。「週1回」をより緻密なレベルで考えれば，たとえば学派ごとに技法に変法を施す程度が異なってくるのは避けられないだろう（山崎，2023）。

また，「【精神分析的】心理療法」の技法と「精神分析的【心理療法】」の技法ももちろん異なるはずである。藤山（2015）は，「週1回」の臨床について「a）事態が精神分析的になりにくいにもかかわらず，精神分析的な理解の下に臨床事実を組織化し，精神分析的技法論の枠内でその有用性を意義づける」，「b）精神分析的になりにくいのであるから，それゆえ，精神分析的でない臨床事実のな

かに有用性の根拠を探し，精神分析的な技法論とは独立して技法を探求する」という二つの選択肢を提示した。前者は「【精神分析的】心理療法」に，後者は「精神分析的【心理療法】」に対応すると言えるだろう。

　「週1回」の「精神分析的【心理療法】」にはまた別の技法論があるだろう。私たちはそこで，すでにいろいろな「技法」を，鈴木（1998）の言う「無意識的配慮」の水準で行っているのである。賞賛，保証，助言，励まし，心理教育，転移外解釈という「技法」をふんだんに用いているはずである（岩倉ら，2023）。にもかかわらず，私たちは解釈とか直面化とかいった「精神分析的」な介入以外を「技法」にカウントしていないのではないだろうか。

　そうであれば，「『週1回』における技法」を考える際，重要なのは技法そのものより技法についての態度だということになる。先ほど，「アイデンティティの問題が解消とは言わないまでも薄れた」と述べたが，やはり今でも私たちは「分析的」であることにこだわりがあり，それがゆえに，技法を技法として認識できないという事態に陥っているのではないだろうか。となれば，求められるのは治療者側の実践を「分析的にしたい」という欲求をきちんとコントロールすることであり，いかに「分析的」であることにこだわらないでいられるかが大切だということになる。この欲望を矯（た）めるために，私たちはこれからも「週1回」についての近似仮説的検討を続けることが求められる。その検討により，「週1回」の限界と可能性が明らかになり，そこから必然的に技法も導き出されるはずだからだ。

IV　おわりに──「治療者のための『週1回』」を超えて

　「週1回」の精神分析的心理療法には「【精神分析的】心理療法」も「精神分析的【心理療法】」も存在する。それぞれの技法を問うことはできるかもしれないが，「『週1回』と介入技法」という問いは，大きすぎて回答もまた大きなものにならざるをえない。そうした大きな問いは理論的には必要なことだろうが，その答えは臨床的にはあまり役に立つものにはならないだろう。ゆえに私たちは，より小さな問いについて近似仮説的検証を積み重ねる必要がある。

　その際重要なのは，かつ私たちがこれまで十分に考慮してこなかったのは，患者の意識的ニーズである。もちろん，ニーズには意識的なものも無意識的なものもあり，一枚岩ではない。とはいえ私たちは，患者の無意識を重視するあまり，患者の意識的ニーズを疎かにしてきたのではないだろうか。そしてそれは，患者のためではなく，私たちが「分析的」なアイデンティティを獲得しようとしたた

めではなかっただろうか。

「【精神分析的】心理療法」と「精神分析的【心理療法】」について論じると，優劣を競う議論になりがちである。しかし，両者はどちらが優れているというものではなく，どちらもすばらしい結果をもたらすことのできる営みである。だが，何を「すばらしい」と評価するかは，アプリオリに決まっていることではない。治療者が一方的に決定することでもない。患者との相互交流の中で決定することである。だから，これまでの「週1回」研究は，本来は「どのような患者にとって」という文脈がなければ論じられないはずのことを，患者抜きで論じてきたのだと言わざるを得ない。

こうした患者／消費者／当事者の決定権の増大は，精神分析に限らず，心理療法，ひいては社会全体が被っている変化の潮流である。それに反発する向きもあるだろう。だが，真実の追求も重要だが，現実を生きる手助けをすることもまた私たちの重要な仕事であり，精神分析がそれに資することができることは強調されてよい，と私は思う。

その観点からも「週1回」を考えることができるならば，私たちの目の前には広大な未踏の地が広がっていることになる。「週1回」は，まだまだ研究されつくしてなどいない。今後もたくさんの研究が求められる領域である。

これから続く各章は，『序説』に続く「本論」である。だがしかし，決定版であるわけでもなく，その意味ではやはりいまだ嚆矢に過ぎない。それらは，【精神分析的】心理療法も，精神分析的【心理療法】も，等しく議論するきっかけを提供してくれるはずである。期待して頁を繰っていただければと思う。

文　献

藤山直樹（2012）精神分析的実践における頻度―「生活療法としての精神分析」の視点．精神分析研究，56(1); 15-23.

藤山直樹・妙木浩之（2012）セッションの頻度から見た日本の精神分析．精神分析研究, 56(1); 7.

藤山直樹（2015）週1回の精神分析的セラピー再考．精神分析研究, 59(3); 261-268.

藤山直樹（2016）精神分析らしさをめぐって．精神分析研究, 60(3); 301-307.

藤山直樹（2019）関係性以前の接触のインパクト：週1回セラピーにおける重要性．精神分析的心理療法フォーラム, 7; 4-9.

平井正三（2017）週一回精神分析的サイコセラピー―その特徴と限界．In：北山修監修，髙野晶編：週一回サイコセラピー序説．創元社，大阪，pp.61-76.

岩倉拓・関真粧美・山口貴史・山崎孝明（2023）精神分析的サポーティブセラピー（POST）入門．金剛出版，東京．

北山修（2019）センター設立の趣旨．https://www.jpas.jp/psychotherapists/meaning.html（2024年10月1日取得）

西園昌久（2004）「わが国の精神分析の 50 年と未来」内での発言．精神分析研究, 48; 57-65.
岡田暁宜（2017）週一回の精神分析的精神療法におけるリズム性について．In：北山修監修，
　　髙野晶編：週一回サイコセラピー序説．創元社，大阪，pp.46-60.
岡田暁宜（2018a）「週一回精神療法」における here and now の転移解釈について．精神分析
　　的心理療法フォーラム, 6; 49-58.
岡田暁宜（2018b）「週一回の面接の中で here and now での解釈をどう生かすか」企画趣旨内
　　での発言．精神分析的心理療法フォーラム, 6; 37-38.
関真粧美（2023）あとがき．In: 岩倉拓・関真粧美・山口貴史・山崎孝明（2023）精神分析的
　　サポーティブセラピー（POST）入門．金剛出版，東京．
Steiner, J. (1985) Turning a blind eye: The cover up for Oedipus. *International Review of
　　Psycho-Analysis*, 12; 161-172.
鈴木龍（1998）週1回の精神療法における現実生活の主題と転移の扱い．精神分析研究, 42(3);
　　240-247.
髙野晶（1998）面接頻度を増やすことについて―週1回から週2回へ．精神分析研究, 42(3);
　　248-258.
髙野晶（2016）精神分析と精神分析的精神療法―分析的枠組と分析的態度からの展望．精神分
　　析研究, 60(1); 52-65.
髙野晶（2017）週一回精神分析的精神療法の歴史―体験と展望．In：北山修監修，髙野晶編：
　　週一回サイコセラピー序説．創元社，大阪，pp.1-20.
髙野晶（2018）週1回の心理療法―特性を治療構造から考える．臨床心理学, 18(3); 299-303.
髙野晶（2018）週1回の精神分析的精神療法―自負と慎みと．精神分析研究, 62(4); 568-574.
山崎孝明（2014）転移解釈を求めるのは誰か．日本精神分析学会第 60 回大会抄録集, 182-184.
山崎孝明（2015）週1回の臨床における選択された事実と過剰に価値づけられた考え．日本精
　　神分析学会第 61 回大会抄録集, 190-192.
山崎孝明（2017）日本精神分析学会における「見て見ぬふり」．精神分析研究, 61(4); 503-513.
山崎孝明（2018）週1回の精神分析的心理療法における転移の醸成―変容性解釈の第一段階再
　　考．精神分析研究, 62(4); 626-637.
山崎孝明（2019）日本精神分析学会における週1回の精神分析的心理療法にまつわる歴史．精
　　神分析研究, 63(3); 363-384.
山崎孝明（2021）精神分析の歩き方．金剛出版，東京．
山崎孝明（2022a）精神分析の活用法．臨床心理学, 22(5); 539-544.
山崎孝明（2022b）週1回の精神分析的心理療法におけるカウチ使用に関する一考察．精神分析
　　研究, 66(2); 117-129.
山崎孝明（2023）「週1回」と介入技法―その問いの妥当性について．精神分析的心理療法フォ
　　ーラム, 11; 97-106.

第II部　技法論

第 2 章

週 1 回の精神分析的精神療法における here and now の解釈について

岡田暁宜

introduction

　日本の精神分析臨床が主に週 1 回の頻度で行われる精神分析的精神療法によって裏づけられているという認識に基づいて，週 1 回の精神療法の再検討に向けたさまざまな動きが起きている。そのような国内の動向の中で，私自身も週 1 回の精神分析的精神療法に対する再検討を続けてきた。私にとって週 1 回の精神分析的精神療法の再検討の一つではあるが，本論文は，第 7 回日本精神分析的心理療法フォーラム（平井正三会長，於大阪経済大学，2018 年 6 月）で，武藤誠先生が企画した分科会「週 1 面接のなかで here and now の解釈をどう生かすか」で発表した内容に基づいて寄稿し，同年 8 年 12 月に発刊された『精神分析的心理療法フォーラム』雑誌の第 6 号（pp.49-58）に掲載された論文「『週一精神療法』における here and now の転移解釈について」を改稿したものである。

　本分科会の表題にある「here and now の解釈」という主題は今日の精神分析において重要な内容であり，『週一回の精神分析的精神療法×here and now の解釈』という 2 つの重要な主題の重なる企画ということで分科会の当日を楽しみにしていたように記憶している。当時の分科会を振り返ると，飛谷渉先生がクライン派の立場から，崔炯仁先生がメンタライゼーションの立場から，私が自我心理学の立場から，それぞれが発表し，さまざまな立場から充実した議論が行われたという記憶がある。2018 年の論文を本書に掲載する機会を与えられたことは，私にとってありがたいことであり，本序文において，すべての関係者の先生方に心より御礼申し上げたい。

　本論文は，私にとって週 1 回の精神分析的精神療法の再発見に向けた再検討の作業の一つであるのかもしれないが，今から思えば，私が恩師である高橋哲郎先生から受けた精神分析的精神療法と精神分析の指導の影響が大きいということを今回あらためて実感している。以上は，ある意味で there and then の回想かもしれないが，これらの出会いと経験は，here and now で序文を書いている自分の中に確実に生きているように思う。

I　はじめに

　本書は2017年に発刊された『週一回サイコセラピー序説』の続編である。前書と本書が企画されることになった背景には，毎日分析に近似する精神分析の中で生まれた精神分析の概念を週1回の精神分析的精神療法にそのまま用いてよいのかという問題提起がある。さらに精神分析の概念を週1回の精神分析的精神療法にどのように用いるか，あるいは週1回という特性をどのように生かすかという臨床課題があるだろう。

　本稿の表題にある「here and now（今ここで）」という言葉は，日常的にもしばしば見聞きするようになり，さまざまサイコセラピーにおいても重視されている。精神分析の領域においても，here and now は，学会発表や論文発表のキーワードとしてよく見かけるようになった。here and now は今日の精神分析の臨床概念であり，here and now を重視した臨床は今日の精神分析臨床の一つの潮流を形成しているように思われる。私自身のこれまでの精神分析および精神分析的精神療法の訓練においても確かに here and now は重視されていた。

　本稿において私は週1回の精神分析的精神療法における here and now の解釈について論じる。この主題の背景には，カウチや自由連想法を用いて高頻度で行われる精神分析で論じられる「here and now の解釈」という技法は，対面で週1回の頻度で行われる精神分析的精神療法においてどのような効果や意義があるのだろうかという臨床的な問いがある。

　近年の精神分析的臨床における here and now についての私の印象を述べると，ケース検討会やスーパービジョンなどで here and now を意識した発表は少なくない。その中で，患者が語っている文章の主語を治療者に置き換えて，患者に解釈として伝えることを，here and now の解釈であると考えている治療者に時々遭遇することがある。一例を挙げると，患者が「お母さんに腹が立って，怒鳴ったんです」と述べたので，治療者が「本当は，私に腹が立っていて，本当は怒鳴りたかったのでしょう」と治療者への here and now の気持ちとして解釈すると，患者は「いや，別に先生への気持ちではありません。お母さんが嫌なことを言ったので，私は怒鳴ったんです」と答えた，というセッションの様子について，治療者が報告しながら「今ここでの解釈がなかなか患者に入らないんです」などと指導者に話すような場面に遭遇する。治療者のこのような here and now の解釈が正しいかどうかはわからないが，少なくとも患者のこころの中に治療

的な変化をもたらしてはいないように思われる。もし治療者がこのような here and now の解釈を患者にさらに続ければ，やがて患者は「だからそうじゃないと，言っているでしょう！」などと治療者を怒鳴るような状況になるかもしれない。その瞬間，here and now の解釈の内容が here and now でエナクトメント（enactment）していることに治療者は気づくかもしれない。

　私は，週1の精神分析的精神療法における here and now の解釈について論じるために，①週1回の頻度，② here and now と転移，③解釈という3つの要素について論じることから始めたい。本来，この主題について，より厳密に議論するためには，患者の病理，解釈の内容，臨床設定，治療過程など，さまざまな要素を踏まえて論じる必要があるが，本稿では，紙面の制限もあり，すべてについて論じることはできない。

II　週1回の頻度について

　近年，日本の精神分析において，週1回という頻度に対する関心が高まっているように思われる（北山・髙野, 2017）。日本における週1回の精神分析的精神療法は，カウチと自由連想法を用いて週4回以上の頻度で行われる毎日分析との対比であり，同時に週複数回の頻度で対面法と自由対話によって行われる精神分析的精神療法の対比でもある。一つの見解として，週1回の精神分析的精神療法とは，基本的に精神分析的理解に基づいて治療目的で行われる力動的精神療法であるといえるかもしれない。Freud, S.（1919）は「分析という純金に，直接暗示という銅を合金するような技法の修正や工夫を行わざるを得なくなるであろう」と述べているが，Freud は，純金に銅を混ぜることを示しているが，銅に純金を混ぜることを示してはいない。精神分析からみれば，精神分析的精神療法とは，訓練や実践に裏付けられた精神分析の「純金」の合金化であり，精神分析の応用といえるだろう。これに対して，週1回の精神分析的精神療法とは，日常生活や現実という大地の中の「砂金」を探すような作業といえるだろう（岡田, 2017）。

III　here and now と転移について

　精神分析でいう here and now は，精神分析的な時空間概念である。その一つに Menninger, K.（1958）が述べた洞察の三角（the triangle of insight）がある。それは,転移外の現在の関係(current relationships outside the transference),

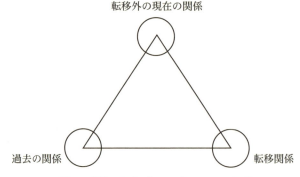

図1　洞察の三角（Menninger, K, 1958）

過去の関係（past relationships），転移関係（transference relationship）からなる三角である（図1）。本稿の主題にある here and now は，there and then と対比される概念である。ここでいう here and now は，洞察の三角でいう転移関係の中に含まれているが，転移関係と同一ではない。そしてここでいう there and then には，洞察の三角でいう過去の関係や転移外の現在の関係が含まれているが，それに加えて過去の治療関係や治療者との治療外関係なども含まれているだろう。

　Sandler, J.（1980）は，習慣的な関係様式の転移，現在の関係の転移，過去の体験の転移，転移神経症などに転移を分類している。転移には，無意識の意識化や過去の記憶の想起への抵抗としての意味のほかに，無意識の表出や過去の体験の反復としての意味があるだろう。本稿の主題に関連して，転移は there and then の転移と here and now の転移に分けることができるだろう。ここでいう there and then の転移は，治療者との関係を含む過去の体験が現在の治療者との間で反復することや現在の現実生活における関係が現在の治療者に向けられることなどといえるだろう。これに対して here and now の転移とは，単に今ここでの治療者に向ける転移という意味ではないし，セッションの中で患者が治療者や治療について語る今ここでの瞬間を意味しているわけでもない。私の理解では，精神分析における here and now とは，還元的かつ発達的な文脈つまり過去と現在と未来が絡み合い，治療空間において結実した瞬間である。これは単なる単純な過去への還元でもなく，過去を無視した今この瞬間でもない。here and now の転移とは，患者の中で現在活動し続ける過去が現実の治療者との間で生実演される今この瞬間といえるだろう。比喩を用いれば，過去の関係，転移外の現在の関係，転移関係が日食のように重なる瞬間といえるかもしれない（図2）。

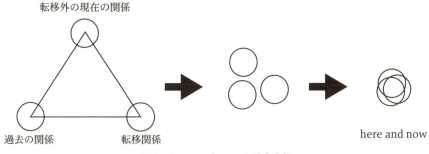

図2　here and now の形成過程

Ⅳ　解釈について

　解釈は，明確化や直面化などとともに Greenson, R.（1967）が述べるように精神分析の介入技法の一つである。解釈には，内容解釈，抵抗解釈，転移解釈，転移外解釈などがある。内容解釈は，顕在夢の源である潜在夢を解釈する夢解釈のような無意識内容の解釈である。抵抗解釈は，自由連想や無意識の意識化を阻む抵抗の解釈である。転移解釈とは，過去の反復つまり過去の体験が現在の体験を歪曲化するという意味における転移，過去と現在の合金という意味における転移，無意識的空想の実演という意味における転移などさまざまな意味における転移の解釈である。患者の過去の関係や体験を，治療関係を通じて構成あるいは再構成する作業は，これまで伝統的な精神分析において行われてきた。そのうち治療者に対する転移を患者の過去の関係や体験の反復として理解する解釈は，発生的／発生論的解釈としてこれまで広く実践されてきた。また転移外解釈とは，過去あるいは治療外の対象や体験に対する解釈である。近年では，転移解釈を中心とした解釈以外の行為について注目されているが，解釈は，現在でも精神分析の中心的な技法であり，最も表出的な介入技法といえるだろう。
　Strachey, J.（1934）が概念化した，変化を引き起こす解釈（mutative interpretation）は，here and now の解釈の治療的意義の基本といえる。そのメカニズムは，次のようである。まず，神経症者は，厳しい超自我を治療者に投影し，転移を形成する。次に治療者は，患者の言動について価値判断をしない補助超自我として振る舞いながら，この厳しい超自我転移が here and now の治療関係の中で起きていることを患者に解釈として伝達する。その結果，それまで治療者を歪めて体験していた神経症者は，治療者をより現実の治療者として捉えるよ

うになり，転移が解消される。ここでの here and now の解釈は here and now の超自我転移の解釈であり，here and now で転移を体験しながら，洞察することに変化を引き起こす可能性があるといえるだろう。

他方で，解釈は，発見や洞察をもたらす表出的な意義のみならず，安心や共感を与える支持的な意義をもたらすこともある。よって解釈について論じるには，治療者の中でどのように解釈が生まれて，どのように患者に伝達するか，解釈の内容や行為がどのような力動をもったか，患者や治療者は解釈をどのように体験しているかなどを総合的に考える必要がある。また治療者の解釈に対する臨床的な評価として「正しい解釈」，「間違った解釈」，「早すぎる解釈」，「深すぎる解釈」，「浅すぎる解釈」，「丁寧な解釈」，「乱暴な解釈」などの言葉がある。

本稿で述べる here and now の解釈という主題は，there and then の転移解釈との対比にある。概して there and then の転移解釈とは，患者が自分自身の過去の関係や体験あるいは治療外の現在の現実の関係によって治療者を歪めて捉えていることに気づくことを助ける解釈といえる。先述の再構成や発生的解釈などは，伝統的な精神分析で重視されてきた作業であるが，基本的に there and then の解釈の作業といえるだろう。

V 週1回の精神分析的精神療法における here and now の解釈の難しさ

本稿の背景には，週1回の精神分析的精神療法における here and now の解釈の技法の難しさがある。その難しさについて論じるために一つの臨床素材を以下に提示する。

1．症例提示

症例は20歳の女子学生Aである。Aは大学3年の春に精神科クリニックから精神療法の目的で治療者を紹介された。Aは小学高学年の頃から，気持ちが落ち込むことがあり，些細なことで悩むことが多かった。高校1年頃から，イライラして手首を引っ掻くことがあったが，それを母親に咎められてから，それもできなくなり，高校2年頃からは，無理矢理に気持ちを上げるようにしてきた。大学に入学して開放された気持ちになったが，それはほんの一瞬であった。大学では自らの意思で演劇部に入ったが，大学2年の終わりに舞台監督の役割をみんなが拒否したためにやむなく自分が引き受けることになり，Aは舞台監督と役者の両方をすることに

第2章　週1回の精神分析的精神療法における here and now の解釈について　37

なった。舞台監督は演劇部で重要な役割であるが，他の部員から見向きもされないので，Aはさみしい気持ちになったという。このような部活での体験が心身の不調のきっかけとなり，Aは自らの意思で精神科クリニックを受診した。

　Aは知的専門職の管理者の父親と専業主婦の母親と6歳年下の妹の4人の家族で育った。Aの両親は，見合い結婚で，互いに相手のことをよく知らずに，結婚生活が始まった。Aの父親は，幼い頃に実母が他界したので，実父の後妻に育てられた。父親の養母である，Aの祖母は，支配的な人間で，Aの母親は結婚してから，姑の管理下でずっといじめられてきたが，Aの父親はそれを黙認してきた。Aは，幼い頃から，誰にも頼ることができずに苦労してきた母親の姿を間近に見てきたので，母親に対して不満を言うことはほとんどなかった。

　母親はAが精神科クリニックを受診したことや相談施設に通うことに反対していたので，Aは治療者との相談自体に後ろめたい気持ちがあった。Aは清楚で小柄なためもあり，外見的に年齢よりも幼くみえたが，ほとんど笑うことはなく，どこか苦しそうな様子であった。Aの主訴は不眠と身体症状が中心であり，学業的には不適応状態にあった。メンタルヘルスの専門家がAの家族に関与したことはこれまで一度もなく，Aは家族の病理を一人で背負ってきたように思われた。Aは，家族から心理的に自立して，自分のために相談をする時間と場所が必要であると思われた。一方で今現在もAの心理的自立を阻む家族に対して，実際に関与して，Aの心的成長を促す環境を整えることが必要であると思われた。治療者はAのアセスメントとして，Aの家族に会うことを考えて，家族面接を設定した。

　家族面接には母親がやってきた。Aが治療者に語った家庭内での体験について母親は，ほとんど理解していなかった。母親は，自分が結婚する際の見合いのエピソードから，その後の妊娠，出産，育児，そして現在に至るまで誰にも頼ることができずに生活してきたことを治療者に語った。姑は母親が実家の両親との関係をもつことを許さなかったという。治療者はこれまでの母親の苦労に共感的な気持ちを抱いた。しかし母親はこれまでの体験から，わざわざ専門家に頼らなくても，家庭内で相談できるようにして解決できる人間になって欲しいとAに対する率直な気持ちを語った。母親には，Aが生まれてから母親自身が娘であるAに頼っているという自覚はなかった。

　Aは，幼い頃から家族の中で体験してきた苦しみを専門家に理解され，家族から心理的に自由になることを意識的にも無意識的にも求めていると考えられたが，未分化なAと母親との関係を考慮して，今後，母親を含むAの家族の病理へのアプローチも必要になると思われた。Aとの間で合意して，週1回50分の対面に

よる精神分析的精神療法を始めることになったが，家族への対応については，マネジメントとして，必要に応じてAと話し合って決めることになった。

　精神療法が始まると，Aはセッション中に下を向いて治療者と目を合わさなくなった。Aは精神療法を受けることに母親が反対しているために，精神療法を受けることへの罪悪感について語った。Aは，交際中の同世代の男子の家に遊びに行った時，Aが携帯電話のGPS機能をオフにしていたら，後から母親に「どうしてオフにしていたの？」と聞かれて，Aが「嫌だから切った」と答えたら，母親に「私が心配だから，切らないでね」と言われたという。それに対してAは母親の態度が過干渉で間違っていると思うと述べた。治療者はそのエピソードを転移のメタフォアとして理解していた。その後，Aは家で母親と口論となり，母親を傷つけてしまったことへの罪悪感で苦しくなり，自分を罰することを考えてしまうと述べた。治療者は，母親に反発することに自分を罰するほどの罪悪感をもつ必要はないという理解を伝えながら，そのように感じるAの体験を情緒的に受容した。

　セッションの中では，姑に支配されてきた母親による支配から，いかにして自由になるかという治療外関係が話題の中心であった。過去の関係や現在の治療外関係で不自由であったAが自由を体験できるように，治療者は受容的な姿勢でAの主体性や体験を尊重した。Aは相変わらず目を合わさないで話し，あたかも治療者に支配されることを恐れているようであった。

　治療開始から約4カ月が経過した頃，Aが治療者の前でうつむいて目を合わせないことについて，治療者が触れたが，Aは「別に……」とそれ以上，治療者への気持ちについて話そうとはしなかった。

　その後，あるセッションでAは母親と一緒に来談した。Aは母親の同席に同意しており，治療者は母親を交えてAと話すことになった。母親は，Aが家で母親に反発することを心配して，母親としてどのように対応すればよいかということを相談したかったようであった。その後，母親の話を聴くうちに，Aの面接に母親が同席したというよりも，母親の相談にAが同席させられたような状況であると治療者は感じた。母親は，Aが自分と違う考えをもつことが受け入れられないようであった。それまでの母親とのやりとりの中で母親はA，さらに治療者を支配したいのだろうと治療者は感じていた。その上で治療者は，Aが母親とは違う考えをもつことは，Aが大人として自立するために必要なことであるという理解を伝えた。この理解は母親に対する言葉であったが，母親の隣にいるAに向けた言葉でもあった。それに対して母親は，治療者が述べたことを頭では納得していたが，こころでは納得できないようで，さらに自分の気持ちを語った。その瞬間，

治療者は，母親の苦労を受け止めて，母親の世話をする父親の役割を自分が担っていると感じた。

　その翌週のセッションで，Aは，前回の治療者の母親への対応に少し礼を述べた後，あらためて母親が変わることは期待できないと述べた。治療者には，Aがそのように思うことは当然であろうと思ったが，同時に治療者のこころの中に，本来，Aや母親を支えるのは父親ではないかという気持ちが生まれた。そのセッションの終わりに，治療者は思わず，「お母さんの苦労を受け止める役割やお母さんからあなたを守る役割は，本来はお父さんの役割であり，それをお母さんもあなたも僕に求めているのではないだろうか」という理解をAに解釈として伝えた。それに対してAは特に否定することはなかった。残りのセッションの時間は，このセッションの後に入る夏休みに向けた心理的－現実的な作業となり，このセッションは終わった。

　Aの予定も加わり，夏休み明けのセッションは3週間後となった。Aと再会したセッションで，Aは夢を報告した。一つは悪夢で『虫の大群に追いかけられる』という夢で，もう一つは，『私が柔らかいもので父親を殴ったら，母親と父親が相談して，私が金属バットで殴られる』という夢であった。治療者は「虫→無視→夏期休暇／治療者の不在」などを連想したが，Aは報告した夢について，リアルな夢だったと述べた。治療者は，夏期休暇中に前回の母親同席面接の影響として家族あるいはAのこころの中に変化があったのではないかと考えて，Aに夏休み中の体験を尋ねたが，Aはうつむいて，特に反応することはなかった。

　その後の経過の中で，Aはあるセッションで，突然に治療者の精神療法をやめて，女性の治療者の心理療法に変わりたいと申し出た。治療者は驚いて，Aに理由を尋ねたところ，以前のセッションの終わりに，治療者が思わずAに伝えた，本来は父親の役割を治療者に求めているという解釈の内容が嫌だったこと，そして男性の治療者には自分の気持ちをわかってもらえないと感じたことなどを理由として述べた。治療者はその時のAの解釈体験に対してさらに解釈を試みたが，Aの決心は変わらず，同じ施設の女性治療者に担当を交代することになった。

2．本症例の here and now の解釈をめぐる若干の考察

　姑に支配され続けてきた母親に支配されてきたAは，自由になることを求めていたが，自由になることへの罪悪感で苦しんでいた。これはAにとって過去の関係であり，同時に現在進行形の関係といえる。Aに対する精神療法が開始されたことで，母親の分離不安が高まり，Aへの支配が増していったが，それは母親の

治療者に対する転移でもあるだろう。これは，現在の関係であり，Ａとの治療関係の一部を形成している。精神療法開始後，Ａが治療者と目を合わせないようになったことは，Ａの治療者に対する転移を示唆しているだろう。過去および現在の関係において展開している力動を転移関係における文脈として理解すれば，治療者に対する支配的な転移がうかがわれる。しかしＡが治療者と目を合わせないことに触れた際の反応のように，Ａには転移に気づくことへの抵抗があるようであった。

　母親同席となったセッションでは，セッション中の治療者の理解にあるように，娘を支配したいという母親の無意識の気持ちが治療者に向けられていた可能性はあるだろう。しかしそのセッションの終わりに治療者の中に，それぞれ母親とＡは，諦めていた夫と父親を治療者に求めているという理解が生じた。それはその瞬間における治療者の here and now の転移の理解であった。転移の重層性という力動を考慮しても，このような here and now の転移の理解自体は，おそらく間違いではないだろう。

　その翌週のセッションで，母親が変わることは難しいだろうというＡの気持ちに治療者は共感的な気持ちを抱いたが，それはＡに対する同調的な逆転移感情であり，同時に治療者が父親に対して抱いた気持ちは，Ａに対する相補的な逆転移感情であったと思われる。そのセッションの終わりに治療者がＡに伝えた，Ａと母親が治療者に父親を求めているという転移解釈は，Ａそして母親の治療者に対する転移の一部ではあるが，それはおそらくその週においては前週のセッションにおける理解に基づく there and then の解釈であり，今から思えば，その瞬間のＡにとっては，すでに here and now の転移ではなかったであろう。またこのセッションは，翌週から夏休みに入る状況であったことも，このセッションにおける here and now の転移自体に影響を与えていたと思われるし，治療者の解釈行為にも影響を与えていたであろう。

　またＡが夏休み明けに報告した２つの夢とその後に女性治療者に担当が交代になったことは，本症例の理解において重要である。夢の理解は十分ではないが，今から思えば，Ａに対する精神療法で治療者が理解できておらず，扱われていないＡそして家族の力動があるように思われる。Ａが治療者交代を申し出る理由として述べた治療者の解釈は，前週の here and now の転移と思われる，いわば「週回遅れの解釈」であり，間違った解釈であった可能性がある。一方でその解釈の内容自体は，Ａの無意識の一部を的確に捉えた正しい内容であったかもしれないが，「週１」という設定や夏休みの直前という治療者の不在がＡを治療者から遠ざ

ける気持ちにさせたのかもしれない。これらのさまざまな可能性がある中で here and now で転移が結実していたかどうかはわからないだろう。いずれにしても，これらの臨床素材は週1回の精神分析的精神療法における here and now の解釈の難しさを表しているだろう。

3．本症例からみた週1回の精神分析的精神療法における here and now の解釈の難しさについて

　次に本症例からみた週1回の精神分析的精神療法における here and now の解釈の難しさについて述べる。先述のように，週1回の精神分析的精神療法では，毎日分析に比して，治療関係における絶対的な時間的な接触の不足がある。それは，治療設定として，転移が here and now で結実しにくいといえる。そのために週1回の精神分析的精神療法においては，転移の形成は there and then になりやすい。それに並行して転移の理解も here and now よりも there and then になりやすいと思われる。そのような治療設定に関連した力動の中で，治療者が意図的-操作的に here and now の解釈を試みると，それ自体が here and now に影響を与えて，here and now の解釈内容の妥当性がなくなり，結果的に間違った解釈になる可能性がある。本症例では，母親同席のセッションにおける here and now の転移は，翌週のセッションにおいては here and now の転移ではなく，すでに there and then の転移であったということである。そのような転移状況の中で，患者に伝達された here and now の解釈は，患者の体験から遠いものになり，患者の中に真の変化をもたらすことはなく，理想化，知性化，暗示などの変化をもたらし，患者の防衛を強化する可能性がある。本症例で提示した，翌週のセッションでは，治療者の解釈は，患者に対して支配的あるいは侵入的な体験をもたらして，新たな陰性転移を発動させた可能性があるだろう。

　転移は，常に重層的であるという力動性に基づけば，転移は必ずしも here and now だけではない。一つの here and now の転移は，次の瞬間には，すでに there and then となる可能性がある。また here and now で起きていることと，here and now の転移を理解することと，here and now の転移を解釈することの間には隔たりがある。本症例がそうであったように，here and now で起きている転移を here and now に理解することは容易ではないし，here and now で理解したことを here and now に解釈しても，解釈という行為が常に here and now に影響を与えることになる。患者が形成した転移を治療者は体験的に理解して，患者に解釈として伝えるが，転移の解釈はさらに次の転移の形成に寄与する（図3）。

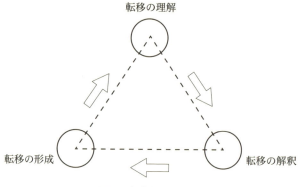

図3　転移技法の三角

逆にいえば，here and now の力動の中でしか，here and now の理解や解釈は生まれないといえるだろう。臨床的に here and now の転移の理解と解釈をさらに難しくしているものは，here and now の抵抗の存在である。患者のこころの中に抵抗がある限り，治療者の転移の解釈はたとえ患者のこころに到達しても変化をもたらすことはない。そのような力動は常に here and now で起こる可能性があるだろう。

VI　週1回の精神分析的精神療法における here and now の解釈に向けて

次に週1回の精神分析的精神療法で here and now の解釈を真に意味のあるものにするための技法について述べる。

1．転移技法の三角の理解

図3で示したように，分析的過程は，線形的に理解すれば，「転移の形成→転移の理解→転移の解釈→転移の形成……」という転移技法の三角の回転を繰り返すことになる。週1回の精神分析的精神療法では，毎日分析に比して少ない時間的な接触のために，次のような傾向になると思われる。第1は，図1および図2で示した洞察の三角における，過去の関係，転移外の現在の関係，転移関係において，転移外の現在の関係が相対的に多くなり，転移関係が相対的に少なくなる傾向になるということである。第2は，実際に起きている転移は，少ない時間的接触による狭い窓口を通じてでしか理解できないことである。第3は，たとえ実際

に起きている転移をより正確に理解できたとしても，それを患者に解釈として伝えることを可能にする環境（その中には解釈の失敗を抱える環境が含まれる）は少ない時間的接触では十分とはいえないということである。よって転移の形成については，意図的－操作的にならないように留意して，自然な過程を育むように心掛ける必要がある。転移の理解については，治療者が「わかり過ぎる」などの知性化に偏らないように心掛ける必要がある。転移の解釈については，解釈することにのみ重点を置かず，患者がその解釈を受容できる，ほど良い解釈やほかの可能性を否定しない可能性の解釈として提供することを心掛ける必要がある。

2．転移外（extra-transference）およびその解釈の活用

Strachey, J.（1934）が述べたように，here and now の転移解釈は，最も効果的な解釈といえるが，それが真に治療的効果を発揮する状況や瞬間に行うことが臨床的には重要である。そのためには，転移外から転移，さらに here and now へ，と here and now の瞬間を待つ過程が必要である。週１回の精神分析的精神療法は，here and now の転移が形成される過程はできるだけ自然な交流の中で進展することが重要であると私は考えている。そこでは転移外が重要な意味をもつと思われる。ここでいう転移外解釈には，大きく２つの意味がある。第一は，過去や現在などの治療外関係における再構成や発生的解釈という意味である。その場合には，転移解釈を補う解釈技法となるだろう。第二は，転移のメタフォアとしての治療外関係における解釈という意味である。その場合には，転移状況を育み，転移解釈の準備的な解釈技法であり，同時に激しい転移を希釈する支持的な解釈技法となるだろう。ただし，転移外解釈が治療者の転移解釈への抵抗や逆転移の実演となる場合もある。

3．here and now の抵抗に対する留意

転移は治療の最初から存在し，治療を通して常に存在しているが，転移はその存在に気づくことへの抵抗のために覆い隠されている。「転移に気づくことへの抵抗」は，「転移解消への抵抗」と対比されるものであり，患者が自らの「転移に気づくことへの抵抗」の解釈は，転移解消のための必須の前提条件である（Gill, M. M., 1982）。here and now の転移に対する分析作業は，「転移に気づくことへの抵抗」の解釈と「転移解消への抵抗」の解釈の両方において行われると Gill, M. M.（1982）は述べているが，here and now の転移解釈が真に意味をもつためには，「表層から深層へ」，「転移の前に抵抗を」という視点で，here and now

Ⅶ　おわりに

　本稿において，私は週1回の精神分析的精神療法における here and now の解釈について論じるために，週1回の頻度，here and now，解釈について述べた後，臨床素材を通じて週1回の精神分析的精神療法における here and now の解釈の難しさについて述べた。さらに週1回の精神分析的精神療法における here and now の解釈を真に意味のあるものにするための工夫について私の見解を述べた。

　本稿を終えるに当たり，福本（2011）の文章を引用したい。

　「『今ここで』の無意識的空想に注目してそれを最初に取り上げるべき課題とすることは，その場で直ちに無意識的空想を理解できるということとは異なる。（略）"here & now" から，その場で起きていることを即座に理解して即解釈するとか，終始治療者と患者の関係性についてのみ取り上げるというイメージを抱くのは誤解である。（略） Joseph が強調したのは，セッションの中で早期内的対象関係が〈行為〉を通して既に展開されていることである。それによって心的世界の展開と見なされる場面は格段に広がったが，これは必ずしも新奇な技法ではなくて，情緒的な接触を基軸に，表層から深層へというアプローチを実践することでもある」

文献

Freud, S.（1919）Lines of advance in psycho-analytic therapy. Standard Edition, 17. pp.157-168.
福本修（2011）編集後記．精神分析研究，55(2)；106．
Gill, M. M.（1982）The analysis of the transference, Vol. 1. International Universities Press, New York.（神田橋條治・溝口純二訳（2006）転移分析―理論と技法．金剛出版，東京．）
Greenson, R.（1967）Technique and practice of Psychoanalysis, Volume 1. International Universities Press, New York.
北山修監修，髙野晶編（2017）週一回サイコセラピー序説．創元社，大阪．
Menninger, K.（1958）Theory of psychoanalytic technique. Basic Books, New York.（小此木啓吾・岩崎徹也訳（1969）精神分析技法論，現代精神分析双書第Ⅰ期第2巻．岩崎学術出版社，東京）
岡田暁宜（2017）週一回の精神分析的精神療法におけるリズム性について．In：北山修監修，髙野晶編：週一回サイコセラピー序説．創元社，大阪，pp.45-60.
Sandler, J., Kennedy, H., & Tyson, R.（1980）The technique of child psychoanalysis: Discussions with Anna Freud. Harvard University Press.（作田勉監訳（1983）児童分析の技法―アンナ・フロイトのケースセミナー．星和書店，東京）
Strachey, J.（1934）The nature of the therapeutic action of psychoanalysis. The International Journal of Psycho-Analysis, 15; 127-159.

第3章

精神分析的精神療法における振動
Strachey 概念の重要性と，その現代的意味付け

縄田秀幸

introduction

　"週1回サイコセラピーの技法論"ということで，今回私は2018年の『精神分析研究』に投稿した論文を紹介させて頂きます。この論文のケースは私が精神科医になって間もない時期に担当し，その後，精神分析的精神療法に導入したケースです。私は私の精神療法にあたってスーパーヴィジョンや症例検討会で指摘された助言をできるだけ忠実に再現しようとし，書籍やセミナーで作り上げた分析家風の立ち振る舞い（と私が思い込んでいたもの）を真似することで足りない知識や経験を埋め合わせようとしていました。そうしたやり方は当時の私を支えることに随分役立ってくれましたが，その一方で私の関わりと実際の臨床場面が微妙にずれていくような地に足のつかない感覚をもたらしもしました。私は週1回の精神分析的精神療法の実践にあたって精神分析を真似ようとしていた訳で，そうした混同が私の違和感の要因であったように思います。私はもっと自分の実感に即したやり方で患者と関わりたいと感じ，そのための言葉を自分自身で見つけようと思いました。この論文はこうした経緯で取り組むことになり，荒削りではありますが熱意を込めて作り上げたものです。本書の前身にあたる『週一回サイコセラピー序説』の中で髙野は，週1回の精神分析的精神療法がこれまで十分に語られてこなかった背景を，精神分析に惹かれているがゆえに「精神分析そのものでない」ことに痛みが伴ったせいではないか，と述べています。自分の実感に即したやり方で患者と関わりたいという私の願いや，そのために必要とされる技法論は，精神分析に対する畏れや憧れを乗り越えたその先に初めて実を結ぶものなのでしょう。本論を通じて皆さんとその知見を共有し，議論を深めていければ幸いです。

I　はじめに

　週の大半，週4回以上という頻度で分析家のもとを訪れる標準的な精神分析との対比において，週1回の精神分析的精神療法は特殊な設定と言える。日本では，この"週1回"という特殊な設定が一般的な構造として存在してきた。かつて日本精神分析協会では分析家を育てる訓練分析においてでさえ，この"週1回"と

いう設定を認めていたが，国際的な批判を受けるに至り（1993年：アムステルダム・ショック），現在では週4回以上の精神分析でなければ訓練分析として認めないようになっている。しかし，そうした歴史の中で週1回の精神分析的精神療法が姿を消していったかというとそうではなく，日本精神分析学会を中心に週1回というスタンスは生き続け今日に至っている（藤山，2015）。第60回日本精神分析学会において藤山は"いまこそ，週1回のセラピーの意義や可能性や問題点を検討する機会が生まれた"と論じた。その中で藤山は，週1回の精神分析的精神療法においては，この後1週間会えないということを意識して治療者が介入を差し控えたくなったり，逆に早く変化をもたらそうとして熟していない介入に駆り立てられやすくなると指摘している。そして，そうした治療者の願望を優先させた介入は"この場のできごとから直感される真実の感覚を大切にする"という分析家の基礎的スタンスから滑り落ちたことになる，と述べている。一方ではまた"毎セッションが休暇前であり休暇明けである週1回のセラピーにおいては，毎日分析のときのように（転移解釈を）のんびり構えている暇はない"とも指摘している。"週1回"という特殊な設定の中では"今ここでの真実の感覚から滑り落ちやすい"という事象と共に"転移解釈をゆっくり構えていられない"という事象が，矛盾した要素を含みあいながら混在している。

　こうした困難な状況の中，低頻度の精神分析的精神療法を実践していくにはどのような工夫が必要なのだろうか。議論の前提として私は1934年にStracheyの著した歴史的論文"The Nature of the Therapeutic Action of Psychoanalysis"に触れたい（Strachey, 1934）。この論文の中でStracheyは"変容惹起解釈：mutative interpretation"という概念を提案し，面接室における差し迫った転移状況を解釈していくことこそ"精神分析の治療作用の究極の作動因子である"と述べた（藤山，2015）。この概念はその後，さまざまな学派で引用され，精神分析における転移解釈の重要性を確立する礎となっていった。特に古典的なクライン派の精神分析においては転移解釈の果たす役割はより中心的とされており（Hinshelwood, 1994），Segalはそれを"すべてのコミュニケーションが現在の外的生活についてのコミュニケーションであるだけでなく，患者の幻想についてのコミュニケーションである"と表現している（Segal, 1967）。また米国クライン派のCaperは"転移解釈こそ精神分析における究極の作動因子"としたStracheyの考えを強調し"分析においては，患者の過去についての知識を集めたり，患者の過去を再構成しようとしたりしたところで，転移理解に到達すること

などない"と述べている（Caper, 1999）。Caperによれば，転移外を取り扱う作業は"いま現在の生きた転移を説明するための，死んだ過去の憶測による持ち出し"であり"ごまかし"であるという。

　一方，自我心理学系の分析家を中心として転移解釈に偏重し過ぎることへの批判もなされてきた。Sandlerは"患者の素材すべてが転移であると考えることは，誤解であり単純化である"と批判し，転移関係における分析者だけではなく，患者と共同作業に従事している現実の人間としての分析者の機能も認めるように主張している（Sandler, 1992）。現代的にはクライン派の内部においても転移外の理解の重要性を認める動きがある（Spillius, 1988）。例えばRosenfeldは患者の行動とコミュニケーションを，転移関係としてだけではなく，発達早期における患者と環境の関わりとして把握することの重要性を指摘している（Rosenfeld, 1987）。Rosenfeldの考えは，転移理解のコミュニケーションのために転移外の理解を疎かにしないというものであり，こうした姿勢は精神分析のみならず精神分析的精神療法の実践においても注目に値する。低頻度の精神分析的精神療法では転移の理解がぼやけたものになりやすく，それゆえ，転移外の理解をどう活かしていけば良いのかという議論は，精神分析で検討されている以上に切迫した問題と言える。ここにおいて私は精神分析的精神療法における"振動"概念の重要性を主張したい。これは先に述べたStrachey論文からの引用である（Strachey, 1934）。Stracheyは患者の転移外解釈と転移解釈の間に起こる運動のことを"振動"と表現し，それは精神分析における通常の治療経過であるとした。Stracheyの関心は"精神分析における転移解釈の重要性"にあったのだが，精神分析的精神療法の実践を考えるにあたっては，むしろ，この"振動"という概念に注目していく必要がある。以下に示す臨床素材の中で私は，精神分析的精神療法における"振動"の様子を例示し，その重要性を論じていきたいと思う。

II　臨床素材

精神分析的精神療法，導入までの1年間

　女性患者Aは私が初診した当時高校生であった。Aは小学生の頃に摂食障害を発症し数度の入院治療を経験しており，それに加え，慢性的な気分の浮き沈みの影響で不登校状態に陥っていた。治療の行き詰まりを感じた前医は，私の所属する病院へAを紹介してきた。添えられた紹介状には"完全主義的で，融通の効かないAの性格が，学校や治療場面での適応を妨げている"と記されていた。Aが

私の病院を訪れた日，彼女は病院の待合室で金切り声を上げだした。それは切迫した激しい叫び声であった。私は驚いて診察室を飛び出したが，いざその場へ駆けつけてみると，当のＡは何事もなかったかのように静かな笑みを浮かべ，私の様子を見ているのであった。それはどこか無機質で得体が知れず，不気味な印象を与える笑みであった。

　Ａとの出会いからしばらくの間，私は彼女に対して薬物療法や認知行動療法を試みた。しかし，それらは効果を上げなかった。一般的な外来治療が効果を上げない背景には，彼女の生い立ちの問題が影響しているようであった。Ａの母親は仕事一筋の女性であり，自分の感情を表に現すことがめったにない人物であった。一方，Ａの父親は直情的で，些細なことでも余裕をなくし怒りを爆発させるような人物であった。Ａの両親は仕事柄すれ違いの生活を続けており，また性格的にも水と油のような関係で，Ａはそれを「バラバラな家族」と表現していた。Ａの家にはＡのことを評価してくれる者がおらず，幼い頃からＡは自分で自分を評価するしかなかった。そのことが成績や体重に対するＡの過剰なまでの囚われを招いているようであった。Ａは，徹夜で勉強したかと思うと消耗して体調を崩し，不登校になることを繰り返した。診察室でのＡは笑いながら他人事のように，自身の体調の悪さについて語っていた。私にはそれが痛々しく映り，笑えない状況を笑ってしか語れないＡの孤独な様子を指摘していた。Ａはそうした私の指摘に納得する部分もあるらしく，ある日，夢の報告をした。

　〈夢の中のＡは，人混みの中に一人ぼっちでいた。誰もがＡに背を向け，彼女の存在に気づいているものは誰一人として居なかった。Ａは現実感のない不思議な感覚でその場に佇んでいたが，そんな彼女の背後からふいに黒い男が現れた。男はＡの耳元でなにか言葉をささやき，言葉を掛けられた瞬間，Ａはビルの屋上から飛び降りるのであった〉

　この夢から私は，Ａの中に私との関わりを求める気持ちと同時に，それを怖れる気持ちがあることを連想した。関わりを求めることへの怖れはＡから自由を奪い，完全主義的で余裕のない生活に彼女を追い立てているようであった。その状況から彼女が抜け出すためには，Ａ自身が自分の情緒を取り扱えるようになる必要性があると私は見立て，精神分析的精神療法への導入を提案した。Ａがそれに同意したため，初診から約１年後，週１回45分，90度対面法という設定で精神療法が開始された。

第1期：精神分析的精神療法開始後2年までの時期

　私がAに精神分析的精神療法を提案したのは"Aが自分の情緒を取り扱えるようになること"を意図してのものであった。しかし，その想いに反してAとの面接は実に淡々とした空気に包まれていた。初診以来ずっとそうであったように，彼女は他人事のように自分自身のことを語るというスタンスを崩さなかった。彼女は「自分には感情がない」ということを語っており，その中には「銅像のように変わりようのない存在である」という表現が含まれていた。彼女の理想は「誰の力も必要としない究極で純粋な存在になること」であり，「誰の力も必要としない彼女」は，次第に「面接なんて無駄なもの」として語るようになった。それは言葉で語られる以上に行動でも表現されていた。例えば彼女は高校を退学し，それを私へ事後的に報告してきた。私を外したところで全ての決断は下されており，そんな悩みをAが抱えていたことさえ知らされなかった私は，ひどく面食らった。こうした展開は度々で，Aにとって重要な事柄になる程にAは私の前から姿を隠した。その都度，私は彼女に締め出されたような「あなたは私にとって無価値です」と言われているような，屈辱的な感覚を抱かされた。Aは「悩んでいるときは自分でもどう言ってよいか分からないから，そんなまとまらない状況では面接に来ても無駄なんです」と言った。彼女が面接で語ることはすでに彼女の中で整理された解決済みのことであり，私には手の出しようもないことであった。それゆえ，彼女はいつも淡々としており，私はもぬけの殻のような彼女を感じ続け心底うんざりしていた。私は面接を投げ出してしまいたい欲求を感じる一方で，分析的な治療者として役割を果たそうともしていた。

　ある日の面接で私は「あなたは，私と距離を取ろうとしているが，本当はそうしたい訳でもないようです」と指摘した。すると急にAは怒り出した。Aは椅子から身を乗り出し「そんなことを言って，本当に私が感情を出したら怖いですよ。先生が苦しくなると思いますよ。私が机を蹴り出したり，叫んだり，そしたら先生どうするんですか！」と詰め寄ってきた。普段の淡々としたAの様子があまりに突然豹変し，私の腕には恐怖で鳥肌がたった。診察室は瞬間緊張した雰囲気となった。私は「何かを破壊することなく，言葉で想いを伝えることができたら良いと思います」とAを押し返すのが精一杯であった。Aは怯んだような表情で力なく笑い，そしてその後の面接はまた淡々としたものに戻った。一瞬あらわれた破壊的なAは姿を消し，変わってそこには「他人には求めない。自分のやることは自分で決める」と語るAが居た。

第2期：精神分析的精神療法，開始後4年までの時期

　淡々として変わらないＡの姿は，彼女が例えるように"銅像のよう"であった。そして突発的なＡの怒りに触れると，驚き，固まってしまう私もまた"銅像のよう"であった。精神療法が開始され数年の間，２体の銅像が面接室で向かい合い黙って苛々している，そのような関係性が続いていた。その間にＡは高卒認定を受け，大学へ進学した。私とＡの関係性という意味では大きな変化を認めていなかったものの，Ａを取り巻く社会環境は徐々に変わり始めていた。精神療法が4年目に差し掛かった頃，Ａの自宅である騒動が起こった。いつものように理不尽に怒鳴り散らす父親に，Ａがはじめて追いすがり抗議したのであった。抗議された父親は逆上し，Ａの髪を掴んで殴りつけ，Ａの部屋からパソコンもテレビも全て投げ捨て，めちゃくちゃに破壊してしまった。母親はその状況に口出しをすることもできず，父親の癲癇がおさまるまで物陰に隠れて様子を伺っていた。この騒動がきっかけでＡの両親は別居することとなり，彼女は母親について家を出ることとなった。そしてＡは夢をみた。

　〈夢の中でＡは何の感情もないような不思議な感覚に包まれていた。Ａは近所で人殺しが行われていると知り，しかし何故か，自らその場へ出向いて行った。そこでは黒い男が人を刺したり，撃ったり，血みどろの世界を繰り広げていた。男に近づいたＡもまた襲われそうになり，そしてそこで眼を醒ますのであった〉

　私はＡの身に起こった今回の騒動と，そして夢の報告を聞きながら，かつて彼女の語っていた「バラバラな家族」という心象を今更のように反芻していた。それはまた「本当に私が感情を出したら怖いですよ」と言って私に詰め寄ってきた，あの時の彼女の姿とも重なって感じられた。私はＡに対し「あなたにとって感情を表に出すということは，何かを破壊してしまう怖ろしいことのように感じられているのでしょう」と指摘し，それは「Ａが過去に両親との間で繰り返し体験してきた恐怖で，今回も両親との間で体験したことであろう」と伝えた。Ａはそれにうなずき「最近は変な感じ，生きているのか死んでいるのかも分からない感じ。どんどん銅像がひどくなる。けれども，怒ったり，泣いたり，素の感情を出すのは嫌。小さい頃，そうやって感情を出したときの両親の困惑した眼を見るのがたまらなかった」と語った。

第3期：精神分析的精神療法，開始後4年以降の時期

　両親の別居後，面接のキャンセルが次第に増えていった。私はキャンセルの意味についてAと話しあう必要性を感じた。その中でAは両親の別居を「仕方がなかったこと」と片付け，面接での関わりについては「表面に皮を重ねるようなもので，無意味なこと」と切り捨てるのであった。私はAにそう言われながらも「感情を伝えようと，あなたは自分なりの努力をしてきたが，それを私にも押し返されたように感じ，傷ついてきたのではないか」と伝える努力をした。Aはそれに対し「先生はただ遠くからみているだけで，まるで私に関心がない」とか，「忍耐強くなる練習だったらもうたくさんです」と述べるようになっていた。私の中で，当初Aに対して抱いていた"得体が知れず，不気味な印象"や"銅像のような印象"は薄れつつあった。代わりに"情緒的な触れ合いを果てしなく怖れるAにとって，私との関わりは単なる苦痛に過ぎないのではないか"という感覚を覚えるようになった。そうした中，Aは再び夢の報告をした。

　〈Aは夢の中で激しく喉が渇いており，そしてAの横には男が横たわっていた。Aには男が死んでいるようにも感じられた。Aは喉の渇きに耐えかねて，男の脇腹をかみちぎって，そこから出てくる黒っぽい血を啜った。しかしその血を飲み込むと途端にAは気分が悪くなってしまい目を醒ました。Aが再度眠りにつくと，今度はAは一人ぼっちになっており，鼻血を垂らしているのであった。鼻血はどんどん溜まり血の海となり，Aはその海の中に沈んでいった〉

　Aは夢の報告に続く連想を語ることができなかった。そこで私は，今ここでの転移として解釈を伝えた。「私はこう連想しました。その男は私のことだと思います。あなたは私のことを貪りたいと思っている。近くに居て安心を与えて欲しいし，自分のことを理解して欲しいとも願っている。自分の感情もぶつけたい，でも本当にそれをしてしまったら私が死んでしまう。あるいは危険なものを口にしてしまった，あなた自身が大変なことになる。そんな不安が夢の中で現れているのでないだろうか」Aはそれに対し「昔から私，自分から相手にワーワー言うのが駄目なんです。私がいろいろ言って相手が心配するのがすごく不安で嫌で，それで冷静になろうと，自分の感情なしで進もうと，そうやって生きて来たんです。その男が誰であったか考えることは無理です。そうすると本当に耐えられないんです」と応じた。Aは私の解釈を全面的に受けとめることはしなかったが，それでもこのやり取りは彼女の心に響いたようであった。精神療法はその後も継続さ

れた。Aは相変わらず淡々としたり引き籠ったりを繰り返したが，それは延々と固定された状態ではなかった。次第にAは「自分はとても弱いから，一度誰かに頼ってしまうと二度と立てなくなるようで怖い」と語るようになった。数年の経過でAは大学を卒業し，その後は公的機関のサポートを受け「余裕のない自分でも続けていくことのできそうな仕事」を進路に選んだ。「誰の力も必要としない究極で純粋な存在になる」というAの熾烈な自我理想は弛み始め，そうした変化は精神療法の中でも表現された。Aは恐る恐るではあるものの「本当は面接を必要としている自分」という情緒に触れることができるようになっていった。

III 考　　察

1．臨床素材の治療経過

Aは治療の異なる時期に3つの夢を報告した。報告された夢は，Aの内的対象関係の表現として相似した特徴を有しており，そこには，黒い男，Aとの接近，破壊的な出来事，という素材がそれぞれ含まれていた。第3期の私は，これら夢の素材から連想して"今ここで"の転移解釈を行っている。黒い男への接近は，私へ依存したいAの欲求の象徴として，破壊的な出来事は，Aの強い依存欲求に対して私もA自身も持ち堪えられないのではないかという不安として解釈された。Aは「その男が誰であったか考えることは無理です」と抵抗を示しながらも私の解釈を受けとめ，幼い頃から彼女が味わってきた傷つきを連想し語り，このやり取りはその後の精神療法の土台となっていった。

さて，ここで私が強調したいことは，転移解釈が患者の内的世界を理解するための道具として利用されるためには，転移解釈による今ここでのコミュニケーションだけでなく，今ここでに繋がる準備的段階として，患者の過去や現在に対する理解もまた重要であったということである。例えば，第1期で私は「あなたは，私と距離を取ろうとしているが，本当はそうしたい訳でもないようです」とAに介入しているが，それは十分な実感を伴った解釈ではなかった。解釈に対してAは予期せぬ怒りを示し私はうろたえた。知的に理解するとすれば，Aの怒りの源泉には「バラバラな家族」というAの生育環境が影響していたのかもしれないが，その理解は私の情緒と繋がったものではなかった。Aの激しい怒りを"得体の知れぬもの"として怖れた私はAを押し返し，2人の交流がそれ以上深まることはなかった。とはいえ，私はこの場面での介入を"失敗した解釈"と主張している訳ではない。むしろその逆で，私は面接室でのこうしたやり取りを通じてAが抱

く"接近されることへの恐怖"を肌で体験し自分の実感としていった。第2期における治療展開として私は，Aが父親に感情をぶつけ，その結果Aの家族がバラバラになってしまう，という外傷的な場面を取り上げている。Aはこの時の体験を夢の報告として私に伝え，私はそれを「感情を表に出すことへの恐怖」という文脈の中で理解した。私は得られた理解を「Aが過去に両親との間で繰り返し体験してきた恐怖で，今回も両親との間で体験したこと」と，彼女の過去や現在に繋げる介入を行った。

　こうした介入の背景には，それまでに私が面接室の中で体験してきた"接近されることへのAの恐怖"という転移理解が生きていた。私は面接室での体験を通じてAの過去を反芻し，面接室での体験を通じてAの現在を反芻していた。また逆に，Aの過去や現在から遡って，面接室における"今ここで"の彼女を反芻していた。Aの過去，現在，そして今，3つの次元に繋がりが形成され，それぞれの次元の理解に情緒的な深みが与えられていった。こうした過程は"得体の知れないA"という当初の私の感覚を"情緒に触れることを果てしなく怖れるA"という実感に進展させ，その結果，第3期の転移解釈へと至る準備的段階が形成されていったと思われる。Stracheyは転移外解釈の積み重ねによる準備的段階の形成と，そこから転移解釈が誘発される治療プロセスを"振動"と表現している。以下に続く考察で私はStracheyの述べる"振動"概念を詳述し，そこに現代的な意味付けを加えていく。

2．"振動"概念の成り立ち

　Freudが転移を精神分析の治療技法として明示したのは"The Dynamics of Transference"においてであった（Freud, 1912）。Freudは次のように表現している。"この医師と患者との，知性と本能生活との，そして理解することと行動を求めることとのあいだの格闘はほとんど転移という現象のなかでのみ繰り広げられる。勝利が勝ち取られなければならないのは，まさにこの領域においてなのである。その勝利は神経症の永続的な治癒によって表現される"。この論考以降，転移でもって患者を理解し，解釈をもってこれに応じるという技法が，精神分析における治療作用の本質とされていった。学派によって開きはあるものの転移解釈の重要性は，その後の分析研究の中でも繰り返し確認されてきたことである（Sandler, 1992）。それでは患者の過去や現在，転移外の状況に対する理解や解釈については，どのようなことが述べられているのであろうか。Freudは彼の晩年の論文の中で"解釈"という治療技法に並べて，患者の過去の"構成（再構

成)"について述べている（Freud, 1937）。"ふたつの仕事は両方とも並行して進められ，ひとつが少し先に行き，もうひとつはその後に続く，すなわち分析家は構成を一部仕上げると分析主体に作用を及ぼすようにそれを彼に伝える。その次に分析家は自分に注ぎ込まれた新たな素材からさらなる部分を構成し，それを同じように扱う。彼は最後までかわるがわるこうしたことを続ける"。Freud は患者の転移外を扱うことの重要性を準備的作業としながらも認めていたようである。"転移解釈こそ精神分析における究極の作動因子"と論じた Strachey もまた，転移外解釈の重要性を指摘している。彼は次のように述べている（Strachey, 1934）。"分析家は転移外解釈を与えることによって，変容惹起解釈を与え得る転移の一状況をしばしば誘発することができるのである。（中略）転移解釈を受け容れることは，本陣を確保することに相当する。一方，転移外解釈は，全体の前進であったり，本陣の確保によって可能となる前線の強化に相当する。転移解釈と転移外解釈の間のこの種の振動は，分析における通常の経過を表している"。

　私はこの一節を引用し"振動"と呼ばれるプロセスの重要性を主張するが，部分的には Strachey が"振動"という言葉に込めた意味に現代的な肉付けを試みている。Strachey のイメージしていた"振動"は転移解釈で本陣が確保され，それに続く転移外解釈で前線が強化され，さらに新たな転移解釈の出現によって戦線が拡大されていくという前進運動のプロセスであった。前進運動としての治療プロセスに私は賛同するが，一方，転移外解釈が準備的段階として機能しはじめる過程においては転移理解の積み重ねが重要であったことも強調したいのだ。第2期における治療展開を参照してもらいたい。ここでは「バラバラな家族」というＡの転移外の状況に，治療者が体験してきたＡとの転移関係が重なり，その結果として実感を伴った転移外解釈が産み出されている。実感を伴った転移外解釈はＡと治療者のコミュニケーションを深化させ，ついには第3期における転移解釈へと繋がっていった。ある転移解釈が変容惹起性を帯びたものとして誘発される治療プロセスにおいては，転移外解釈がそれ単独で準備的段階を形成するのではなく，転移理解と転移外理解の間に相互の交流が生じ，理解の振幅を深め合う過程が重要になる。こうしたイメージは Strachey 以降の分析家達による業績，特に投影同一化や逆転移の利用に関する理論の影響を受けたものである（Klein, 1946; Heimann, 1950; Grinberg, 1962）。Segal は"すべてのコミュニケーションが現在の外的生活についてのコミュニケーションであるだけでなく，患者の幻想についてのコミュニケーションである"と述べたが（Segal, 1967），患者の語る転移外の状況には，患者から投影された患者自身の要素が読み取れる。同じ

ように，面接室における治療者の体験にも患者から投影された患者自身の要素が読み取れるだろう。

　治療の第1期においてAの突然の怒りに触れ恐怖に固まってしまった私は，Aから投影された恐怖（Aの情緒に触れると怒り狂ってしまう父親に対する恐怖，あるいは，Aの情緒に触れると困惑した眼で彼女のことを見つめてくる母親に対する恐怖）に同一化していたのであろうし，それを十分に扱えたのであれば治療における逆転移の利用と呼べたであろう。治療者は自身に投げ込まれた投影物を通じて患者の転移外を見つめ直し，転移と転移外，両者の間に分析的な理解の交流を促すのである。こうした交流の上にはじめて変容惹起解釈へと繋がる準備的段階は整い"振動"というプロセスは前進するのである。

3．精神分析的精神療法における"振動"

　本論の主題に戻り，精神分析的精神療法における"振動"概念の重要性を論じていく。それにあたって分析頻度に関するFreudの見解について触れたい。Freudは，通常自分は週6日分析していると述べた上で，週3日以下の頻度で行われる分析について次のように述べている（Freud, 1913）。"これ以上の時間の切り詰めは，医師にも患者にもなんら利益をもたらさない。特に治療開始時にはそのようなことは全く問題外である。少しの中断であっても仕事の効果をいくぶんかぼやけたものにしてしまう。（中略）分析の仕事の時間の頻度がより少ないと，患者の現実生活についていけず，治療が現在との接触を失って脇道にそれるという危険が生じる"。このFreudの言に従うならば，週3日以下どころか週1回の精神分析的精神療法の臨床的意義はないに等しい。Freudが最も怖れていたことは，現実生活に汚染されることで"今ここで"の転移関係がぼやけたものになってしまい，結果として分析の効力が失われてしまうことである。頻度の低下に伴う，転移がぼやけるという事態に対して，我々はどう対処すれば良いのであろうか？　実感が伴わないままの解釈は言葉だけの何ら機能しない解釈になるであろうし，解釈しないという姿勢では精神分析における治療作用の本質を見失ったことになる。転移がぼやけるにもかかわらず転移解釈は必要という矛盾。我々に必要なのは，この矛盾を繋げることであり，そのためには2つの方法が思い浮かぶ。1つ目の方法は，ぼやけた転移の状況にあっても"それを察知する治療者の感度を高めていく"という方法である。これは治療者自身が分析体験を積み重ね，転移という現象への実感を深めていくことでしか達成しようがない（衣笠，1990；飛谷，2012）。もう1つの方法は，本論で述べた"振動"概念の利用である。転

移解釈を，それが発せられた，その時だけの事象として扱うとき，我々は"転移解釈を行うか，行わないか"という単純な二者択一に迫られてしまうが，ここにおいて"振動"概念を利用すると別の展開がもたらされる。"振動"のプロセスにおける治療者は，患者の今だけではなく患者の過去や現在にも光を当てていく。そして表面的には転移解釈を扱っていない場合においても，転移解釈に繋がっていく準備的段階として転移外の取り扱いに価値を与えていくのである。むろん患者の過去や現在に価値を与えていこうとするこの試みは決して容易なものではない。精神療法が低頻度になる程，患者の語る転移外にもさまざまな要素が混入してくる。そこから"振動"に連なる諸要素を導き出して行くためには，膠着した転移外の取り扱いの中にも動的な眼差しを失わない治療者の不断な努力が求められるのである。

英国の精神分析家 Coltart は，精神分析家である自分と同時に，精神分析的精神療法家としての自分をずっと大事にして来たと語る（Coltart, 1993）。彼女は精神分析と精神分析的精神療法の違いを明確に答えることはできないとしながらも，精神分析的精神療法に取り組む際の姿勢を次のように表現している。"ほとんどのセッションで，私は患者とさまざまな水準で対話しようとします。その対話には，厳密に言えば転移外のものですが，患者の現在に対してだけでなく，過去に対しても重要なたくさんの素材が含まれているものです。私がその時にたとえどんな技法上の工夫を用いるとしても，その時私は明らかに意識的な内容以上のものを聴こうとし，患者に私がそうしようとしていることを示そうと常に努力します。（中略）つまり私にとって，可能な限りのやり方で患者と関わり合うこと全てが精神療法をする時の目標なのです"。ここに描かれた Coltart の姿勢は，患者の今だけでなく過去や現在にも光をあてていこうと努力する精神分析的精神療法家の臨床態度である。こうした努力の上にもたらされる"振動"の治療プロセスは，精神分析的精神療法の実践において極めて重要な貢献を果たすであろう。

IV　おわりに

2015 年の World Psychiatry 誌にタビストック・クリニックで行われた精神分析的精神療法に関する臨床論文が掲載された（Fonagy, 2015）。これまでになく大規模で構造化された研究の中で，難治性うつ病に対する週 1 回精神分析的精神療法の有効性が示され，それに併行して研究で用いられた治療マニュアルも公表された。そこでは精神分析と精神分析的精神療法の区別はなされず"精神分析が

何を大切にしてきたのか"が改めて記されていた（Taylor, 2015；福本，2016）。我々は精神分析的精神療法を思考するために精神分析の言葉を用いる。しかし同時に忘れてならないことは，精神分析的精神療法は精神分析そのものではなく，そこには何らかの制約や応用を伴うということである。"精神分析的な臨床実践における精神分析の言葉"という問い直しの作業は重要かつ創造的であり，本論で試みようとしたことはまさにそうした取り組みであった。本論で注目した"振動"概念を一つの例示としながら，"精神分析的精神療法が何を大切にしていくべきか"について今後も思索を続けていきたい。

文　献

Caper, R.（1999）*A mind of one's own: A kleinian view of self and object.* Routledge.（松木邦裕監訳（2011）米国クライン派の臨床―自分自身のこころ．岩崎学術出版社，東京．）

Coltart, N. (1993) *How to survive as a psychotherapist.* Sheldon Press.（館直彦監訳（2007）精神療法家として生き残ること―精神分析的精神療法の実践．岩崎学術出版社，東京．）

Fonagy, P.（2015）Pragmatic randomized controlled trial of long-term psychoanalytic psychotherapy for treatment-resistant depression: The Tavistock Adult Depression Study (TADS). *World Psychiatry,* 14; 312-321.

Freud, S.（1912）The Dynamics of Transference. *Zbl. Psychoan,* 2(4); 167-173.（藤山直樹監訳（2014）転移の力動―フロイト技法論集．岩崎学術出版社，東京．）

Freud, S.（1913）*On beginning the treatment (Further Recommendations on the Technique of Psycho-Analysis, 1).* S. E.12.（藤山直樹監訳（2014）治療の開始について（精神分析技法に関するさらなる勧めⅠ）．In：藤山直樹：フロイト技法論集．岩崎学術出版社，東京）

Freud, S.（1937）*Constructions in Analysis.* The Hogarth Press.（藤山直樹監訳（2014）分析における構成―フロイト技法論集．岩崎学術出版社，東京．）

藤山直樹（2015）週1回の精神分析的セラピー再考．精神分析研究，59; 261-268.

福本修（2016）「精神分析的臨床を構成するもの」第3回；分析的枠組と分析的態度．精神分析研究，60; 37-40.

Grinberg, L.（1962）On a specific aspect of coutertransference due to the patient's projective identification. *The International Journal of Psycho-Analysis,* 43; 436-440.（松木邦裕監訳（2003）患者の投影同一化による逆転移のある特異面．In：松木邦裕：対象関係論の基礎―クライニアン・クラシックス．新曜社，東京）

Heimann, P.（1950）On couter-transference. *The International Journal of Psycho-Analysis,* 31; 81-84.（松木邦裕監訳（2003）逆転移について．In：松木邦裕：対象関係論の基礎―クライニアン・クラシックス．新曜社，東京）

Hinshelwood, R. D.（1994）*Clinical Klein.* Basic Books.（福本修・木部則雄・平井正三訳（1999）クリニカル・クライン―クライン派の源泉から現代的展開まで．誠信書房，東京．）

Klein, M.（1946）Notes on some schizoid mechanisms. *The International Journal of Psychoanalysis,* 27; 99-110.（狩野力八郎・渡辺明子・相田信男訳（1985）分裂の機制についての覚書．In：メラニー・クライン著作集4．誠信書房，東京）

衣笠隆幸（1990）自由連想と治療回数をめぐって―英国及び日本での経験から．精神分析研究，33; 373-378.

Rosenfeld, H. A.（1987）*Impasse and interpretation: Theraprutic and anti-theraputic* factors in the psychoanalitic treatment of psychotic, borderline, and neurotic patients. Routledge.（神田橋條治監訳，舘直彦・後藤素規訳（2001）治療の行き詰まりと解釈—精神分析療法における治療的／反治療的要因．誠信書房，東京．）

Sandler, J. (1992) *The patient and the analyst*. In: *The basic of the psychoanalytic process, second edition*. Routledge.（藤山直樹・北山修訳（2008）患者と分析者—精神分析の基礎知識，第2版．誠信書房，東京．）

Segal, H. (1967) *Melanie Klein's technique*. In: *The Work of Hanna Segal: A kleinian approach to clinical practice*. Jason Aronson, New York, 1981. Reprinted Karnac Books, London, 1986.

Spillius, E. B. (1988) *Melanie Klein today: Vol.2, Mainly Practice*. Routledge.（松木邦裕監訳（1993）メラニー・クライン トゥデイ②．岩崎学術出版社，東京．）

Strachey, J. (1934) The nature of the therapeutic action of psychoanalysis. *The International Journal of Psycho-Analysis*, 50; 275-292.（松木邦裕訳（2003）精神分析の治療作用の本質．In：松木邦裕：対象関係論の基礎—クライニアン・クラシックス．新曜社，東京．）

Taylor, D. (2015) Treatment manuals and the advancement of psychoanalytic knowledge, The treatment Manual of the Tavistock Adult Depression Study. *The International Journal of Psycho-Analysis*, 96; 845-875

飛谷渉（2012）週1回設定の心理療法を精神分析的に行うための必要条件—週複数回頻度の精神分析的心理療法実践の立場から．精神分析研究，56; 39-46.

第4章

関係性以前の接触のインパクト

週1回セラピーにおける重要性

藤山直樹

introduction

　日本で発展した週1回の精神分析的セラピーは精神分析の理論を応用して作り上げられてきた。しかし，単に頻度だけでなく，治療者の訓練という内的設定の重要な要素においても，それは精神分析とは異なっている。ゆえに，それに精神分析の技法論をどの程度適用できるのかは，検討の必要がある問題である。そのことを，明示的に私が語ったのが，2015年の日本精神分析学会会長講演であった。私個人はすでに10数年週1回のセラピーの実践から離れている。それは，実感として，それがとてもユニークな，独自の技法論を要求するようなものだと感じたからであり，精神分析家として実践している私には，たいへん難しい異質なものだと悟ったからだった。

　日本の週1回のセラピーは，精神分析とは違って，国際的な検証や対話からもほぼ隔てられている。ある種の鎖国的な状況から自らを解放し，外部との対話を試みることは今後さらに重要になるだろう。この論は，精神分析家としての私が，精神分析的セラピーの持つ困難さを考えたことの産物であり，ひとつの外部との対話である。

I　はじめに

　この小論は2019年の「精神分析的心理療法フォーラム」での発表をもとにしている。この発表をしたとき，私は当然，そこが「精神分析」フォーラムではないこと，そしていま日本で最も広くおこなわれている精神分析的セラピーが週1回の頻度のものであることを意識していた。当日「関係性」という主題でのパネルで私は発表したのだが，それは「関係性」という論点をそれぞれの論者が自由な立場で話すような企画だったと記憶する。私は，治療のなかでの「関係性」の問題に立ち入るなら頻度の問題は無視できない，というより，最大限に重視するべきものだと考えていた。そしてその考えはいまも変わらない。

　この120年間に積み重ねられてきた精神分析の技法論や治療作用論を週1回

の実践にアプリオリに適用できるという素朴な仮説を，私は日本精神分析学会の会長講演で「平行移動仮説」と呼んで検討し，そうした仮説を無批判に受け入れることについての疑問を提起した（藤山，2015）。この問題はすでに1990年代から私の頭のなかにあったが，2014年のその講演ではじめて形にすることができたのだった。私のそのときの主張は，高頻度の訓練分析体験を持ち，インスティテュートにおける濃密な訓練を受けた欧米の精神分析家が，やはり高頻度の精神分析という臨床経験から抽出して提出した概念や理論を，そうした訓練を受けていないセラピストによる週1回の精神分析的セラピーの治療論を論じるときにそのままの形で使うことは科学的とは言えない，ということだった。実験の条件が全く違っている実験の結果を，同じ条件で実験したかのように論じることはけっして科学的でないということである。

　よく誤解されるのだが，私の主張は精神分析でない精神分析的実践，たとえば精神分析的セラピーの価値を軽く考えるものではけっしてない。日本で発展した精神分析的セラピーはきわめて大きな臨床成果を上げてきたし，臨床的価値はきわめて大きい。それは私にとって，ほとんど疑いようのない事実である。1983年に，30歳のときに精神分析的な臨床のなかに身を投じた私は，最初の10年間，それはいわゆるアムステルダム・ショック勃発までの10年間だが，病棟での力動的入院治療（を志向する治療）における週3～4回の頻度の対面のセラピーと自費設定の心理オフィス（週1日半くらい借りていた）での週1回のセラピーだけを実践していた。私の最初のモノグラフである『精神分析という営み』（藤山，2003）に登場するのも，ほとんど週1回の頻度で治療した患者たちである。そこで何か意味のあることをできた，という感じを私は持ったし，その感覚は正しかったといまも思っている。

　あの会長講演で私が提起したのは，私たちが親しんできた，そしていまも日本の精神分析的実践の主流になっている週1回対面の精神分析的セラピーについて，単に平行移動的に別の実践から生成された既存の知をあてはめるのではなく，日本での臨床の現実に根ざした現実的な技法論的検討を地道に行うべきではないか，という主張だった。この小論はその一歩を踏み出してみようとする試みである。

　たとえば，クライン派では，とか，関係論学派では，とか，海外の精神分析家の誰それが言うには，とか言った言説は，精神分析の臨床事実や臨床技法を論じるときには意味があるだろう。設定も共通しているし，治療者の訓練もほぼ共通しているなかでの議論だからである。しかし，そうした「平行移動的あてはめ」

は週1回のセラピーを論じるときには，無意味ではないにしても相当に意義が乏しくなるのだけでなく，ときとして誤った方向に私たちを導きかねない。週1回の精神分析的セラピーで起きていることが精神分析家による精神分析で起きていることとどう違うのか，すでに積み重ねられた精神分析の知を参照しながらも，日本の週1回のセラピーという固有の臨床事実にもとづいて検討していく必要があるのである。

　こうした思いは，逆説的だが，私が1999年に個人開業し，2002年に精神分析家の資格を得た後，精神分析の経験を積み重ねてきたことによって強まっている。訓練を受けていた頃から通算するとすでに分析を行う側として16例，12,000時間ほどの精神分析セッションを経験した。それと並行して週1，2回のセラピーも続けており，開業した1999年以後でも12,000時間ほどに達している。2010年から2018年までは週2回のセラピーを6～7例絶えず続けたし，その後も3～4例は常時維持してきた。また，ほとんどが週1回のセラピーを素材としているケースセミナーも年間100時間くらいずつ続けてきた。私は精神分析と精神分析的セラピーとのあいだを行き来してきたと言っていいだろう。その経験から，私は精神分析と精神分析的セラピーとの違いを思いめぐらしてきた。そして，いま私がたどり着いた考えは，その違いは単に頻度の違いという量的なものではなく，より質的なものであるということである。

　こうしたことを前提に，精神分析的セラピーの治療論もしくは技法論について考え，そのなかでの「関係性」，治療的な関係について考察してみよう。私は日本で独立にものを考えていた人間なので，極力学派的なタームを排除して考えることを試みるつもりであるが，ことによると対象関係論の思考の枠のなかにいると感じる向きもあるかもしれない。

II　精神分析における関係性の扱い——転移解釈，変容性解釈

　精神分析の伝統のなかでは，「関係」もしくは「関係性」という言葉が登場するとき，それは通常いまここで患者と治療者のあいだに繰り広げられている対人関係と患者のこころのなかで作動している関係的な枠組みとのどちらかを表現するために用いられている。そのふたつの関係につながりがあるという認識が，フロイト以来，精神分析の基本的な前提であったことは言うまでもない。とはいえ，フロイトは患者と分析家の関係について「関係」という言葉を使って明確に言及したことはない。精神分析がふたりの人間のあいだの関係なのだ，ということは自明

のことのように見えて，そうとも言えなかった歴史があったのである（Heimann, 1950）。

転移解釈，つまりふたりのあいだの「関係性を分析家が語る」ことを中心に据えて技法論を構築する立場は，ストレイチイ（Strachy, 1934）とクライン派の貢献のなかから生まれた流れである。いわゆる「変容を生む解釈（mutative interpretation）」というこの考えは1990年代以降，日本の精神分析的実践を事実上リードしてきたように思える。英国対象関係論，わけても治療空間のなかで考えられないものを考えられるものに変形することを中心とした前期ビオンのアイデア（Bion, 1962）といっしょになることによって，この概念は日本の精神分析実践のなかでたいへん大きな力をもっていたのは間違いないだろう。

この主張は，ふたりのあいだに生じているできごとを関係性を帯びたストーリー，考えられる形の物語に練り上げること，そしてその物語を解釈として患者に与えることが治療者の中心的な仕事であり，それが適切になされたときに心的変化が生まれる，というものである。そこでは，当面そこに繰り広げられるできごと，関係性についてセラピストが語ることができるようになることが目指されており，セラピストの訓練もそれに方向づけられるものとなる。

この主張はとても美しい主張であるし，ある意味とても単純な形をしているので，多くの人が魅了されるのも無理はなかっただろう。ただ忘れてはならないのは，ストレイチイも英国クライン派も週5回以上の精神分析という枠組みで訓練されており，かつ，その枠組みで実践していることである。そうした実践から抽出した臨床事実を素材にして彼らが到達した理解の集積がこうした技法論を構築した。日本で行われている週1回のセラピーで生じる臨床事実とは明らかに異なる事実を基にした技法論を，日本の週1回のセラピーに適用することは原理的に不合理である。しかも，それだけでなく，私の実践の経験からくる感覚からみてもたいへん無理があるように思う。そのことをすこし述べてみよう。

ここで重要なことは，週5回の設定のもつたいへんな力強さである。週4回でも相当に強力だが，それと比べてもその力強さは際立っている。私は週5回の経験は3例で，どの例も途中から増やしたので700時間ほどしか経験していないが，個人的感触では週4回との差は歴然としている。週4回の精神分析では，たとえば月曜から木曜まで4回セッションを持つと，金土日まる3日間と木曜から金曜にかけての23時間，患者と会わないということになる。これは週のほぼ半分患者と会わない時間があることになる。一方週5日になると，明らかに会わない時間のほうがずっと少なくなる。週末以外の毎日患者と分析家が会うことの持

つ力はきわめて大きいものである。人間が通常一日に1回眠るように，一日に1回カウチに患者は寝る。カウチはねぐらになり，家庭になり，母親の腕になる。患者の生活はその時間を焦点に組織化されることになる。その設定が人間存在の連続性を抱える力はとても大きい。患者も治療者も明日会えるという事実に支えられ，憩うことができる。たとえば一回連絡のないキャンセルがあったとしても，一週間のうちのあとの4回でそのインパクトはたやすく吸収される。週1回のセラピーで1回キャンセルがあれば2週間の分離がもたらされてしまうのと比べると，その安定感は比べ物にならない。

週4回の精神分析の患者で，治療初期に，キャンセルの連絡もないまま，せいぜい1～2週間に1回しか姿を現さない時期が2年ほど続いた例を経験したことがある。もちろん彼女は姿を現したときにキャンセルしたセッションの料金を全部払っていたが，こちらとしてはとてもつらい時期だった。そこをなんとか踏みとどまって仕事を続けているうちにひとつの転機を超えてからは，順調な経過をたどり，彼女は仕事につき，結婚し，6年ほどで終結までたどりついた。このようなケースと週1回で会っていたら，早々に中断していたことは確実だと私は感じる。

毎日に近く会う手厚い設定のなかでは，患者も分析家も特に何の懸念も持たずに自発的（spontaneous）に何かを語ったり語らなかったり，何かふるまったりふるまわなかったりすることが容易である。このような意味で週4，5回の分析は安定した供給なのである。その抱える機能は大きく，高いマネジメントの力を持っている。英国協会のミーティングで精神病患者に解釈を与えて成功したように見えるケースを報告したシーガルに，ウィニコットが，それは解釈でなくマネジメントによってよくなったのだ，という手紙を書いた，というエピソードがある（Rodman, 1987）。2000年以前の英国の精神分析コミュニティでは，週5回はごく当たり前の設定で空気のようなものだから，論じられることはあまりない。しかし，転移解釈を変容を生む解釈として重視する治療的構えがその分厚い設定を前提としていることを忘れてはならない。

さらにこの設定では，分離をめぐる外傷的不安は週末にとても規則的に出現するためにクリアで扱いやすい。患者は月曜から金曜までに繋がりを体験し，土日に分離を体験する。土日という相対的に短い週末／分離に向けて，毎週ある種の規則性を帯びて反復されるひとつの流れが月曜から金曜まで展開する。その流れはまさにひとつの関係性をおびた物語と言ってよい性質を帯びている。転移の物語は触知可能なほどの現実感をもって分析家に浮かんでくる。

この設定において，患者の乳児的部分は十分に抱えられる。そのため患者は，そして分析家もよけいな退行を体験することなく，具象的な対人的圧力や運動への衝迫が持ちこたえられ，それらが考えられ夢見られ遊ばれる形に練り上がることがたやすい。分析家にとっては，転移という関係性を帯びたストーリーは努力をしなくてもごくひとりでにこころに浮かび上がってくるし，それを語るのか語らないか，そしてどのような文脈でどのような言葉遣いで語るのか，自由度を持って選択することができる。順調にことが進んでいて，患者が十分に夢見ることができているなら，分析家が何かを語る必要はそれほどないだろう。夢見の途絶えたときになんらかの形で分析家は姿を現し，そこで起きていることを理解すること，そしてその理解を伝えることを通して，患者の自我，もしくは夢見ることの可能な部分を支えることで夢見は再開し，それを通して患者は成長と発展を体験するだろう。

また，この乳児的部分が十分に抱えられている設定においては，患者のこころのなかの関係性といまここでの患者と分析家のあいだの関係性はたえずスムーズに交流しやすい。同じ関係性が連想内容と「いまここで」とに同型の反復を持つ。それは相当に病理が重い患者でも部分的には起きる。

精神分析に固有の転移というものを解釈で扱うという方法論，つまり，治療者が解釈という物語生成をすることが前提となる方法論，「変容を惹き起こす解釈」が機能するには，週4，5回の頻度の設定が持つ，きわめて安定したホールディングの関与，不必要な退行の抑止の達成が前提になっていることを忘れてはならない。

III 週1回セラピーで起きること

この視点から週1回の治療を考えてみよう。私の印象では，精神分析に比べると週1回のセラピーはけっこう過酷なものである。個人的には，私の人生ではじめて受けたパーソナルセラピーは週1回だった。そのときのある種剥奪的なつらい感触の記憶はいまも残っている。

精神分析的な仕事を十分できる力のあるセラピストが，週1回のセラピーにおいて適切に何かを成しえたとしよう。その結果，患者はセッションが終わったとき，自分の，ことによると病的であるにせよ何らかの安定していた心的システムを，大きくもしくは微妙に揺すぶられているはずである。わかっている，自明であると感じられていたことがわからなくなったように感じたり，いままで考えた

り体験したりしたことのなかったような思考や感情を味わっていたりしていることだろう。無意識システムと意識システムのあいだの透過性も高くなっていることだろう。ひとことで言って，心的な平衡は脆弱な状態になっている。その状態のなかで，患者の主観的体験としてはある種の寄る辺なさ（helplessness）が体験されているかもしれない。週1回の治療では，そうした感情状態のなかに患者は1週間，正確に言えばまる6日と23時間ひとりで放っておかれることになる。

　患者には，この分離という外傷的できごと，寄る辺なさをもちこたえるために役立つ，何の環境的供給もない。この状況下で，ある水準以上に達している患者の場合，健康への逃避という防衛が作動する。すると次回のセッションではまるで何もなかったかのように1週間のふつうの毎日についての，ともすれば喜ばしい報告が語られるという結果になるかもしれない。もちろん，とはいえ，連想内容のなかに外傷的な分離の痕跡が出てくることはありうる。一方，それほど患者のそのときの機能が高くない場合，投影同一化による無媒介なコミュニケーションによってセラピストが代わりに苦痛を体験する事態が出現するだろう。そして，さらに機能が低い患者，つまりクライン派のいう妄想－分裂ポジションで作動する側面が優勢になりやすい人は，この分離を持ちこたえることができず，セッションとセッションのあいだに精神病的な部分を突出させて混乱したふるまいに陥ったり，外界で投影同一化と分割を中心とした対人関係を発展させたりして，扱い難い事態が現れて治療中断の危機が出現するかもしれない。あるいは，セッションの最後のあたりで強い分離の不安を毎回のように体験する患者もいるだろう。

　一方，セラピストにも週1回の場合には週5回とは異なるなりゆきが生じる。セラピストは患者と離れて1週間，他の患者と会い，プライベートな人生を生きる。そのあいだに，患者から受け取ったさまざまなインパクト，あるいは分離に晒されていることによる患者の苦痛への気づきは滑り落ちる。これはある程度やむをえないことである。このことが患者の健康への逃避とカップルになると，毎週，1週間のできごとを患者が報告し，セラピストがとくに不安なくそれを聴いている，そして何も起きない，という偽りの穏やかな関係性が延々と持続することになるだろう。何の進展も生まず，ただ穏やかな関係が続く不毛な事態と言えるだろう。そして時として，こうした一見安定した退屈な治療状況のなかから，突然扱われずに来た不安や情緒がさまざまなきっかけで浮上して突然の中断や自己破壊などが生じるということにもなりかねない。

　もちろん，セラピストも1週間という時間を患者が持ちこたえうるのか，強い懸念を体験することがままあるだろう。セラピストは，そのために，特にセッシ

ョンの最後のところでなんらかの供給をしてしまいがちである。その供給が自我支持的なもの（ニュートラルで患者の成人の部分を支えようとするもの）であればそれほどのインパクトを持たないが，イド的供給として患者に体験されると，患者は分析設定やセラピストの環境としての母親部分に依存する（ウィニコットの言う依存への組織的退行）(Winnicott, 1955) のではなく，ひとりの対象としてのセラピストに嗜癖的に依存することによってバリントが言うところの悪性退行（Balint, 1968）という現象が発展し，やはり扱い難い事態が発生することになる。

　週1回の設定においては，このように分離のインパクトは強烈であり，1週間のあいだに自然に展開されてセラピストがひとりでに触知できる物語というようなものはほとんど得難いとも言えるだろう。私の考えでは，転移，とくに乳幼児的な水準の関係性を帯びた物語は圧倒的な分離に吹き飛ばされ，ごく離散的に体験されるにすぎなくなる。この状況のなかで「転移解釈」という，関係性を帯びた物語を紡ぎ出しそれを語るという行為はかなり実現困難だろうし，それに治療的重要性を与えることも現実的ではないのではないだろうか。

IV　週1回セラピーで何ができるか
——接触面でのインパクトへの着目

　ではどうしたらいいのか，とセラピストは考えることになる。この「どうしたらいいのか」という表現にすでに「する do」が入っていることに注意が必要である。ここでセラピストは何かを「する」スタンスに入り込んでしまう危険がある。それは分析的スタンスでは起こらない。たとえば，セッションの直前に面接記録を読み直したくなったり，ときにはいままでの治療記録をまとめて読み返したりしたくなったりする。セラピストが「関係性の物語」をせいいっぱい希求していることがもたらす行動化である。こうして転移解釈，もしくは「関係性を語る」ことに固執することで，逆説的であるが，セラピストが分析的スタンスから滑り落ちる危険に陥るという事態が生じる。

　私たちは「する」ことではなく，「体験し」，「感じ」，「知る」ことから出発することが必要である。つまり，セラピストは患者が体験している分離のインパクトを認識しなければならないのである。自分の無意識を部分的にせよ理解され，揺すぶられたあと，現実的な抱えを撤去されることのインパクトがどれほどのものか，そのことにかなり意識的に開かれることが前提として必要である。乳児をほ

ったらかしにした母親が感じるはずの切迫した感覚を持つ必要がある。1週間ぶりに患者が面接室に現れたとき，セラピストは週5回の分析におけるゆったりとしたスタンスでそこにいるのではなく，あらかじめ危機を孕んだ存在としての患者と出会っているという準備性のなかにいる必要があるのである。設定の提案をしたのはセラピストである以上，その危機をもたらしたのはセラピスト自身である。そのことにセラピストは十分に思いを致す必要があるだろう。自分が患者にもたらしたミクロな心的外傷，毎セッションもたらしている心的外傷をどのように修復するか，という課題にセラピストは毎回毎回直面している。そのことが認識されなければならない。

　「平等に漂う注意」で受け身的に構えながら，患者を（患者の言葉をではなく）聴き続ける。そうしたいわゆるオーソドックスな精神分析の技法論が通用するのは，患者に週4～5回のセッションという十分な抱えを供給していることに支えられていることを前提としているからである。週1回のセラピーでは，抱えは乏しく，患者は剥き出しの剥奪にさらされている可能性がある。このことを認識するだけで，セラピストは分離に関わる反応を掴まえやすくなるはずである。

　分離に関わる反応は多くの場合，セッションの冒頭の数分の素材のなかに現れる。もちろん，患者の連想内容だけでなく，セラピストの情緒体験もきわめて重要な素材である。セッションの冒頭部分で体験する驚き，疑惑，不安感，苛立ち，そうした情緒的体験は，分離によって傷ついている患者との接触のインパクトによって生まれている可能性が大きい。そうした体験を持つとき，セラピストはまだ「関係性を語る」言葉を紡ぐことはできていない。関係性はふたりにとってまだそこにはない。ただインパクトだけがある。インパクトしかない。しかし，セラピストがそのインパクトをなんとか掴まえ，その情緒的な含みと格闘していることが患者に感じ取られるなら，患者とのあいだの最も深刻で重要なできごとがフェアに共有されうるだろう。そうしたことを前提にすることで，真にニュートラルな分析的な交流が実現する可能性が出現する。

　週4，5回の精神分析のなかにいる分析家（／母親）は，特に何もしなくても語らなくても十分に供給している。その供給のなかで患者（／乳児）は自らの自発的な夢や身振りをあらわにする。そしてそれを通して，徐々に関係性の物語が伝達されていくことになる。しかし，それに対して，週1回の精神分析的セラピーのなかでセラピストがいわゆる「分析的スタンス」のなかに安住し，自然に物語を紡ぐことができることを期待して安らいでいるとすれば，1週間の分離もしくは剥奪のなかで傷ついている患者の迫害的部分からすると，セラピスト自身の供

給の不全を否認している態度であると体験されるだろう。そして、そうした体験は患者の傷つきを倍加し、その反応としての復讐や精神病的破綻が治療状況を大きく彩ることになることは必至である。

こうして見ていくと、週1回のセラピーにおいて、転移解釈、関係性の物語をセラピストが語ること、すなわち転移解釈をすることの治療的意義は相対的に低くならざるをえないことがわかる。そのかわり、私たちはまだ言葉にならない、情緒的接触のインパクトに格闘する体験から出発する必要がある。驚き、疑惑、苛立ち、不安といった接触にまつわる体験をまず十分に意識にとどめること、そしてそれがどれほどセッションの冒頭に現れたとしても、そのインパクトから何かを語れないかを模索する必要があるだろう。もちろん、そのインパクトをそのままの形で剥き出しに投げ返してしまえば、治療状況は「目には目を」的な復讐の反復の場となってしまいかねない。インパクトから何を言葉にし、何を語るかはきわめて繊細で正しい答えを見出すことが困難な問題である。しかし、そのインパクトを無視せず、そのインパクトの困難さにセラピストが向き合っていることが患者に伝わることが、週1回の分析的セラピーでは本質的に重要なことなのである。

V おわりに

私は週4回もしくは5回の精神分析と週1回の精神分析的セラピーとは、基本的な人間理解において共通の言葉を用いて語り合うことができると考えている。しかし、同じ言葉で語ることができたとしても、そこで生起している事態は全く異なっている。その2つの治療モダリティにおいては、そこでの体験において、単なる量的差異ではなく、質的差異が生じている。そのことを私はもう一度強調しておきたい。

週1回のセラピーにおいて関係性という言葉を安易に持ち込むことはきわめて危険である。関係性とはふたりのあいだの物語を含んでいるが、週1回においてはその物語はごく萌芽的にしか実感できない可能性がきわめて高い。その萌芽的な物語は、体験としては、何らかの情緒を伴ったインパクト、ひとつの接触として体験される。こころやからだに具体的インパクトを生むような接触面での体験、その瞬間こそ、私たちが掴まえなければならないものである。それを確実に掴まえることによって、患者との関係性の物語が徐々に形を表してくる可能性が生まれるのである。

文　献

Balint, M. (1968) The basic fault: Therapeutic aspects of regression. Tavistock Publications. (中井久夫訳（1978）治療論からみた退行―基底欠損の精神分析．金剛出版，東京)

Bion, W. R.（1962）A theory of thinking. *International Journal of Psycho-Analysis*, 43; 306-310.（松木邦裕監訳，白峰克彦訳（1993）思索についての理論．In：松木邦裕監訳：メラニー・クライントゥデイ②―思索と人格病理．岩崎学術出版社．)

藤山直樹（2003）精神分析という営み．岩崎学術出版社．

藤山直樹（2015）週1回の精神分析的セラピー再考．精神分析研究，59(3); 261-268.

Heimann, P. (1950) On counter-transference. *International Journal of Psychoanalysis*, 31; 81-84.

Rodman, R.（1987）*The spontaneous gesture: Selected letters of D. W. Winnicott*. Routledge.

Strachey, J. (1934) The nature of the therapeutic action of psychoanalysis. *International Journal of Psycho-Analysis*, 15; 127-159.（松木邦裕監訳（2003）精神分析の治療作用の本質．In：対象関係論の基礎―クライニアン・クラシックス．新曜社，東京)

Winnicott, D. W. (1955) Metapsychological and clinical aspects of regression within the psycho-analytical set-up. *International Journal of Psychoanalysis*, 36; 16-26.

第 5 章

週1回の精神分析的心理療法における転移の醸成

変容性解釈の第一段階再考

山崎孝明

introduction

　本稿は，2018年に『精神分析研究』第62巻第4号に掲載された論文である。本稿が3章の縄田論文と同じ号に並んで掲載されたことは，「週1回」についての議論の盛り上がりを考えるうえで象徴的であったように思う。

　本稿は，「転移解釈を求めるのは誰か」(2014)，「週1回の精神分析的心理療法における選択された事実と過剰に価値づけられた考え」(2015) というふたつの精神分析学会大会発表をもとに，論文化したものである。今にして思えば，私は，いかにして「週1回」で「【精神分析的】心理療法」を行えるかに腐心していたように思う。その後経験を積んで思うのは，やはり週1回で「【精神分析的】心理療法」を行うことは難しい，ということである。

　私は本稿で「待つ」ことの重要性を述べている。その思いは今も変わらない。しかし同時に，「週1回」では，セッション冒頭の10分以内に転移にまつわる解釈が必要とされることが非常に多い，という藤山 (2015) の見解もあり，それに同意する気持ちもある。両者は一見矛盾するように思われるかもしれないが，それを止揚し統合する結節点が，本稿で重視している「当面性」である。理論的にはそれで十分であると思う。しかし，では「当面性」の所在をどのようにして追うのかについては，本稿で十分に説明されているとは言いがたい。

　それについては，フロイトが「治療の開始について」の冒頭で，チェスの説明が可能なのはその序盤と終盤だけであり，序盤に続いて展開する無限に変化しうる指し手を説明することはできないし，名人たちによって繰り広げられた対局を入念に研究するしかないと指摘したように，「週1回」について実践を積み，それについて研究し，さらにそれら事例研究をメタに研究する，といったことを繰り返すしかないのだろう。

　その意味で，本稿は本稿のみで完成しているものではない。本書のほかの論文をはじめとして，読者のみなさんによる研究によって補完されることが必要な，骨組みのようなものである。ぜひとも肉づけしてもらえればと思う。

I　はじめに

　昨今，精神分析学会において，週4回以上の精神分析実践から抽出された理論や概念を，私たちが日常使用している週1回という低頻度のセラピー（以下，精神分析的心理療法と表す）にそのまま適用すること，いわゆる「平行移動」（藤山，2016）のもたらす影響について注意が向けられている。
　この問題が明示的に共有されたのは2015年の藤山による会長講演「週1回の精神分析的セラピー再考」（藤山，2015）においてである。彼は，精神分析の文献は一定の方法，観察条件において得られる臨床事実というデータに基づいていると指摘し，精神分析的心理療法のようなそれとは異なった方法や条件における臨床事実に精神分析概念を無条件に適用することは，科学的でないし精神分析的でない態度であると論じている。ここで重要なのは，精神分析概念を「無条件に」精神分析的心理療法に適用することが問題なのであって，適用自体が問題視されているわけではないことである。私たちが取り組むべき問題は，観察条件，この場合で言えば頻度の違いによる影響について検討することと言える。
　この問題意識のもとに，本論では精神分析技法論の核とされている転移解釈について，「平行移動」のもたらす影響について検討したい。精神分析の技法論において，転移解釈の重要性はほぼ確立されていると言ってよいだろう。一方，精神分析的心理療法においては，転移解釈を中心におくことは自然ではないのではないかという議論も存在し（藤山，2007），この点について決着はついていない。また，そもそも日本の治療者の間での転移解釈が安易な素材の置き換えの解釈となっており，精神力動の理解を伴っていないといった転移解釈の形骸化も指摘されている（衣笠・福本，2011）。これは，その重要性があまりにも当たり前のこととなってしまったため，「転移解釈は重要だ」という結果だけを取り入れ，なぜ，どのように重要かといったことについての検討が省略されているがゆえのものかもしれない。そこで本稿ではまず，転移解釈がなぜ重要なのかについて振り返ることから始めたい。

II　精神分析における転移解釈

1．転移解釈はなぜ，どのように重要なのか

　当初 Freud, S. は転移を治療への抵抗として捉えていたが，症例ドラとの経験

を経て転移こそが精神分析治療において主要な位置を占めるとの考えを発展させていった。この考えは一連の技法論文の中で精錬されていくわけだが，その中でも「想起すること，反復すること，ワークスルーすること」(Freud, 1914) で示された，「転移を反復強迫のためのひとつの遊び場として許す」ことで患者の通常の神経症を治療的な仕事によって治癒可能な転移神経症に置き換えることに成功し，その転移神経症を治療することで幼児期のオリジナルの葛藤に取り組む，というモデルは彼の治療論のひとつの到達点と言えよう。

このモデルをもとに，転移解釈の重要性をはじめに明確に主張したのが Strachey, J. (1934) の「精神分析における治療作用の本質」である。彼はまず歴史を振り返ることから論を始め，精神分析の勃興期には，表面上はかなり以前に放棄された手段であった暗示によって治療がなされていたことを指摘する。しかし，あらゆる暗示的治療には永続性の欠如という問題が認められるゆえ，それを克服するために，「転移自体を分析する」ことが必要だということになった，と説明する。つまり，転移解釈は永続的な変容をもたらすために重要なのである。

この論文において Strachey が変容性解釈（mutative interpretation）という術語を提案し，その過程を図式的に2つの段階に分けたことはよく知られている。第一段階は「患者の少量のイド衝動が治療者に向けられるのを許可する」ことであり，第二段階は，「そのイド衝動が蒼古的空想対象に向けられているものであり，現実対象に向けられているものではないと患者が気づく」ことである。彼は，変容性解釈は当面性（immediacy）[注1] の存する切迫点において与えられる必要があると主張し，そしてその切迫点は「まずもっていつも転移内に見つけられる」がゆえに，転移解釈こそが患者に「蒼古的な空想対象と現実の外界対象との間の差異に気づかせ，神経症的悪循環の突破口をつくり出し，変容を引き起こす」のだと述べる。変容性解釈は当面性のある切迫点において与えられねばならない，当面性はいつも転移にある，よって変容性解釈は転移解釈に限られる，という論の進め方である。これが「どのように転移解釈が重要か」についての Strachey

---

注1) immediacy には定訳と言えるものが存在していないが，ここでは「精神分析における治療作用の本質」が訳出されている『対象関係論の基礎』（松木, 2003）で採用された「当面性」を用いることとする。当面という語には，「差し迫った」という意味と，「さしあたり」，「今のところ」といった意味があるが，前者が Strachey の論旨をよく表現し，後者が Freud (Freud, S., 1912) が「平等に漂う注意」との関連で戒めた「自分が耳にしたことの大部分はその意味が後になってからしか認識されない」ことをもよく表現すると考えるゆえである。

の説明である。

2．変容性解釈の第一段階／転移の集結と収集

このように，転移解釈は変容性解釈となりうるがゆえに重要なのだが，ここではこの変容性解釈について語られていることを詳しく見てみよう。Caper, R.（1995）は，Strachey の述べる変容性解釈の第一段階は Meltzer, D. が『精神分析過程』（1967）で描写した「転移の集結」に相当すると指摘している。そこでここでは Meltzer の語ったことを追うこととする。彼は「転移の自然史」の展開として精神分析過程を語ってゆくが，その自然史の第一段階として言及されるのが「転移の集結」である。彼の述べたことを以下にまとめる。

　　転移の集結は精神分析設定と分析家の精神分析的態度によって進む。分析に連れてくる理由や分析プロセスの目的についての説明を最小限にとどめて分析に導入することで，子ども[注2]は強い迫害感を引き起こされる。分析家は意識的無意識的不安を解釈すること，設定，方法，分析的手順の意図を明確にすることでその陰性の結合力を相殺するよう働きかける。するとその子どもたちと接触する成人が誰であれ，接触を維持し続けることで転移的に重要な意味をその身に集積してゆく。その転移を相互行動化ではなく解釈で迎えることによって，子どもはかなりの衝撃を受ける。しかしそうすることで，より深い不安が和らげられたり，コンテイニングが可能になる。そして最初の週末が「羊の群れの中のオオカミのように襲いかかる」。つまり，分離が訪れる。この二つのプロセス，すなわち理解されることから生じる安堵と分離の衝撃とが一緒になってリズムを始動させる。分離に対して子どもはよくなじんだ技を次々と繰り出してくるが，最終的には唯一の絶対確実な防衛である，大規模な投影同一化を使用することを選ぶ。この防衛を適切に扱うことで，転移が深まってゆく。このように，設定に関して現れてくる「転移形態の集結」と，分離への反応として起こる「転移の深まり」が相互に作用することで，分析への関わり方が強まる。すなわち分析過程が作動する。

Caper は変容性解釈の第一段階が「転移の集結」に相当するとした。たしかに「設定による転移の集結」という点においてはそうである。しかし，こうして見て

注2）Meltzer（1967）は，子どもが分析についての予備知識や偏見を抱いていないことと，そもそもパーソナリティが固定化されておらず流動的であることの2点から，「子どもの精神分析過程こそもっとも純粋な精神分析プロセスを見せてくれる」として，素材として採用している。成人においては分析に対する前形成転移があったり，性格が結晶化しているがゆえに，長い期間にわたって広範囲に「転移を行動する」ことになると子どもとの差異を指摘しつつも，それでもやはり，治療者が分析的設定と分析的態度を保持することで，時間がかかるとしても同等の「転移の自然史」が展開するとしている。

みると，Meltzer は分析家が分離を適切に扱うという分析家側の介入についても言及しており，「設定による転移の集結」に加え，「治療者による転移の収集」についても述べている（飛谷, 2010）ことは押さえておきたい。すなわち，前者は転移が「自ずと集まること」を，後者は転移を「能動的に集めること」を指している。本論では，これ以降「転移の集結」と「転移の収集」をこの意味で使い分けて用いる。

III　精神分析的心理療法における転移解釈

1．面接頻度が転移の集結に及ぼす影響

ここまで見てきたことは，週4回以上という高頻度で行われる精神分析についての議論である。その観点からすれば，私はこれら Strachey, Meltzer, Caper の定式化は転移解釈の有効性および精神分析の治療機序の説明として十分だと考える。これを私なりに整理すると，①精神分析設定に患者が参入する，②治療者に転移が向けられる，③分離が適切に扱われる，④転移が醸成され切迫した当面性のあるものとなる，⑤そこで転移を解釈する，⑥転移が解消する・変容がもたらされる，となる。

しかし，この定式化を週1回の精神分析的心理療法の技法論においてもそのまま採用することが可能なのだろうか。頻度の差異に注目した際，ここまでの変容性解釈についての議論の前提となっていることが改めて問われる必要があるだろう。すなわち，Strachey (1934) が「この事実や含意についてそれ以上は言及しない。というのは，それはとてもよく知られているものだからである」と片づけてしまい，Caper (1997) が「分析において転移神経症が自然に発生し，患者の既存の神経症にとって代わるという事実」と述べ，Meltzer (1967) が「ただ単にそこに置いてあるからという理由で，銀行にある預金が利子を集積してゆくように」転移的に重要な意味を治療者がその身に集積してゆくと記した，「分析下にある患者は，彼の全てのイド衝動を分析家に集中しようとする」(Strachey, 1934) という命題，すなわち患者が自動的に分析家に転移を起こし，転移が醸成され，そこに当面性が生じるという命題については，検討の余地があるように感じられる。

Meltzer は「接触が繰り返される」設定により転移の集結がもたらされると主張しているが，彼らが「自然に」という言葉を用いているのは，設定による転移の集結が「自然に」なされることを述べているのだと理解すれば合点がいく。し

かし，週1回の精神分析的心理療法では接触の濃度が非常に薄い。よって，精神分析的心理療法の場合，設定による転移の集結が同じようには起こらず，その度合いは鈍くなる。その結果，治療者への転移が醸成され，そこに当面性が生じることは，「自然に」起こることではなくなると考えられる。

2．面接頻度が転移の収集に及ぼす影響

　上述のように，Meltzer は治療者が分離を適切に扱うことにより転移を収集することにも触れている。分析家の最大の仕事は「患者の転移の進展を可能にするように設定を主宰する」ことであり，「どれほど解釈が重要であるにしても，それは分析プロセスの確立と維持に関して分析家がする仕事の中心ではない」と述べられているように，それはあくまで付随的な位置づけであり，それゆえ設定による転移の集結に比べれば重要性は低い。

　とはいえ，治療者による転移の収集という点においても精神分析的心理療法と精神分析との間に相違がある。週1回の精神分析的心理療法の場合，高頻度の精神分析と比し，分離の持つ意味合いが異なったものとなるからである。精神分析においては連続したセッションで十分に接触し密着した後の週末は「分離」として体験されるが，精神分析的心理療法においてはそもそも患者と治療者が離れている時間の方が多く，分離を体験するために必要な「密着」の体験が提供されない。ゆえに，精神分析的心理療法において「分離」は自然に体験されるものではないことになる。分離を適切に扱おうにも，まずその「分離」を治療場面で患者に体験させられるようにならねばならない。こうしているうちに治療者以外の別の対象が転移の対象となることも多いという（飛谷，2012）。精神分析的心理療法においては，転移の収集も難しいのである。

3．精神分析的心理療法における転移の醸成

　このように，精神分析的心理療法の場合，設定による転移の集結という観点からも，治療者による転移の収集という観点からも，転移が醸成されにくいと言える。

　もし私たちが Strachey らの変容性解釈の議論を精神分析的心理療法の治療機序として採用しようとするのであれば，精神分析の理論においては「とてもよく知られているもの」として議論されずに前提となっていることについて，今一度考える必要があろう。精神分析的心理療法においては，さきほど私が整理した変容性解釈の機序のうち①から③は精神分析とは同じ形では起こりえない。しかし，

私たちは精神分析的心理療法の中で，④以降のできごとを経験しているように思える。では，それまでに私たちは何をしているのだろうか。次節では臨床素材を提示し，精神分析的心理療法においてどのように転移が醸成されるのかについて検討したい。

IV　臨床素材

　患者の女性は，人を好きになると自分から避けたり，近寄っても嫌われるようなことを言ったりしてしまい深い関係を構築できない，現実感を持てないという主訴で私の勤める相談室を訪れた。

　アセスメント面接では，大きな問題もないが意味ある交流もない人生が語られた。彼女は小説を書くことが趣味で，その多くは事件らしい事件は起こらないが，主人公が大切なものを不可抗力で失ってしまうという筋のものだった。ラストは決まっていてそこから逆算して書いていくのだが，ちょっとした障害を乗り越えるシーンがどれも書けないのだと彼女は語った。それは彼女の人生そのものであること，そしてそれを乗り越えるために面接に訪れたのであろうことを伝えると，彼女は大きく頷き，私は週1回50分対面自由連想法の精神分析的心理療法に導入することとした。

　彼女の来所できる時間や投資できる金額，私の勤務状況といった現実的な理由や，精神分析学会における「常識」が週1回であることから，この時点で精神分析はそもそも私の提示する選択肢にもなかった。つまり私は，精神分析と精神分析的心理療法の差異について意識的に検討して後者を選択したわけではなく，まさしくなんの疑問もなく「平行移動」を行っていたのである[注3]。

*

　治療面接開始前には家族を「ふつう」と評していた彼女は，面接が始まり，何を口にしても批判されず「言い分を聞いてもらえる」ことがわかると，家族への

注3）対面の精神分析的心理療法において自由連想法を導入するかについては統一見解がなく，本来はこれもまた「平行移動仮説」の検討対象であることを付言しておく。私は藤山（2017）の「分析的な関わりは患者が自由連想規則を遵守し履行していることを基礎に置いているわけではない。患者に期待されているのは，自由連想を要請されている状態でそこで時間を過ごすことである」という主張に基づき，本症例においても自由連想法を導入している。

不満を連想することに時間を費やした。彼女が子どもの頃，父親は単身赴任で家を空けており，家には母，3人の姉，彼女の5人だけだった。長じて父親が家に戻ってきても影は薄く，女性だけという家庭の雰囲気は変わらなかった。面接でも父親の話題が登場することはほとんどなかったが，彼女が小説を投稿していた雑誌を盗み見ていて，しかもそれについて彼女には何も言わず，とても嫌だったというエピソードだけが際立っていた。それゆえ彼女は姉妹の中で「一番の父親嫌い」だった。

　女系家族といった趣の家庭において，3人の姉たちがみな不登校を経験する中，彼女だけはそのようなことなく手のかからない子として育った。むしろそうした姉たちを抱えた母の相談相手を担わされ，自分も努力しているのにそれが認めてもらえないと感じていた。大人になってからも，母は実家暮らしをしている「ニート」の次姉にばかり気を揉み，それについて彼女に愚痴をこぼすという構図は継続していたし，彼女も「私はゴミ箱じゃない」と思いながらもそうした母を突き放すことはできなかった。セッションで彼女はそれまで封じてきた母に対しての陰性の情緒を語り始めたが，その直後には仕方なかったとか母の気持ちもわかるとかいったことを連想し，アンビバレントな思いを表現することが繰り返された。

　そうしたことが半年ほど続いた後，私は自分が影の薄い父親のポジションに置かれ，傍観者の役割を担わされていることに気づき，それを解釈した。彼女ははじめてかすかに怒気を孕んだ声で「じゃあどうしたらいいんですか」と言い，自分は言われたとおりに頭に思い浮かんだことを話している，そもそもこの思い浮かんだことをすべて話すというやり方は暴力的だし侵入的だと抗議した。私はその抗議を父親の盗み見と結びつけた解釈を行ったが，彼女にはぴんと来ないようだった。それ以降，彼女は私に非難され攻撃され「化けの皮を剥がされる」ことを恐れるようになったが，実際にそうした恐れについての転移解釈をしても，やはり彼女は腑に落ちないようだった。それでも私は愚直に"here and now"の"あなたと私"の関係を扱う転移解釈を重ねていた。

＊

　面接開始後1年のある面接に遅刻して現れた彼女はしきりに恐縮し，私が表面上では責めていないように見せているが，責めてはいけないという決まりがあってそうしているだけなのではないかと思う，と話した。その後，親の来訪に居留守で応じて以来親や次姉からの連絡がないこと，長姉からは心配したメールが来

るが，それも心配している自分に酔っているのではないかと思ってしまうこと，以前から長姉の本心がわからなかったこと，が連想された。私は，こうした連想が私に向けてのコメントでもあろうと考えてみた。面接冒頭に"表面上では"という話があったこと，最近の面接で私に攻撃されるという内容が多かったことを踏まえて，その考えは適切なものだと判断した。そう考えるうちに，それだけではなく，それまで背景にずっとあり面接の雰囲気を形作っていた，彼女の現実感がないと訴えていたこと，彼女との面接においてこころが動かずどこか私の側に手応えがないこと，以前の面接で排除された傍観者の位置に置かれていると私が感じたこと，彼女が意味ある対人関係を築けずにきたこと，そうした今まで繋がりを持たずに私の中に蓄積されてきたことが，すべてこれで綺麗に繋がるように感じられた。すなわち「彼女は私の本心を知ることを恐れているし，ずっと恐れてきたのだ。そうして他者を遠ざけることによって，この彼女の貧困な内的世界が築かれてきたのだ」という理解が私の中に生まれ，その整合性は，私に"間違いない"という感覚をもたらした。私は，私にもそうした本心がわからないという感じや心配に酔っているのではないかという思いを抱いているのだろうし，彼女の世界を盗み見して外側から傍観者のように悪いところをあげつらっているように感じているのだろう，と確信を持って解釈した。

　一瞬の静寂のあと，彼女は「よくそういう風に対象がすり替わるのが私にはよくわからない，ぴんと来ないんです。それがそんなに重要なことなんですか。そうされると今まで話していたことが大したことではないと言われているように感じます」と言った。言い方はいつものように淡々としていたが，そこには強い意志と不快の情緒が感じられた。私はそこではっとし，こうして彼女の連想の意識的な文脈に沿わずに"here and now"の"あなたと私"の関係を扱う転移解釈をしていること自体が母との関係の再演であり，今ここで起こっている転移なのだと気づいた。私が「それこそ，いま私はお母さんみたいなことをしたわけですね。あなたの話を聞かないというのは」と解釈すると，彼女はすり替えられたと感じることなく，得心した様子で静かに頷いた。

＊

　この体験を経て，私は転移解釈に固執することなく，より受身的中立的にセッションに臨むようになった。するとそれと呼応するかのように，彼女の実生活において父親が登場することが多くなり，あるセッションで父親から手紙が届いたと報告された。彼女はその中身が気になりつつもなかなか開けられず，1週間ほ

ど経ってから封を切った。そこに書かれていたことは事務的な手続き上のことで彼女は安心したが，実は「いい加減にしなさい」と書かれているのではないかとひそかに期待してもいたことを告白し，実際はそうではなかったことに落胆したとも語られた。そうした実際の接触だけでなく，連想においても，大学時代にもっと父に関わってほしかったとか，今は母親の好意の押し売りを父が止めてくれているのだと思うといったことが語られることが多くなっていった。私の脳裏に，父親と私が重なっているのだろうという理解が浮かぶことも増えていた。

　そうした中，２年目を迎えようとするある面接で，彼女が夢を思い出したこと，そしてそれは大事なものだと思うということだけを口にし，内容を言わないということがあった。私はその内容を知りたくなり，そこではたと，自分が「覗きたくなっている」ことに気づいた。ここに至って，当初より私に向けられていたが潜伏していた父親転移がはっきりと治療場面に展開されているようだった。そこで以前彼女を立腹させた，私が「覗く」父親の位置に置かれているという解釈を再度試みた。すると彼女は，以前同様の解釈がなされた時のように憤慨で応じることなく，父に小説を見られたことより隠れて見られたことが嫌だった，からかわれているような気がした，という連想で応じ，私が「見るのはいいけど，大事に扱って欲しい，ということですね」と伝えると，肯定された。その後も，彼女が治療開始後ずっと背を向けるように座って私から目を逸らして壁に向かって話し続けていて，物理的にも私に覗かせていることや，実は日記をずっとつけていて大事なことが書いてあるとだけ言って内容を言わず，私をまた覗きたい気持ちにさせているといったことを解釈したりすると，彼女はそこから父親についての記憶を想起したり，私に対して「わかる気があるなら入ってきてほしい」という気持ちを抱きつつも，しかし実際に私に理解されそうになると「気持ち悪い」と思うといった葛藤について話し合うことができるようになっていった。

V　症例のまとめ

　はじめに父親転移を解釈した面接開始半年後以降，私はずっと「傍観者としての父親」という転移状況が展開されているという理解を持ち続けていた。そして，『精神分析過程』をはじめとする精神分析の文献によって得た「転移の収集は転移解釈によってなされる」という考えを精神分析的心理療法である本症例にも平行移動し，転移の収集や，ひいてはそれに引き続くであろう彼女の内的対象関係の

変容をもくろみ，形式上の転移解釈を重ねた。そこで私は，無自覚に「精神分析的心理療法でも精神分析と同様の精神分析的臨床現象が生起するという可能性」(山崎, 2017)に賭けていた。

　私の転移理解は，その後の展開を見るに内容として間違っていたものではなかっただろう。しかし，その関係性が「差し迫って」いるかを考慮していなかった点で不十分であった。その後も私が同様の転移解釈を続けた結果，別の転移が当面性を持ったものとして面接場面に展開された。この頃彼女が連想していたことは主に母親についてのことだったが，その内容について取り合わずに，そこで起こっているできごと，すなわち転移についてばかり解釈する私は，彼女の内的な「話を聞いてくれない」母親と符合していた。それは彼女のオリジナルな葛藤の対象ではなかったが，しかしこの場面では，その転移こそが here and now の当面性のあるものとなっていた。私は，当面性のないことがらを追い続けており，彼女はそれに不満を募らせた。それが臨界点に達したのが，彼女からの「すり替え」の指摘であった。

　この母親転移の解釈への彼女の反応から，私は解釈という行為自体が転移に与える影響，すなわち転移の醸成を妨害していることについて自覚的になった。ここに至って私は，私の考える「真の」転移ではなく，それが「真の」ものであるか否かにかかわらず「here and now」に現れている転移，当面性のある転移こそが重要なのだと理解を改めた。「すり替え」の指摘の時点で，それは母親転移であった。それゆえ，私はそれを「私の転移解釈の偏重が作り出したものにすぎない」と考えて「さしあたり」のものとして退けることはしなかった。

　それ以後私は，転移解釈を偏重せず，受身性中立性を保ち，当面性の所在を探ることに努めた。その結果，通奏低音としてしか存在していなかった父親転移が醸成され，そこに当面性が生じることとなった。

　こうして面接開始後2年，以前は拒絶をもたらした父親転移の解釈を再度行うと，解釈内容には差がないにもかかわらず，彼女からは以前とは異なった反応がもたらされ，さらに彼女の内的対象関係も変容の兆しを見せた。

VI 考　　察

1．精神分析的心理療法における転移の醸成の困難

　週1回の精神分析的心理療法の場合，患者の内的対象世界，すなわち転移が今ここの関係に熟した形で展開されにくく，蒼古的対象関係の世界は，より社会性

を帯びて現実的な「大人の」人格部分の背景に退きやすい（菊地，2011）。それゆえ，精神分析的心理療法においては，当面性が転移外にあることもしばしばである。すると「不要な解釈が多くなり，しかも理論に傾いてしまう。こうして時期尚早のいくぶん的外れな解釈が投与されることになる。（治療者は）旅に出ようとする子に，あれもこれもとぎっしり詰まった重い豪華な弁当を背負わせる母親のようになってしまう」（飛谷，2012）。その結果，全体状況としての転移を読みとることはさらに難しくなる（菊地，1998）。

　このように精神分析的心理療法では，設定による転移の集結がなされにくいがゆえに，それを埋め合わせようと治療者による転移の収集の試みが行われがちだと言える。しかし，それらは芳しい結果を生まないようである。なぜなら，治療者が外的空想対象の地位を守るため，すなわち転移を醸成するためには，「なるべく現実を差し出さない」ことが必要であり，そうしなければ治療者はすぐに，蒼古的外的対象の地位に引きずり下ろされてしまうからである（Strachey, 1934）。この観点からすれば，意識的努力は治療者が何を重視しているかというひとつの「現実」を差し出すことを意味し，それによって転移の醸成が妨げられてしまうというジレンマがここにあるのである。

　このため，精神分析的心理療法において転移を醸成する上で治療者がなすもっとも重要なことは，転移の収集ではなく，設定による転移の集結を妨げないこと，醸成過程を最大限に進める設定を提供し続けることであると言える。それは精神分析と変わらない。設定には治療者も含まれるわけだが，そこで治療者に期待されるのは，受身性を保って「なるべく現実を差し出さない」ことである。これもやはり精神分析と変わらない。設定による転移の集結を妨害せず，転移を傷つけず（Segal, 1962）に心的現実が治療関係に展開するのを待つ（O'Shaughnessy, 2013）ことが，転移の醸成のために私たちに望まれる。

　「妨げないこと」が仕事なのであれば，治療者は存在しなくてもよいのではないかということにもなりかねないが，そうではない。そこに存在し転移対象となること，「患者の少量のイド衝動が治療者に向けられる」ことを拒絶せず「許可する」ことこそが，この段階で私たちに求められる仕事なのである。対象がなければ転移は集結せずに拡散していってしまい，転移の「自然史」は展開されてゆかない。この段階で治療者は，いわば転移を醸成するための触媒としての役割を果たすのだと言える。

　こうして記述すると，精神分析と精神分析的心理療法において，治療者に求められることは形式的には共通している。しかしその内実，難易度が異なるのであ

る。精神分析的心理療法では転移の集結が起こりづらいため，治療者は転移の収集を試みがちであることはすでに述べた。そこには治療者側の「精神分析と同じことが起こらない」という不満や不安を解決したいという思いが混入している可能性も否定できない。触媒に留まることが難しいのである。治療者が能動的な行為をなすことで治療過程を促進したくなったり，促進せねばならないと思って行う解釈は，解釈という名のアクティングインである。そうしたアクティングインのプレッシャーが大きくなるからこそ，精神分析的心理療法においては「なるべく現実を差し出さない」ことはより難しくなる。そのため，それを達成するためには治療者のより強固な内的設定が必要となるだろう（飛谷，2012；山崎，2017）。

　私はここで，治療者が差し出してしまう「現実」について，特に転移解釈の偏重に注意を促したいと思う。というのも，Meltzer（1967）が精神分析過程の最初期から大規模な投影同一化により向けられた転移を解釈することの重要性を説き，Caper（1999）も転移を解釈することで治療者がさらなる投影の安全で論理的な受け皿となると論じたように，精神分析の文献によれば「転移の収集は転移解釈によってなされる」こととなっているからである。この考えを精神分析的心理療法に平行移動し，転移の収集のために初期から転移解釈を行ったとしよう。すると，本症例においてそうだったように，精神分析の文献に書かれていることとは異なった事態が発生する。その転移解釈自体が，転移を収集するどころか，人為的な転移を形成することとなってしまい，逆に転移の醸成を妨げるのである。この差はなぜ生まれるのだろうか。

　ここで焦点となるのは，転移がどれだけ醸成されているか，すなわち転移にどれだけ当面性があるか，という問題である。ここまで述べてきたように，精神分析においては設定による転移の集結が「自然に」進むとされている。このため，最初期から転移はある程度醸成されており，そこに当面性が生じていると考えることができる。常に転移が集結していて切迫し，そこに当面性がある精神分析においては，転移解釈は常に時宜を得たものであることとなり，転移の収集や，ひいては転移の解消，患者の変容をもたらすだろう。

　しかし，精神分析的心理療法においては転移の集結が起こりづらく，転移に当面性が生じづらい。精神分析的心理療法という比較項を考慮した場合，Strachey が here and now の転移に「いつも」当面性があると述べたことは，「（精神分析においては）いつも」と理解する方が正確だろう。彼の述べたことを精緻化すれ

ば，「(here and now の) 転移にいつも当面性がある」のではなく，「当面性のある箇所こそが here and now」なのである。そして，精神分析的心理療法においてはそれが転移外にあることもままある。

転移に当面性がないタイミングでなされる転移解釈は，不自然で「偏重」されたものとなり，患者にひとつの現実を差し出すこととなる。その結果，転移の醸成を妨げてしまうのである。

2．精神分析的心理療法において転移を醸成するには

能動的になにかを「する」ことは転移の醸成を妨げる，というのはセッション内での話である。一方セッション外では能動的に考えることで，精神分析は発展してきた（Meltzer, 1967）。ここでは，設定による転移の集結も起こりづらく，かといって治療者の意識的な転移の収集の試みも転移の醸成を妨げてしまうという精神分析的心理療法において，どのような態度や介入が転移を醸成し，転移に当面性を生じさせるのかを考えたい。ここまでの議論から引き出されるひとつの回答は，「当面性の所在を追うことで，なるべく現実を差し出さない」こととなるだろう。それはいかにして実現できるだろうか。

Meltzer の妻でもあった Harris, M. は，週1回のセラピーについて述べる中で，転移を解釈するのではなく，転移を「観察」し，その観察を解釈という形で言語化するのとは別のやり方で利用することが有用だと主張している（Harris, 1971）。

また，松木（2012）は「平等に漂う注意」を，evenly suspended attention と free floating attention の二種に区別し，後者が精神分析的心理療法で一般的に用いられる方法であることを指摘した。free floating attention はサーチライトのように注意を自由に漂わせることによって無意識的な不安を感知するという方法であり，「基本的には受身的にありながら，内的には能動的に分析作業を進める」態度であるという。

松木が「基本的には受身的にありながら」と述べているように，これらの指摘は介入などの治療者の外的な行為についてのものではなく，内的な姿勢についてのものである。まず姿勢としてこうした「観察」や free floating attention としての「平等に漂う注意」を重視した，外的には受身的だが内的には能動的な態度が必要になるだろう。では，実際の介入はいかにしたらよいだろうか。

全体状況を理解し，その上で介入を行うのが望ましいことは言うまでもないが，精神分析的心理療法においてそれは非常に困難である（菊地，1998）。転移の醸成が難しい精神分析的心理療法においては得られる画像は鮮明度の低いものでし

かない（髙野, 1998）。それゆえ,「自分が耳にしたことの大部分はその意味が後になってからしか認識されない」（Freud, 1912）との箴言がより当てはまることとなる。精神分析的心理療法において，全体状況を把握できるまで「分析的な」沈黙（Coltart, 1993）のまま座り続けていたとすれば，それはそれで「患者の少量のイド衝動が治療者に向けられる」ことを拒否することとなり，そもそも転移の集結は起こらず，転移の醸成を阻害してしまうこととなろう。

だが一方で，たしかに当面の，すなわち「さしあたり」のことを追っていると，後からそれが実は重要なものではなかったとか，何かの対象関係の反復であったと判明すること，すなわち全体状況を十分に理解できていなかったと気づくことは大いにありえる。

精神分析的心理療法においては，こうしたジレンマが強力なものとして存在する。このジレンマを解消するためのひとつの基準が「当面性」なのである。転移の観察と平等に漂う注意を通じて，当面性の存することがら，すなわち「さしあたり」のものであるように見えたとしても,「差し迫っている（Urgent）」（Strachey, 1934）素材や対象関係に注意を払うこと，それを患者に伝えることで，精神分析的心理療法において最大限に「なるべく現実を差し出さない」ことを実現できるのではないだろうか。

介入の内容については Roth（2001）の論文が示唆的である。彼女は解釈を4つのレベルに分け，here and now の転移解釈に至るまでにはその他の解釈も必要であると述べた。1：置き換えの解釈。2：患者にとって自我違和的な，意識的には経験されていない，知られていない内的対象関係の解釈。3：実際にそうした内的対象関係がここで治療者を相手に起こっているという解釈。4：治療者自身の不安や防衛機制が関与している解釈。彼女は，このレベル3の解釈が実践で最も用いられているものだとした上で，4つの解釈レベルに対して平等に注意を漂わせ，その都度最も有用なものを選択することが必要であると述べている。また，レベル4の解釈をするためには，その他のレベルを治療者も患者も放浪（roam）することが必要であることも主張している。転移の醸成を妨げないためには，転移解釈を偏重することなく，転移外解釈も含めたこうした種々の介入を偏りなく行う必要がある。

症例に即して述べてみよう。当初私は形式上レベル3の解釈を行っていた。それは偏重されたものであり，4つのレベルに平等に注意を漂わせていなかった。「すり替え」の指摘以後，私はすべてのレベルについて内的に放浪し,「その都度最も有用なものを選択する」判断基準を当面性の所在として，実際の介入として

はレベル1や2のものを多用した。その結果転移が醸成され、レベル3の父親転移の解釈が以前とは異なり治療的に作用し、変容をもたらしたのである。

要言しよう。精神分析的心理療法で転移を醸成するために治療者に求められることは、転移を「観察」し、患者に平等に漂う注意を払う姿勢である。それを通じて当面性の所在を追い続ける。そして精神分析的心理療法特有の治療的進展が起こらないことによる不安や不満を（たとえば進展を起こすために転移解釈をするといった形で）アクティングインせず持ちこたえ、多様なレベルの介入を用いて患者に平等に漂う注意を払っていることを示し続けることにより、転移の醸成が進んでゆくだろう。

そうした関係の中で、投影同一化が治療者と患者の相互作用によって処理され、転移は治療者のその身に集積されるようになり、変容性解釈の第一段階が達成される。その準備ができたあと、患者は解釈を本当の意味で用いることができるようになり、古典的なStracheyモデルの解釈が意味をもつだろう（藤山，1992）。

VII おわりに

精神分析においては、変容性解釈の第一段階は「自然に」起こるとされるが、転移の集結を担う設定が異なる精神分析的心理療法において、それは緩徐にしか起こらない。それゆえ、Stracheyの変容性解釈のモデルを精神分析的心理療法に援用するにあたっては、精神分析の文献では語られてこなかった、第一段階についての再考が必要となる。

精神分析的心理療法において、設定による転移の集結が起こりづらいからと言って治療者が能動的に転移の収集を試みると、逆に転移の醸成を妨げてしまう。特に転移解釈の偏重には注意を払うべきであろう。転移の醸成のために私たちに求められることは、そうした能動的な行為ではなく、転移の集結を阻害しないことで、醸成過程を最大限に進める設定を提供し続けることである。それは治療者が、転移を詳細に観察し、平等に漂う注意を払って当面性のあることがらを追い続けること、そしてそれを多様なレベルの介入を用いて患者に伝えることで可能となるだろう。

文献
Caper, R. (1995) On the difficulty of making a mutative interpretation. *International*

Journal of Psycho-Analysis, 76; 91-101.
Caper, R. (1997) Psychic reality and the interpretation of transference. *Psycho-analytical Quarterly*, 66; 1018-1033.
Caper, R. (1999) Psychoanalysis and suggestion: Reflections on James Strachey's 'The nature of the therapeutic action of psychoanalysis'. In: Caper, R: *A Mind of One's Own: A psychoanalytic view of self and object.* Routledge, London.
Coltart, N. (1993) *How to survive as a psychotherapist.* Sheldon Press, London. (館直彦監訳 (2007) 精神療法家として生き残ること—精神分析的精神療法の実践. 岩崎学術出版社, 東京.)
Freud, S. (1912) *Recommendations to physicians practicing psycho-analysis.* SE, XII. (藤山直樹監訳 (2014) 精神分析を実践する医師への勧め. In：藤山直樹：フロイト技法論集. 岩崎学術出版社, 東京.)
Freud, S. (1914) *Remembering, repeating and working-through (Further recommendations on the technique of psycho-analysis II).* SE, XII. (藤山直樹監訳 (2014) 想起すること, 反復すること, ワークスルーすること (精神分析技法に関するさらなる勧めⅡ). In：藤山直樹：フロイト技法論集. 岩崎学術出版社, 東京.)
藤山直樹 (1992) 解釈はどのようにして用いられるのか—解釈を「証明」する行動を素材として. 精神分析研究, 35(5); 467-478.
藤山直樹 (2007) 精神分析学会第53回大会案内.
藤山直樹 (2015) 週1回の精神分析的セラピー再考. 精神分析研究, 59(3); 261-268.
藤山直樹 (2016) 精神分析らしさをめぐって. 精神分析研究, 60(3); 301-307.
藤山直樹 (2017)「分析的」な関わりとは何か. 精神分析研究, 61(1); 5-18.
Harris, M. (1971) The place of once-weekly treatment in the work of ananalytically trained child psychotherapist. *Journal of Child Psychotherapy*, 3; 31-39.
菊地孝則 (1998) 洞察の質と面接頻度. 精神分析研究, 42(3); 259-268.
菊地孝則 (2011) 低頻度面接における here and now—過去との相補性. 精神分析研究, 55(2); 112-119.
衣笠隆幸・福本修 (2011)「HERE and NOW」特集にあたって. 精神分析研究, 55(2); 101-102.
松木邦裕編 (2003) 対象関係論の基礎. 新曜社, 東京.
松木邦裕 (2012) gleichschwebende Aufinerksamkeit についての臨床的見解. 精神分析研究, 56(4); 409-417.
Meltzer, D. (1967) *The psycho-analytical process.* Clunie Press, Perth. (松木邦裕監訳 (2010) 精神分析過程. 金剛出版, 東京.)
O'Shaughnessy, E. (2013) Where is here? When is now? *International Journal of Psycho-Analysis*, 94; 7-16.
Roth, P. (2001) Mapping the landscape: Levels of transference interpretation. *International Journal of Psycho-Analysis*, 82; 533-543.
Segal, H. (1962) The curative factors in psycho-analysis. *International Journal of Psycho-Analysis*, 43; 212-217.
Strachey, J. (1934) The nature of the therapeutic action of psychoanalysis. *International Journal of Psycho-Analysis*, 15; 127-159. (松木邦裕監訳 (2003) 精神分析の治療作用の本質. In：松木邦裕：対象関係論の基礎. 新曜社, 東京.)
髙野晶 (1998) 面接頻度を増やすことについて—週1回から週2回へ. 精神分析研究, 42(3); 248-258.
飛谷渉 (2010) 解説—メルツァーの『精神分析過程』. In：松木邦裕：精神分析過程. 金剛出

版，東京.
飛谷渉（2012）週1回設定の心理療法を精神分析的に行うための必要条件――週複数回頻度の精神分析的心理療法実践の立場から．精神分析研究, 56(1); 39-46.
山崎孝明（2017）日本精神分析学会における「見て見ぬふり」．精神分析研究, 61(4); 503-513.

第III部　設定論

第6章

対面法と寝椅子，そして対面法

髙野　晶

I　はじめに

　精神分析的精神療法を精神分析とは異なる治療として再吟味・再評価する動きは，我が国では1990年前後から現れ始め，今世紀に入って盛んになった。現時点までに，精神分析との設定上の相違点である「セッションの頻度」からの議論が重ねられてきた。しかしそれに比べると，もう一つの設定上の違いである「寝椅子と対面法」に関する議論は，まだ散見されるに留まっている。

　遡ってみれば，フロイトFreud, S.の週6回（後に5回）寝椅子式は日本に伝わる際，古澤によって週1回背面椅子式（小此木，2002）となった。古澤がなぜ週1回背面椅子式を採用したのか，自身による明文化は見いだせない。その後現代に至るまでに，もっぱら実践されるのは週1回の対面法になっている。なぜ背面椅子式があまり使われなくなり，対面法が主流となったのか，についても判然とはしない。

　このような推移の時に，それぞれの変更のもつ意味がどの程度治療構造論的に検討されたかはわからない。逆にいえば，こうした変遷の中で治療構造論（小此木，1990）は芽吹いたということもできよう。

　ここで私は，まず治療構造論的な視点をもって，精神分析的精神療法における対面法と寝椅子の意味について考えてみることにする（髙野，2020）。後半には，対面法で生じる交流について論じたい。

　なお考察に用いた素材は，週1回のセラピーに限っている。

II　治療構造論の概略

　治療構造論は小此木が年余をかけて編み上げた理論体系であるが，ともすれば

「特定の構造を守ること」といった教条的かつ表層的な捉えられ方をする。しかし小此木はそれを否定している。

　小此木（1990）によれば治療構造論が本質的にめざすのは,「多様な治療構造の設定の可能性を臨床的に経験し,それぞれの対象と条項について最も適切な治療構造を治療そのものの目的と原理と方法を中心に設定することのできる自由を各臨床家が獲得すること」である。

　つまり,治療構造を構成するさまざまな要素を探索し,治療においてそれらに関連して生じる反応を分析し,その特質を把握することが前提となって,治療の目的・原理・方法にかなった治療構造を臨床家が設定できるようになることが目指される。基本的な治療構造は,治療者が設定し,構造化するもので,治療者に属しており,その設定や検討には治療者が能動性をもって臨むと理解できる。

　つまり,構造を選ぶにあたって合目的的な判断が行われるためには,それら構造についての知悉を要し,まさに精神分析的精神療法の対面法と寝椅子に関してはその充実が今求められているのである。

III　患者と治療者にとっての寝椅子と対面法

　セッション頻度は,週1回から6回まであるように段階的・位相的な条件だといえる。しかしそれと異なり,寝椅子と対面法は互いに相当違う「あれ」か「これ」かという要素であって,中間の段階というのはない。この位置と姿勢の違いによって生まれる効果のなかで強調されてきているのは視覚に関するものである。

　フロイト（1913）は寝椅子を用いる理由として,自身が患者に見つめられる負担を軽減することと,自身の表情が患者に影響を与えるのを避けることを挙げた。寝椅子を使うことにより,患者の視線から隔てられて,治療者はかなり楽になり,自由になれること,そしてそのなかで逆転移に向き合いやすくなり,さらに無意識的な思考というものにはいってゆきやすくなることには異論のないところである。これは後のオグデン Ogden（1997）の寝椅子が治療者に与える作用の主張にもつながる。

　患者はその空間において,寝椅子によってプライベートであることが守られる側面と隔絶を感じる側面の両方を体験することになる。患者の特性によっては,週1回の設定においてこれが生かされ,「至適な間接性」（山崎,2022）あるいは「適度な距離感」（岩永,2024）が「二人でいて一人でいる」ことを促す作用を持ちうる。しかし低頻度であることによって関係が隔たりがちになることと寝椅子

の隔絶とがあいまった時，患者によっては——たとえばそれがあまりに剥奪的に体験される場合は——実のある治療として成立することが難しくなることも十分ありうる。

　総論的には，低頻度の場合には，言語的非言語的な相互的交流の比重を重視し，対面法が選ばれる（池田，2017；妙木，2017；髙橋，2007）といわれる。対面法は交流的な側面を効果的に使うのに適した治療構造である（Coltart, 1993；髙野，2011）といえるが，それは，治療者と患者がプライベートにものを考えるという機会の何割かを引き替えにして得ている効果であるともいえるだろう。しかしそこには，対面法ならではのリアルな交流と内界での交流の重なりの妙味がある。

　また，寝椅子と対面法のありかたは，単に位置の違いのみでなく，両者のとる身体的な態勢の違いも生む。寝るということは総じて患者の側にはリラックスをもたらし退行的になるといわれる。一方藤山（2003）は，患者が寝椅子に寝ることに際して，治療者が患者の生々しさに直面するという体験を述べている。頻度に限らず，身体を治療者の前で横たえるという営みには，患者が持ち合わせている生々しさを露にする可能性があり，後述する。

　こうした両方の設定の特徴を把握し，患者や状況を勘案した選択を治療者が能動的に行うことが精神分析的精神療法における治療構造論的な態度といえよう。

Ⅳ　週1回の対面法と寝椅子のさまざま

　ではいくつかのタイプの臨床素材を用いて治療構造論的に考えてみよう。

1．症例A：対面法〈対面という舞台〉

　女性患者Aは精神療法のために私に紹介されたが，アセスメント面接後に治療開始を選ばず，私が選択肢のひとつに挙げていた別の治療を求めていった。その後彼女はあるセラピストに背面椅子式で個人療法を受けるようになり，得るところもあったようだったが，途中からセラピストに批判的な考えとなり，膠着の後中断した。しかしAはセラピーそのものにはまだ期待を持っており，紆余曲折を経て私が担当することになった。彼女は自ら対面法を希望した。

　治療が始まってみると，Aは表現力豊かであった。言語的表出はもとより，面接室は舞台のように使われ，情緒表出的であった。そこでの彼女は，自尊心の低い，嫌われることを怖れるおどおどとした人物だった。しかし私は，いつか必ず

や攻撃的な彼女が現れるだろうと，慎重に構え，つまりある程度防衛的に受身的中立的であり続けていた。彼女はそういう私を考え深いと評し，双方で見合ったような期間がだいぶ続いた。

　やがて彼女は，自分の投げかけに私が何も答えないと不満を述べるようになった。また，彼女はだんだん，以前私が選択肢とした治療法についての批判を言い募るようになった。私は，なるほどこういうふうに攻撃が来るのかと思った。Aはそんなところに紹介した私はどう思っているのか，あやまらないのか，と波のように押し寄せては引き，そしてまた迫ってきた。私がまともにとりあわないと言って，机をばんと叩いたこともあった。私はだんだん腹がたってきた。一度は私のもとを去り，前治療者の元も去り，また来たと思ったら筋違いをふっかける，と内心かなり憤慨した。とはいえそれとともに，彼女にとっては，この治療法の問題が私を引っ張りだすドアの取手のようなものなのであろうとも思い，そのように伝えた。私は確かに引っぱりだされつつあったのだ。

　そうこうするうちに，彼女が主に求めていたのは私を攻撃することよりは，引っ張りだすことのほうであったように思われてきた。考えてみれば私の表出が乏しいというのは，Aにとってみれば子ども時代に自分の苦悩を察知しなかった知的だが鈍感な母親のようで，絶望を再体験するようなことなのかもしれない。彼女との交流はこういう形でしか交わりが始まらないのかもしれなかった。彼女と出会う治療者はいずれそこに身を投じざるをえないことになるのだろう。前治療の背面椅子式では，そこに至るまでに随分時間がかかっていたし，その局面を取り扱うのには不向きだったとも考えられる。対面法は，彼女が自分のいくつもの交流の世界を生き生きと展開するのにより適していたともいえるだろう。対面法における治療者は，こうした場合，目の前に表出された攻撃に巻き込まれることに対面法特有の忍耐を保ちつつ，背後にある交流への求めを探索することに精神分析的な姿勢が試されることになるだろう。

2．症例B：寝椅子から対面法へ〈変えること〉

　Aの場合は，本人の希望により対面法という治療構造となったが，治療者が設定を変えることについて短いビネットをあげて考えてみる。

　女性患者Bは，アセスメントでは，自らの問題をある程度理解し，内省も十分行えそうであった。寝椅子で治療を始めてみると，彼女の連想は，寝椅子の上空をただぐるぐると旋回するように繰り返され，解釈も響かず，キャンセルがちになっていた。ふたりのあいだは，遠いものになっていた。私はしばらくの期間

思案したあげく，思い切って対面法を提案した。面接室の空間の中でふたりは遠いだけでなくばらばらになってしまったように感じられたからである。90度対面法にした後，沈黙をはさみがちでありつつも，彼女の語りは上空ではなく，ふたりの間を漂うように感じられるようになり，時には思いがけない情緒がそこに伴うようになって，それをめぐるやりとりも生まれた。Bの場合は，週1回の寝椅子設定は，程よい距離ではなく，隔絶であった。

　治療構造の要素を変えるという判断が適切かどうか，という問題にはいつも迷いが伴うものだといえる。構造を「守るべき」という教条にとらわれていなくても，変える事が治療者の行動化ではないかという検討が十分か，など逡巡しがちである。患者と話し合うことはもちろん必要だが，どこかで治療者が判断をしなければならない。変えた結果を引き受けることをためらってそのままになることもあるかもしれない。しかし，面接場面にある治療構造は最終的には治療者が決めたものである。治療構造論的には，常に治療者が責任をもって考察しつづけなくてはならないものだといえるだろう。

3．症例C：寝椅子〈治療者が考えるために必要な空間〉

　ある日，クリニックの受付で私がひとりの男性スタッフと相談していると，そこに女性患者Cが入ってきた。彼女は一瞬驚いた表情をした後，待ち合い室に向かった。寝椅子に横たわりセッションが始まると，Cは「いつもと違ってびっくりした」といくらか感想を述べてから，夢を詳しく語り始めた。それは彼女が事故に遭遇する場面だったが，ひとごとのようで，事故に続く処遇にはむしろ満足感が持てたという連想で終わった。これを聞きながら私には，開始前の場面がずっと頭にひっかかっていた。夢の脈絡は事故らしい切迫感がなく，私にはしっくりきていなかった。夢についての連想は満足した部分に集中しており，最近の彼女の現実的な満足につながって終った。

　ここで私は，夢についての違和感をそのままにしないことにして，冒頭の一件とからめることにした。というのもさっきの出来事に対して，変化に敏感な彼女にしては反応が淡白に感じられたからである。私は，セッション前の一件は，Cにとってはずいぶんな衝撃であったと思われるが，それだからこそ，夢は事故よりも満足な待遇のほうが膨らんで語られたのではないか，と伝えた。つまり，恒常性が破られる不安とそれへの防衛を示したのである。彼女はそれに納得したようだった。

　しかしまだ何かが触れられていないと私は思っていた。セッション前の場面が

何度も思い浮かんできた．Ｃのヒストリーが断片的に思い出されてきて，これまで語られてきた「図」の部分だけでなく，十分表されていない「地」の模様がうっすらと見えてきたような気がした．そうして私がＣに伝えることになった内容は，「私と男性スタッフとの共同作業の場面は，Ｃにはいたたまれないものであったのではないか」ということであった．つまり，原光景に関する言及を行うことになったのである．その後の治療経過を通して，この理解が彼女の中で展開していく様子を見ることができた．

　患者が治療者の面接室外の姿を目にする，あるいは患者以外の誰かと治療者の接触を目にする，というできごとは，しばしば偶発的に発生し，治療の素材として使われる．むしろ，まさにふたりが「共有する現実」（平井，2017）として，有力な逃すべきでない素材と位置づけられるといえる．これは，対面でも寝椅子でもかわりはない．ここで，この生な素材をどのように解釈として熟したものにできるか，という問題を考えてみよう．連続したセッションがあると思えば，治療者側に考えを育むゆとりは生まれる．しかし週1回のセラピーにおいては，そこになかなかの難しさがある．本例では，治療者が誰かとカップルになっているというできごとは，概念としては容易に原光景につなげることができる．しかし，そのような機械的な操作では，心に伝わる解釈にはなりにくい．理解が熟していくためには，治療者の中でさっきの瞬間の生な現実場面の雰囲気を逆転移感覚を失わずに吟味し，次いで今そのできごとがどこに置かれているかをさぐり，これまでの理解の重なりの上に位置づけてみる，といった作業が縦横に行われることが必要である．

　Ｃの場合，それについては対面でも同じことではないかという議論があるかもしれない．しかし私は，治療者が寝椅子という構造によって隔てられた空間にいることが，こうした作業を促したといえるのではないかと考えるのである．対面の場合，どうしてもリアルタイムで目の前に展開しているストーリーが主題になりがちで，いくつもの層をそれに重ねる作業にはかなりの努力を要する．対面において治療者が視覚的に隔てられるために目を閉じる，という方法もあり得るが，私は，対面法を選んだなら，積極的に目を閉じることはせず，自分の視覚も使うことが対面法らしいと思っている．

　もう1点，私の中に理解が生まれるのに寄与したかもしれないことがある．何度となく寝椅子に横になる彼女の仕草を見てきて，私の中には多分に藤山（2003）の述べたような生々しさというものが情報として蓄積されていたのかもしれないということである．それが原光景の解釈をもたらしたひとつの要素としてかかわ

ったと考えてもよいかもしれない。加えて私は、寝椅子の生々しさのひとつは、横になっていく仕草、起き上がる仕草を後ろから見ているという状況の中にあるのではないかと感じている。そのとき向けられた背中には、対面しているときとも、寝椅子に横になっているときとも違う本人にも知り得ない表情があるように思うことがあるからである。

V 対面法と相互交流[注1)]

1. 対面法について改めて考える

ところで、精神分析的精神療法において、対面法はあまりに標準仕様である。髙橋（2007）は交流を重視して対面法を活かすことを説き、北山（2002）は、対面法の持つ非言語的・視覚的要素のゆえに、精神分析理論を応用するだけではなく固有の治療論が求められると述べた。しかしその特性の精神分析的検討は十分であるとは言えない。

かつて私は「"向かい合うこと"のむずかしさについて」（髙野、1995）と題して、ある患者が面接中に椅子を自分の好ましい位置に移動することによって治療者の見え方を変えて、見ることを防衛的に用いる様相を呈示した。そして精神療法、特に対面法において見ることと見られることの多様な意味を考察することの意義を唱えた。当時、精神分析の潮流においては、乳幼児研究が参照されながら非言語的交流の意義の研究が進みつつあった。今振り返るとこの論旨は、後述のジェイコブス Jacobs, T.（2005）が指摘するような、非言語的行動には防衛的に用いられる側面があるという点に一部通じるように思える。

対極にある寝椅子に関して、低頻度、特に週1回の精神分析的精神療法におけるその意味についての議論が近年徐々に出てきたことに相まって、改めて対面法を考える機会が訪れていると言えるかもしれない。ここでは、対面法における見ることを介した交流に関して、症例を通して考察していこう。

2. 臨床素材

20代女性Dの治療においては、大切な対象から切り離されることをめぐる主題が中心となっていたが、見ることを交えた交流が処々で興味深く展開した。

注1）本節は、「対面法と相互交流」（髙野、2011）を抜粋修正したものである。

①治療開始まで

Dは就学後に生活習慣の問題や不登校のために一度ならず治療施設に入ったが，適応しきれず通学が再開することはなかった。両親，特に母親の養育の情緒的不全の影響は大きかったようだ。

10代半ばには過食嘔吐が習慣化して一時肥満は極度となり，さらにリストカットが始まった。Dはある時摂食障害という病気であると認識し，自らX病院心療内科を訪れた。担当のY医師は一般外来治療の後，構造化した精神分析的精神療法に導入し，数年間続いた。DはY医師を慕い，食行動異常や自傷は続いたものの，経験したことのない信頼関係を築きつつあった。しかし，Y医師の異動により治療は道半ばで終わりを迎え，精神療法の継続を希望するDが私に紹介されてきたのであった。

②治療経過その1——レンガ積み

改めてアセスメント面接を行い治療契約をする段になって，DはY医師が戻ったらそちらで治療を再開したいと宣言した。Y医師が特に再開の約束をしたわけではないことは彼女も了解していたが，何としても再びY医師のもとに戻るという決意を表明したといえよう。私は，これを対象喪失の否認の段階と考え，また彼女が過去に親から施設に送られても馴染むことなく戻ったことを思えば不憫でもあった。私が女性治療者だと聞き，母と重なり怖いイメージだったというのも無理がないと思えた。とはいえ治療開始にあたり，こちらとしては里子を預かったような戸惑いが急に生じたことは確かだった。

ともあれ治療は週1回45分90度対面法で始まった。A-Tスプリットは設けたが，Dは結局管理医を訪ねることはなかった。

この面接室は診察室と兼用で，患者にも治療者にも移動や回転が自由なオフィス用のゆったりした椅子が使われていた。Dは面接開始時に腰かけ，こちらを向いて挨拶をするところまでは診断面接と同じだった。ところがそれから，彼女はいつもくるりと椅子を回転させ，背中をこちらに向けて面接に臨むのだった。つまり，自主的に背面椅子式の態勢になってしまったのである。しばらく回を重ねたらこちら向きに戻るだろう，という私の予測は大きくはずれ，延々とその態勢が続き，私の当時の記憶には彼女の少し丸めた背中ばかりが残っている。Y医師の不在によって新たな治療者と面接している，という現実にDは直面しがたいのだろう，と私は理解していたが，そう解釈しても当たり前のことをなぞるだけのように思え，控えていた。それに，ここでは回転する椅子を提供しているので，

第6章　対面法と寝椅子，そして対面法　99

こちらにも事態の責任の一端があるような気もした。セッションの終わりには，彼女はまたくるりとこちらを向いて，挨拶をして帰っていくのだった。

　Dはやはり何よりもY医師について頻繁に口にした。彼女はY医師との再会に一縷の望みを抱き，私に親しむことに葛藤を続けた。管理医兼任のY医師には自傷の手当ても受けたことがあり，A子は自傷によって情緒が伝わったと体験した。それを得るためには身体の犠牲も厭わないとまで言いきることもあった。Y医師から離れて以来過食は変わらないものの，DはY医師への忠誠の証のように自傷衝動を堪えていた。また，X病院付近はY医師を偲ぶ場だった。

　10カ月を越えた頃，Dは自傷衝動を我慢したと報告した。ところが「耐えるのも所詮猫かぶりに思え，どんなに頑張ってもY医師には届かないと思うと虚しい」といつになく捨て鉢な物言いであった。そして最近はX病院のそばに行っても以前のような気持ちが湧きにくいと言った。私はいよいよ彼女が喪失を認めざるをえない頃合いかと思いながら，自傷をめぐる思いを尋ねた。彼女は，Y医師に手当てを受けた時の安らぎを懐かしんでいた。そこで私は，彼女がY医師との再会を頼みにしながらも時が過ぎ行く今の切なさにふれてみた。するとDは，凧が遠くに飛び糸が手繰れるかわからないような寂しさを訴えたが，この時彼女は珍しく少しだけこちらを向いていた。私は，Dが自傷衝動を行動化せず，思いを言葉にするというレンガを積むような営みを続けてきたのだと伝えたのだが，同時に思わずレンガ積みの身振りを付けていた。続けて，そのような必死で耐えるDを一掃したくなる者もDの中にいると告げた。するとDは，以前と同じ気持にはなれない寂しさを再び口にした。私がここでの身体を介した関わりのない心許なさに触れると，彼女はしばらく考えこんだ。そして，苦心惨憺して自傷を我慢するのは馬鹿みたいだけれど，積んでいきたいと思う，とこちらを見て言ったのである。この時彼女は，先ほどのレンガを積む私の身振りと同じ動作をした。私はDの決意を感じるとともに，彼女がレンガ積みを身振りごと取り入れたことを興味深く目に留めていた。

　1年が経とうとする頃，私は夏休みを予告した。彼女は不安を表出して疎んじられることを恐れて休みには直接言及しなかった。その次の回Dは，著しくなった自傷衝動をかろうじてしのいだと報告し，頼りにする同居の祖母に留守を予告された不安と依存の葛藤について語った。私は前回とつなげて，置き去りにされる不安について理解を求めようとすると，疎まれて依存対象をいっそう失うことへの恐れを解釈した。すると彼女は，実は夏休み期間が倍ではないかという疑心暗鬼がわいてしまい，これまでの努力も粉砕したいようなやけな気持ちになって，

自傷衝動が突出したのだという。でも，以前言われた自傷しないことはレンガを積むようなこと，自傷するのはそれを崩すようなことというのが深く残っていたのだと述べた。そして，ついにY医師の不在に連想が及んだ。本当はY医師に，自分の都合でDをおいていくことをどう思っていたか訊きたかったが，険悪な別れになることを恐れてやめたと続けた。私は，子どもの頃からの遠くに置かれる体験がY医師の退職そして私の夏休みと重なり，今回の自傷衝動につながったことを解釈として伝えた。彼女は，ひとりの居たたまれなさは治療で変われるのだろうかと問うた。Dが深入りしないつもりで始めたこの治療に今や根を張り，依存を向け，次第に深い不安にふれるようになっていることを私は伝えた。夏休みの直前の面接で彼女は，自分とは関係なく治療者は夏休みになりY医師は遠くで生活していることが当たり前なのに寂しいと語った。私は彼女が抑うつポジションに足を踏み入れていることを感じていた。

1年7カ月の頃には，かつて嘔吐は洪水のように激しく，地道に「積む」ものを押し流すようなものだったと，Dはふりかえった。ここに「レンガを積む」が取り込まれて彼女の言葉になって使われるようになってきた様相を見ることができるように思う。

その後面接中のDは，背中向きから少しずつ角度を減じ，はっきりと伝えようとするときには，しばしばこちらを向くようになってきた。

③治療経過その2――靴をめぐって

Dは，さまざまな自らの欲求に対して過剰で破壊的だと認識し，他者に向かってしまったなら疎んじられ排斥されるほかないと恐れていた。治療における依存欲求も同様であった。また，自身の食欲や性欲については他者の手に負えないようなものだと幼少時から位置付けられていた。そして自らの女性性の発露には臆病であった。

彼女が初診以来実にいろいろな靴を履くことに私は当初から気づいていた。服装に比べ，靴の彩りは目をひいた。しかしその意味はまだ定かでなく，フェティシズムとか貪欲の表れなどと考えてみるだけだった。1年9カ月後のある日，私は出勤の途中にふと，彼女がいろいろな靴を履いてくることを思い出していた。この日の面接で彼女は，服飾品を買い過ぎることを語りだした。すでに買い物は過剰な欲望の一種ということになっていたが，この日は，社会経験が乏しい自分は装いが相応か自信がなく，ひとり試行錯誤する買い物だと表現していた。そして，買ったものは大事に使うというのだった。何か違ったものが見えてきたよう

な気がした。治療開始以来ずっとどこかにひっかかっていたことに接しているようだった。そこで私は，Dが靴をたくさん持っていることを知っていると言ってみた。彼女はたいそう恥ずかしがった。しかし続けて，肥満の時期も靴は普通のサイズが履けて好みのものが選べた，と少し嬉しそうに語った。私は彼女の買い物について，一方では過食と同様に気持のはけ口であろうが，また一方では成長過程をひとりで取り戻そうとしたり，楽しんだりしているのだろうと伝えた。このセッションでDはずっと私に背中を向けていたのだが，終わり頃に，実は私が見えないので意識を凝らして反応をうかがっていたのだと明かした。

このセッション以降，明らかに彼女が座る角度は変わった。いつも横顔をこちらに見せ，語りながら時折私のほうを見るようになったのである。

私はずっと前から彼女の姿によって，もう少し詳しく言えば，靴を履いた足の表情によって，好きな靴を選んで履くことを味わうような彼女の一面を知らされていたのだと思う。それは，自分の欲望を醜いものと恥じるのとは別の彼女の部分だといえるだろう。それは私の中に取り込まれて，囁き続けていたように思える。彼女にとって私は，自分を見せ，かつ，その反応を見たい対象となり，後ろ向きの状態から，見ることと見られることを通して二人でいる状態になりつつあるようであった。

Dとの治療は，連想や夢の報告などを基調とし，時に10分以上の沈黙が訪れたりすることもある，という精神分析的精神療法としては特殊ではないものだった。そうしたなかでの，対面法らしい相互交流に焦点をあてて描写をしてみた。

3. 考　察

臨床素材から抽出した対面法における相互交流を次の4つの主題にまとめて述べることにする。

①身振りと言葉による交流，情緒による強化

私は治療的介入として，衝動に耐えていくことに対して「レンガを積む」という比喩を用い，衝動を自傷の形で行動化しないで持ち堪えてきた患者のありようを明確化した。そして言葉で「レンガを積む」と言っただけでなく，同時にそれに相応する身振りを伴った。それを見た患者が同じ比喩を使って自らの意思を伝えようとする時に，やはり同時に同じ身振りが誘発された[注2]。さてこの身振りと言葉そしてそれらによって表された概念が取り入れられ，その後患者がひとりで衝動に持ちこたえる時に試されることになった。その時には，持ちこたえること

の意義の吟味が内在化されていて使用されたといえるだろう。そこには身振りと言葉による概念の取り入れが寄与した可能性が考えられた。ただしここでは，言語単独による概念と言語および非言語（動作）によって示された概念を比較はできない。また，交流の技法としての身振りという議論にはいることを意図する訳でもない。

　このレンガ積みの場面でなぜ私自身がこんな大きな身振りを伴ったのかと考えてみることにした。すると，このセッションの最中のもろもろの思いのうち，取り落としていたものがあったことに気付く。Dが自らの努力を脱価値化するようなことをうそぶいた瞬間に，私は心底腹をたてていたのだった。それはDの成長への試みを破壊する部分への私の腹立ちであり，また患者自身が自分を翻弄してきた自らの破壊的な部分に対して向ける憤りに呼応していただろうと思う。腹立ちは，嘆きをも含んでいたというのがより適切であろう。この一瞬の腹立ちが私に身振りを行わせた，すなわち治療者によるエナクトメントという理解をすることもできるかもしれない。ここでよく考えてみると，そこでの身振りは，腹立ちを直接行動に表すならばレンガ崩しのようなものになっていたはずである。ところがそうはならずにレンガ積み，すなわち，壊されそうになりながら持ちこたえたことのほうを示している。したがって，治療者は，患者のなかの培う部分と破壊する部分のうち，破壊する部分に腹をたてながら，培う部分と同一化しつつそれを保持し提示したということではなかろうか。

　このように情緒に促されて生まれた身振りをともなった解釈は，強いインパクトを患者に与えた可能性も浮かぶのである。対面法では，このような直接的な交流と内的な交流が連結交差して随所で生じていて，治療を動かしているであろうことを改めて認識する。ゆえに，寝椅子を用いた技法からの理論に収まらない観点も求められるであろう。

②患者からの視覚情報が表象としてこころにとどまること
　治療場面でとりこまれた視覚からのデータは，即時的に対象像を彩るばかりではなく，対象表象形成に組み込まれてゆき，患者も治療者もそれぞれ内的世界における交流を続けていくことになる。
　治療者の側に焦点を当てると，患者の靴をめぐる展開を示したように，対面法

　　注2）神経科学では，リゾラッティ Rizzolatti, G. らに始まる言葉の伝達と身振りの伝達に使われる神経回路に関する興味深い検討が行われている。

において治療者は意図の有無にかかわらず，患者の表情だけでなく全身を視野のどこかに留めていることになる。したがって治療者にとって聴くこととは異なった，見ることと見えることによる情報がどのように使われていくのかという問題に注目があってしかるべきではないかと思う。パリー Pally, R. (2005) は，治療的変化を作動させるふたつのプロセスすなわち，体験の暗黙の，非言語的，非象徴的要素と，判然とした，言語的，象徴的要素が共同して同時的に作動していることを分析家が治療的に利用できるかどうかという問題提起をしている。そこでいう前者のプロセスのなかに，見ることが関連することになる。

　視覚の生データは，瞬時にして意味概念を伝える場合もある。一方，今回の靴の例では，意味付けを保留して治療者がこころにとどめ続けていることによって意味と出会うことになった。言い換えるなら視覚的データは，治療者のもの想い (Ogden, 1997) の材料として蓄えられ，やがて他の素材と合流して理解を生成した。それにより，患者の一側面を切り取るのみならず，患者の示したものの多義性を見いだした解釈になり得たと考える。

　さて，このような領域に注目したのがジェイコブス（1991, 2006）である。彼はフロイト以来，精神分析家が非言語的コミュニケーションに目を留めてきたことを概観した。さらに聴くことと同時に，平等に漂う注意に相当する視覚的データを得ることによって，分析家が患者の非言語的コミュニケーションにかかわる記憶を喚起されたり身体レベルの反応を惹起せしめられたりすると述べている。そして，寝椅子自由連想法において，治療者が患者を観察できる位置取りを紹介してもいる。対面法では，治療者は患者のふるまいや表情をより多彩かつ多量に目にとめることになり，また加えて患者も見ることによってより大きな影響を受けるという寝椅子との違いが指摘できる。こうした特徴をとらえた観点から細かい治療過程の吟味を重ねる意義は深いといえよう。

③面接中の位置関係と相互交流について
　治療経過で述べたようにDは，背を向けることで見る・見られる関係を排除するという交流様式をとり，治療状況をコントロールしたといえる。とはいえ，前治療者の喪失を受け入れず現治療者を仮のものにしておくべく抵抗しながらも患者の喪の仕事は進み，私が新たな依存対象となってゆく過程で，Dは少しずつ見る・見られる関係を導入していった。Dがおずおずと求めだしたこの関係は何であったろうかと考える。
　治療開始前からの怖い女性治療者という転移はいくぶんなりともゆるみ，新た

なより現実的な対象像を探索する試みのようにも見えた。また，乳児が不安なときに示す母親参照機能や社会的参照機能のように見えるときもあった。そして欲求をもった自分でよいのだろうか，と彼女から再評価を求められているかのように感じるときもあった。そういえばDが後ろ向きになった当初には，治療関係に関する解釈を伝えることはどうも生産的に思えず保留し，その後も姿勢や位置をそのつど直接とりあげて転移解釈に用いることはなかったことに思いいたる。患者から位置どりや姿勢によりさまざまを投げかけられつつ，私はそこで交流されているものを考えるともなく考えていたといえそうである。こうした折り重なるエナクトメントの情報は，いったん治療者の内界に落とし込んで，そこでのプロセスを経ながら治療場面で用いられるよう待機させたいのである。そしてほどよい言葉に織り込んで患者に伝えたい。このようなことが，私の思う相互交流である。

4．非言語的交流のなかの見ることと，言葉への抽出

　ビービー Beebe, B.（2005）は，乳幼児研究によって解明されてきた非言語的交流の持つ意義の大きさを，大人の精神分析的治療（対面法）においても見いだし，治療者が非言語的応答や調律を実践した症例を詳細に報告した。しかし私はもっぱら大人を対象とする臨床家として，患者からの非言語的交流に呼応して何かを患者に伝えるときには，非言語的に伝えられたものをどのように理解し，それをどのように言葉のかたちに抽出して交流に乗せるのか，というところに力点を置いている。狩野（2009）は，情動調律の意義は大人の精神分析に大いに参考となると主張しつつも，大人はより複雑な発達を達成していることより，直接応用には慎重さを求めている。ヒトの発達の言語志向性と精神分析の言語志向性から離脱するわけにはいかないということなのだろう。

　非言語的交流が無意識への糸口になる一方で，探求への防衛となることもあることの吟味が必要であるという指摘（Jacobs, 2005）がある。非言語的交流の暗黙性のなかにさまざまな防衛がもぐりこむことは多いにありうる。そうした吟味のためには言語による交流を介在させることが求められるだろう。

　非言語的交流の中でも見ることによる交流は，ことに対面法においてとりわけおびただしく存在する。対面法において見ることによる交流は，対象の具象性・実体性やこころの棲むところである身体がそこにあるという濃い現実と切り離しがたく結びついている。それらを内的現実とつなぎ象徴的理解を得るためには，治療者の内的な対象関係における交流を含んだ思索のプロセスが必要であると考

える。そのためには言葉を用いて治療者の理解を編み上げてゆくことからさらに，それを患者に適切な言葉で伝えるというかたちで交流することに帰結するのがほかでもない精神分析的治療であると括りたい。

VI おわりに

　精神分析的精神療法の治療構造の一つである対面法と寝椅子式について，週1回の臨床素材を用いて論じた。週1回のセラピーにおいて，当たり前のように行っている対面法がいったい何をはらんでいるのか，そして週1回の治療における寝椅子の有用性や適用はどんなものか，という二つの一見別々の方向の探究課題が私たち精神療法家の前にあることを強調して終えよう。

文　献

Beebe, B. (2005) Face-in-relation: Forms of intersubjectivity in an adult treatment of early trauma. In: Forms of intersubjectivity in infant research and adult treatment. Other Press, N. Y.（丸田俊彦監訳（2008）かかわりあう顔―早期外傷の大人の治療における間主観性さまざま．In：丸田俊彦監訳：乳児研究から大人の精神療法へ―間主観性さまざま．岩崎学術出版社，東京．）

Coltart, N.（1993）How to survive as a psychotherapist. Sheldon Press, London.（舘直彦監訳，藤本浩之・関真粧美訳（2007）精神療法家として生き残ること―精神分析的精神療法の実践．岩崎学術出版社，東京．）

Freud, S.（1913）Weitere Ratshläge zur Technik der Psychoanalyse: I. Zur Einleitung der Behandlung. GW VIII.（藤山直樹編・監訳，小澤和樹訳（2014）治療の開始について（精神分析技法に関するさらなる勧め I）．In：フロイト技法論集．岩崎学術出版社，東京．）

藤山直樹（2003）精神分析という営み―生きた空間を求めて．岩崎学術出版社，東京．

平井正三（2017）週1回精神分析的サイコセラピー―その特徴と限界．In：北山修監修・髙野晶編：週一回サイコセラピー序説―精神分析からの贈り物．創元社，大阪，pp.61-76.

池田政俊（2017）アセスメントと適応．In：北山修監修・髙野晶編：週一回サイコセラピー序説―精神分析からの贈り物．創元社，大阪，pp.61-76.

岩永洋一（2024）週1回カウチ設定での精神分析的精神療法―その意義と限界，適応について．精神分析研究，68; 68-79.

Jacobs, T.(1991)The interplay of enactments:their role in the analytic situation. In: Jacobs, T. (ed.): The use of the self. International University Press.

Jacobs, T.（2005）Discussion of forms of intersubjectivity in infant resarch and adult treatment. In: Forms of intersubjectivity in infant resarch and adult treatment. Other Press, N. Y.（丸田俊彦監訳（2008）『乳児研究から大人の精神療法へ：間主観性さまざまについて』の考察．In：丸田俊彦監訳：乳児研究から大人の精神療法へ―間主観性さまざま．岩崎学術出版社，東京．）

狩野力八郎（2009）方法としての治療構造論―精神分析的心理療法の実践．金剛出版，東京．

北山修（2002）対面法．In：小此木啓吾ほか編：精神分析事典．岩崎学術出版社，東京．

妙木浩之（2017）短期療法の視点から見た頻度―週一回の長期力動療法との対比．In：北山修

監修・髙野晶編：週一回サイコセラピー序説―精神分析からの贈り物．創元社，大阪．
Ogden, T. (1997) Reverie and interpretation:Sensing something human. Jason Aronson Inc, London. (大矢泰士訳（2006）もの想いと解釈．岩崎学術出版社，東京．)
小此木啓吾（1990）治療構造論序説．In：岩崎徹也編：治療構造論．岩崎学術出版社，東京．
小此木啓吾（2002）背面椅子式自由連想法．In：小此木啓吾ほか編：精神分析事典．岩崎学術出版社，東京．
Pally, R. (2005) A neuroscience perspective on forms of intersubjectivity. In: Forms of intersubjectivity in infant research and adult treatment. Other Press, N. Y. (丸田俊彦監訳（2008）神経科学から見た『乳児研究から大人の精神療法へ：間主観性さまざま』．In：丸田俊彦監訳：乳児研究から大人の精神療法へ―間主観性さまざま．岩崎学術出版社，東京．)
髙野晶（1995）"向かい合うこと"のむずかしさについて．日本精神分析学会第41回大会発表．
髙野晶（2011）対面法と相互交流．精神分析研究，55; 21-28.
髙野晶（2020）寝椅子と対面法―治療構造論から考える．日本精神分析協会2019年度年報．
高橋哲郎（2007）精神分析的精神療法セミナー―発見・検討・洞察の徹底演習［技法編］．金剛出版，東京．
山崎孝明（2022）週1回の精神分析的心理療法におけるカウチ使用に関する一考察．精神分析研究，66(2); 117-129.

第7章

週1回の精神分析的心理療法における カウチ使用に関する一考察

山崎孝明

introduction

　本章は，2022年に『精神分析研究』第66巻第2号に掲載された論文である。本稿で述べるように，「週1カウチ」は議論のある設定である。
　精神分析と言えばカウチである。若かりし頃，私も「精神分析っぽいから」という理由だけでカウチを使用したことがある。そんな理由で導入しているわけだから，むろん「失敗だった」と思う経験もした。だが，すべてのケースがそうだったわけではなく，「うまくいった」と思う経験もあった。そこには，ふたつ種類があるようだった。ひとつは，もくろみ通りカウチ設定がセラピーを「精神分析的」にすることに寄与したことによってうまくいったパタン。もうひとつは，もくろみとは異なり，カウチ設定が「精神分析的」に働いたようには思えないが，しかし患者はよくなった，というパタンである。
　私はこれをどう説明したらよいかわからなかった。カウチはセラピーを精神分析的にするのか否か。そうであることも，そうでないこともある，としか，当時の私は言えなかった。
　ただ少なくとも，「週1カウチはすべて否定されるべき」という立場には与できないとは思った。そこで，限局的であるにしても，「週1カウチ」という設定をうまく使うことのできる患者（正確には治療カップル）がいるのだ，と示したいと思った。そうして書かれたのが本稿である。
　執筆中，2019年の精神分析学会大会で，岡田暁宜先生とお話しする機会に恵まれた。その際「週1カウチ」をどのように理解したらいいのか悩んでいるのだと相談したころ，岡田先生は「たとえば社交不安障害の人が，顔を合わせない設定のほうが自由に話せるということはある。そういったカウチの使い方，支持的な使い方があってもいいと思う」とお答えくださった。私の中で「カウチ」という語と「支持的」という語はそのときまでまったく結びついていなかったので，目から鱗であった。
　私は問いの立て方を間違っていたのだ，と気づいた。それまで私は「週1でもカウチはセラピーを分析的にするのか」と問うていた。しかしそうではなく，「週1カウチという設定には，どのような特徴と効果があるのか」と治療構造論的に問うべきだったのだ。以前私が理解できなかった，「カウチ設定が『精神分析的』に働

いたようには思えないが，しかしクライアントはよくなった」というパタンは，カウチ設定が「支持的」に働いたのだ，と遡って理解された。

　こうして私の問題意識は治療構造論と接合され，洗練されることとなった。治療構造論的には，結論はいつも変わらない。「その設定が適当なクライアントもいる」だ。だが，「その設定がどのようなクライアントに適当なのか」について，私たちはまだまだ蓄積が足りない。ここで私は「週1カウチ」というニッチな設定について論じたが，こうした論文が増えていくことで，私たちの臨床はより精度を増していくことだろうと考えている。

I　問　題

1．精神分析にカウチは必要なのか

①精神分析とカウチ

"No couch, No analysis"（Kelman, 1954）。そういわれるほどに，精神分析はカウチと分かちがたい形で発展してきた。しかしその歴史の中で，精神分析におけるカウチの位置づけは，問う必要のない前提というものではなくなってきている（Gill, 1994; McWilliams, 2004）。そもそも Freud, S. 自身，『治療の開始について』（1913）でカウチを用いる理由のひとつとして「一日に八時間（あるいはそれ以上）他人に見つめられることに耐えられない」という「パーソナルな動機」を挙げているし，そこで示した種々の規則は「『提案』というにとどめ，無条件に受け入れるべきであるとしないほうがよいと考えている」と述べている。

だが，カウチがこれだけの長期間にわたって精神分析に必要不可欠なものとして扱われてきたのにはもちろんそれなりの理由がある。同じ論文で Freud は，カウチ設定に「固執する」理由として「私の顔の表情が患者にとっていろいろな解釈の素材となったり，彼の語ることに影響を与えたりすることを私は望まない」こと，「目的としても結果においても，転移と患者の連想が知らないうちに混ざり合うことを防ぎ，転移を隔離してそれが抵抗としてしかるべき道筋でくっきりと姿を現すことを可能とする」ことを挙げている。つまり，彼は純粋な転移の発現のために精神分析にはカウチが必要であると考えたのである。

これは当時の彼の治療論に照らしてみれば，論理的整合性が取れたものとなっている。すなわち，「転移を反復強迫のためのひとつの遊び場として許す」（Freud, 1914）ことで患者の通常の神経症を治癒可能な転移神経症へ置き換え，その転移神経症を治療することで幼児期のオリジナルの葛藤に取り組む，というモデルである。そのためには，治療者の表情が患者の連想に影響を与えず，転移と連想の

混淆を防ぐように設計されたカウチ設定が最適である。これは，カウチの「見えない」という点についての議論である。

　Freudのこの治療論に対応する至適な設定としてのカウチということを考える際，退行促進的という観点から語ることも可能だろう。患者はカウチに横になるがゆえに退行し，その結果自由連想が促進される。連想が自由になるほど反復が露呈し，転移が発展する。この意味でも，カウチは転移神経症の醸成に寄与する。これは，カウチの「横になる」という点についての議論である。

　このように，Freudの時代には，カウチは精神分析において欠くことのできない設定であった。

　しかし，私たちの治療論はもはやFreudのそれにとどまらない。特にFreud以上に転移を重視し，古典的治療論を拡張したKlein, M.の貢献は学派を超えて強い影響を与えている。彼女は子どもの治療に取り組んだが，プレイにおいては，当然子どもは大人しくカウチに横たわって自由連想をするわけではない。言語を重視したFreudの治療論ではプレイを理解することは難しく，「子どもには精神分析は行えない」という結論が導かれてしまう。そこで彼女は子どものプレイを自由連想と等価のものとする，という革新的な理解を導入する。これにより，子どもにも精神分析が可能であることとなり，精神分析の対象は飛躍的に拡大した。それは「カウチなしの精神分析」が成立するということでもあった。

　Kleinのこの理解は精神分析コミュニティで共有されるものとなり，子どもの臨床だけでなく，成人の精神分析をも変形させることとなった。つまり，成人でも言語を偏重するのではなく，全体状況を考え，エナクトメントという視点を持つことが必要とされるようになったのである。それに伴い，技法論の重点も反復を読んでの再構成の解釈から，here and nowの患者－治療者関係についての解釈に移っていった。しかしそれでも英国現代クライン派はいまだに成人の臨床においてカウチを放棄していないことからわかるように，Kleinの治療論から引き出されるのは，あくまで「カウチは必要条件ではない」ということにすぎない。

　Kleinとは異なり，転移よりも実際の人間同士のやりとりに治療作用を見出し，新たな治療論を打ち立てたのがSullivan, H. S.である。彼は対人関係論の祖の一人だが，1950年前後には対人関係論を精神分析として受け入れるかには議論があり，実際アメリカ精神分析協会はホワイト研究所の加盟を認めなかったという経緯がある。それほどに，彼の治療論はFreudのそれと乖離していた。しかし，対人関係論は，分析界で支持を増やしている関係論の源流のひとつであり，いまやそれは立派に精神分析として扱われている。また，共感不全を重視したKohut,

H. の自己心理学も，Freud の治療論を深化させたというよりも，新たな治療論を精神分析に導入したというほうが正確だろう。

これら関係論や自己心理学においては，乳幼児研究などの実証研究を裏付けとして，患者と治療者のリアルパーソンとしての関わり，「相互作用」こそが治療的なのだという主張がなされる。そこで特に重視されるのがアイコンタクトや情動調律である。それこそが，患者－治療者間に安心した関係をもたらし，変化の基盤となるのだという。この立場からすれば，「見えない」ことは致命的な欠陥であるし，「横になる」ことも重要ではない。ゆえに，カウチは必要条件ではないどころか，害をもたらす可能性もあると考えられるし，対面法の利点が強調されることとなる。カウチへの批判の多くは関係論・自己心理学の論客から提出されている (Aron, 1996; Gill, 1994; Lichtenberg, 1995; Moraitis, 1995; Skolnick, 2015; Wolf, 1995) のだが，それは偶然の一致などではまったくなく，治療論の違いが要請する必然的なものなのである。

②精神分析の目標・治療論とカウチ

こうして見てくると，「精神分析にカウチは必要なのか」という問いは，「精神分析」の指すところの多様性ゆえに，ひとことでは答えようのないものであることがわかる。つまり，治療の目標をどこに置くか，どのような治療論を持つかによってカウチへの態度の違いが生まれるのである (Schachter & Kachele, 2010)。

北村 (2018) は，精神分析の目標を整理する中で，「充足」と「断念」という二つのベクトルを抽出している。彼女によれば，両者は Freud の治療論にもともと含まれていたものである。初期においては，エネルギーの鬱滞（うったい）が症状を形成しているため，それを語りで放散し「充足」することによって治癒がもたらされるという発想があった。一方で，後期の現実原理を受け入れることや喪の重要性を重視する態度からは「断念」に向かうことを治療の本質とする発想を見て取れる。

北村は Freud 以後の「充足」の発展として Reich, W. を挙げているのみだが，精神分析における「充足」には，古くは Alexander, F. の修正情動体験に端を発し，関係論や自己心理学にたどりつく，本来与えられるべきであった体験を得ることにより回復や途絶していた成長過程の再始動が起こる，というモデルも含まれるものと見ることができよう。ただでさえ剥奪や不全に晒されてきた患者に，さらなる不在を提供する必然性はない。ゆえに，このモデルにおいては対面設定でアイコンタクトや情動調律を提供することが望ましいということになり，カウチはその害が強調されることとなる。

一方，後者の「断念」の発展には，喪の仕事による抑鬱ポジションの達成を重視するKleinやBion, W. R.の流れが相当する。人が生きる上で，断念はついて回るものであるからこそ，「断念の術を心得る」，すなわち象徴化能力を獲得することが目標となる。それ自体が成長であり，人生を「けっこう楽しいもの」にするというモデルである。

象徴化能力を発達させねばならないのは，求める対象が不在であるがゆえのことである。これを裏返して言えば，象徴化能力の発達のためには，求める対象の「不在」が必要になる。この「不在」を設えるために，治療者の姿が見えないカウチは最適な設定である。ゆえに，「断念」を目標とする治療において，カウチは相性がよい。

このように，一口に「精神分析」といっても，すべての実践が，治療者が，患者が，同じ目標を掲げているわけではない。大別してふたつの精神分析があり，「充足」を目指す，相互交流を重視する立場であればカウチは必須ではないかむしろ有害であるとして扱われ，「断念」を目指す，象徴化能力の獲得を重視する立場であればカウチは有用である，ということになる。

③あらためて，精神分析にとってカウチとは

以上見てきたように，カウチの使用は精神分析全体からすると以前ほど絶対的なものではなくなってきており，あくまで設定の一要素という位置づけになってきている（Lichtenberg, 1995）。そしてだからこそ，単なる精神分析のアイコンとしてではなく（Friedberg & Linn, 2012），カウチはなにゆえ精神分析に必要なのかについてあらためて議論がなされるようになってきている。

現代的にカウチの意味を問い直した文献の中でも重要なのはOgden, T.の論である（Ogden, 1996）。彼は「分析的第三者」の概念とともに，カウチが患者・治療者双方にもたらすプライバシーの感覚の重要性について述べた。

これを精錬させたのが，藤山の「間接性」を重視する姿勢である（藤山，2017）。彼は「一概に言って，あまりセラピストが関与的にならないこと」によって，ふつうの対人関係であれば埋められ意識されないはずの欠如，もしくはギャップが面接場面に独特の緊張を生み，その緊張が精神分析実践を展開させる原動力になると主張する。そしてそのためにカウチ設定が重要な役割を果たすという。これは先ほど述べたリアルパーソンとしての関わりを重視する関係論的立場とは見解を異にしており，実際彼はここで関係論を名指しで批判している。

Ogdenや藤山の論を踏まえてより中立的に述べれば，高頻度カウチ設定は，「ふ

たりでいてひとりでいること」と「ひとりでいてふたりでいること」を同時に表す，Winnicott, D. W. の「ひとりでいる能力」（Winnicott, D. W., 1958）を育むに最も適しており，現代でも独特の治療的価値を保有していると言えるだろう。つまりそこでは高頻度という抱える環境によって「ふたりでいること」が，そしてカウチという患者－治療者間に距離をもたらす装置によって「ひとりでいること」が保証されるという，絶妙なバランスが提供されているのである。

2．精神分析的心理療法にカウチは必要なのか

では，より頻度の低い精神分析的心理療法におけるカウチの使用についてはどのような議論がなされているだろうか。

まず Kernberg, O.（1999）は，週1回では転移に特化すると外界との分裂を助長するとの理由から，そもそも精神分析的心理療法を行うべきではないとしている。その上で，週2～4回の場合は対面法を勧めている。

次に Milton, J. ら（2004）は，週3回以下の治療に対して精神分析的心理療法という用語を用い，そこでは高頻度という支持構造なくカウチによる深い体験を促進すること，すなわち退行を促進することに関し，心理的に脆弱な患者に対して慎重になる必要があるとしている。これは低頻度面接におけるカウチ使用についての典型的な批判のひとつであるが，ゆえに週1～2回ではカウチは必ずしも用いないとされている。

さらに Coltart, N.（1993）は，無意識に注目し，転移－逆転移を通して無意識を探究するという精神分析と精神分析的心理療法の共通点を重視しつつも，その相違を尊重し，精神分析的心理療法らしさを展開するやりかたを示した。そこでは，意見や情緒表出を含めた豊富でペースの速い相互交流を重要視し，大多数には対面法を用いるという。

さらには「精神分析的臨床を構成するもの：総論」を述べた松木（2015）も，精神分析的心理療法においてはカウチよりも対面法が採用されやすいとまとめている。

このように，低頻度の精神分析的心理療法においてはカウチよりも対面法が採用されやすいという現状がある（Gill, 1994）。昨今精神分析学会でも盛んに議論されているように，ここにおいても単に精神分析の理論や設定を「平行移動」（藤山，2016）し，低頻度の精神分析的心理療法においてもカウチを導入すればその実践が「精神分析的」になるというものではないのである。

というのも，頻度という要因と独立にカウチの持つ効果を考えれば，カウチ設

定は治療者が患者の視界に入らないため患者にプライバシーの感覚を提供するという利点と同時に,「ひとりである」,「放っておかれている」と感じさせやすいという欠点も持ち合わせているからである。

ここで問題となるのが,藤山(2015)が「週1回のセラピーは,毎日の精神分析の感覚から言えば,毎セッションが休暇前であり休暇明けであるということである。とりわけ患者の乳児的部分にとってはものすごい剥奪である」と指摘しているように,週1回という設定も,高頻度設定と比し患者に放置されているという感覚をもたらしやすいことである。

ゆえに,「週1回」,「カウチ」という設定は,二重に患者を放置するものであるといえ,そこでは剥奪と供給のバランスが剥奪に傾くことが容易に想像される。ゆえに,週1回という脆弱な設定でさらに「ひとり」を感じさせるカウチ設定を導入することは,一見捻じれ現象のようだとも言える(髙野,2016)。実際,週1カウチという設定については,不適切なものに愛着する患者の場合剥奪的状況に居続けることになる恐れがある(福本,2018),防衛の慢性化という問題を引き起こしがちな面がある(平井,2016),原理的に相互作用の剥奪であり長期化のデメリットを強化している(妙木,2017a),患者を退行させすぎて抱えきれなくなる(吾妻,2018;池田,2018;北山,2004),といった批判的な指摘が多くある。

これらをまとめるに,カウチは週4,5回という高頻度の設定とセットになってこそ意味を持つのであり,週1回という低頻度の精神分析的心理療法にカウチ設定を持ち込むことの意義には疑問が残る,と表現できるだろう。しかし他方には,頻度を問わず,精神分析的心理療法においてもやはりカウチを用いることを勧める見解が存在する(松木,2005;Ogden, 1996; Schachter & Kachele, 2010;鈴木,2018)ことも事実であるし,実際にわが国では精神分析的心理療法においてカウチを使用している例が一定数見受けられる。

このように,精神分析的心理療法におけるカウチ使用の是非について,統一見解は存在していない。髙野(2016)は,経験的には週1回でもカウチをうまく使える患者もいるものの,この問題についての標準的テキストは存在しておらず,それゆえ一人ひとりの治療者が自覚的にこの問題を探究しその経験知を集積することが求められると指摘している。

よって本稿では,カウチの使用が治療に寄与したと思われる事例を提示し,週1回の精神分析的心理療法におけるカウチ使用の意味を考えたいと思う。

II　臨床素材

　患者の女性は，部下に突き上げられてどうしたらいいかわからない，という問題を抱えて私の所属する相談室を訪れた。彼女のニーズは内的な変化ではなく，当該の問題への具体的な対処法や，事態を別角度から見るといった助言にあると見立てた私は，対面設定で現実的な問題のマネジメントを行うこととした。その作業を行う中で，副次的に彼女の対人関係が明らかになっていった。

　彼女は小学生の一時期を海外で暮らしたが，文化の違いからなじめず，彼女にとってそれは「知らずに地雷を踏んでしまう」体験となった。その際母親は助けにならず，彼女はひとりでそれを抱えることとなった。父親は自分のことをわかってくれていたと思うと語られたが，その根拠を明確に述べることはできないようだった。そうした体験を経て彼女は「歪んで」しまい，帰国後は親友に「なんでもするからひとりにしないで」と言ったものだった。それ以来，彼女は他者からどう見られているか，他者が自分に何を望んでいるかを常に気にかけ，それに応じようと努めてきたのだった。とはいえ彼女の人生は進学，就職，結婚，妊娠と順調に進んでいった。

　そんな彼女の人生が一変したのは悪阻の落ち着いたある日のことだった。彼女は夫から突然離婚を告げられたのだった。離婚後，夫は慰謝料を踏み倒していたが，それについて彼女は養育費をもらっているからいいのだと言って憚らず，不満をそこに持ち込むこと，「感じる」ことを強力に拒否していた。また，離婚後20年間におよび彼女に異性関係はなく，ずっと母親兼父親として生きてきたようだった。

　マネジメントを開始して半年ほど経過したころ，私が彼女のそうした対人関係のあり方を取り上げると，彼女はなぜそこに疑問を呈されなければならないのかと憤慨したが，翌回にはそうした自身のあり方について改善したいと希望し，「私を感じられるようにしてください」と言ってセラピーを求めた。

　私は精神分析的心理療法のアセスメント面接を実施し，彼女をヒステリーと見立てた。そして，明確な症状も明確な不適応もない彼女の治療の焦点は，症状や不適応の改善ではなく内的対象関係の変容であると考え，週1回50分の精神分析的心理療法をオファーした。その際，その目標のための設定は，純粋な転移の発現に寄与するカウチが望ましいと判断した。

＊

　年明けに行われた治療面接の初回，彼女は「お年賀」を持参した。私は受け取りを固辞し，彼女が治療で親密な関係が展開することを怖れており，慣れた社交的な関係に持ち込みたいと思っているのだろうと解釈した。彼女はその不安を認め，「お年賀」を引き取って帰っていった。
　以降，彼女は私への恋愛感情を語り，実際にデートに誘うことに時間を費やした。治療導入前のマネジメント期間にはまったくといっていいほどに感じられなかった恋愛性転移の突出に，私は戸惑った。沈黙する私をよそに，彼女は私の思っていることはこうだと決め込み話を進めていった。そうした，彼女には知ることのできない独自の考えやこころの空間を私が持っていることを否認するような彼女の態度は，私に自身の心的な空間が狭隘化させられる感覚をもたらした。私は，私の言ったことが曲解されたり，言っていないことを言ったことにされていたりすることに困惑と腹立ちを抱き，狭隘化の圧力から逃れようと時にそれを指摘してしまうこともあったが，基本的には彼女の連想の広がりを阻害しないよう，聞くことに専心した。この時期，対面設定であれば，私の方がその圧力に屈したり，逆に行動でその圧力を振り払うべく説得したり，論争したりしてしまったことだろう，と考えることがしばしばであった。
　こうして培養された彼女の空想は「治療が終われば先生はデートをしてくれる。治療はそこに至る前段階なのだ」と表現できるものだった。そうした態度は，根拠はないにもかかわらず，父親が自分のことをわかってくれていたと彼女が思っていることを説明しているようだった。すなわち，自身の望みに合わせて相手の内面を規定するというのが彼女の防衛スタイルなのであった。
　彼女はその「前段階」を終えるために自らに向き合ったが，向き合うほどに私への恋愛性転移は強度を増し，それが叶えられないフラストレーションを募らせることとなった。すると彼女は「叶わないのだから辞める」と行動で解決することを望み，私はそれに解釈で応じるというやり取りが続いた。それは，面接室に考えられる空間を生み出すための作業であった。その作業を通じ，治療は「前段階」なのではなく，それ自体に意味のある仕事なのだということが彼女にも理解されていったようだった。それに伴い，私の抱いていた心的な空間が狭隘化させられる感覚も和らぎ，彼女と私がともに彼女の空想について話し合うことができるようになっていった。
　治療開始から９カ月がたったあるセッションで，彼女がカウチの意味を問うこ

とがあった。というのも，彼女にとって目が何より大切で，目が見えないと相手が何を考えているかわからないのになぜこんな体勢をとるのかがわからないからだ，ということだった。彼女はカウチ設定を，自分が一方的に見られてコントロールされている状況と体験していた。私が「見えないこと，あなたが私をモニターできないことで，伝わっていないのではないかという不安をもたらすようですね」とか「相手の目を見て意向を読んで，それに応じるというやり方で困難を乗り切ってきたんでしょう。でも今対面に戻すということを禁じられて，そうした解決方法が奪われて，あなたはとても不安なんだと思います」といった解釈をすると，彼女はたしかに自分のそういう力に自信を持っていることを認め，もはやあまりにも自然にやっているので気づいていなかったが，日ごろそれを用いて難局を乗り越えてきたのだということを意識化し，カウチについての疑問は一定の落ち着きを見た。

治療が始まって1年するころから，彼女の外的な状況が「ひとり」を感じさせるように動いていった。同居していた子どもが一人暮らしを始め，実母には致命的な病が見つかった。この時期，彼女は数カ月にわたって転移外で喪の仕事を進めており，それは順調に思えた。しかし，セッション内でしか私と会えないことが「ひとり」の寂しさに寄与していることを解釈すると，「山崎さんへの思いが満たされずにつらい」と私との関係性に訴えの焦点は移ってゆき，「ひとり」という問題は背景に退いていくようだった。そうなると，「ひとり」のつらさから目を逸らすことが可能になる反面，恋愛性転移は高まりをみせることとなった。しかしその転移的な願望はむろん満たされることはなく，それはそれでつらいため，彼女はその恋愛性転移を抑制しようと試みた。すると再度，目を背けることに成功していた「ひとり」の不安が顔を出す，ということがパタンとなって繰り返されるようになっていった。この時期，いずれにせよ彼女にとってはつらい時間が続いていたが，それでも面接の場を失いたくないという思いが勝っているようであり，それは私に対しても「なんでもするからひとりにしないで」と言っているかのようであった。

治療開始から1年半，恋愛性転移が噴出すると引っこめようとし，解釈によって沈静化するが，しかし再度噴出するということが繰り返されている，と解釈すると，彼女はそれをよくよく理解しており，それに向き合う作業はつらいことだがやっていきたいと思っていると話した。ここに至って私は，恋愛性転移が彼女の本質的な不安から身を守るための防衛として機能しているらしいことに気づき始めた。そうした作業と並行して，母の病状は進行していった。「ひとり」になる

ことの不安に苛まれると，彼女は「胸を貸してほしい」といった具体的接触を求めるようになり，そうするとなぜカウチなのかという疑問が再度話題に上るようになった。

＊

そうした中，2年を迎えるあるセッション，来るべき母の死に備え，その時には一時的に対面にしてほしいという希望が語られた。そういうときには，自分と向き合うより人と向き合っていたいから，と彼女は言うのだった。私はそれに直接的に答えることはせず，あくまで解釈をすることを続けた。すると翌回，彼女は横にならず，カウチに座った状態，180度対面の形で連想を開始した。私はまたしても私の心的空間が圧縮される感覚を抱いたが，それは彼女のそれが圧縮されているがゆえのものであることを思うだけのゆとりを備えていた。ゆえに，私はその行為の防衛的意味，すなわち私が見えることで「ひとり」にならなくて済むのかもしれないが，それによって「ひとり」であるという彼女の本当のつらさに今ここで触れられないでいることを解釈した。

さらに翌回，彼女はやはり対面のセッションを求めたが，私は横になることを勧めた。彼女はそれに従い横になった。前半，彼女は死が迫っているはずの母について何も言及しなかった。それを指摘した方がよいだろうかと考えていると，彼女はおもむろに母が亡くなったことを報告し，もっと悲しい悲しいとなるはずなのにそうなっていないのだ，と不思議そうに語った。彼女はそれを「また感じなくなっている。こころが硬くなっている」と表現した。彼女は葬儀後熱発し，心臓を鷲掴みにされているような感覚を抱いていたことを語ったが，それを単に身体的なできごとと捉えているようだった。私が，彼女はこころで感じられないものを身体で感じているのであろうことを解釈すると，彼女は「冷たかったんです。母が」と言って，静かに泣いた。「前日は意識も朦朧としていたけれど，まだ冷たくなかった。でも亡くなってしまって。そうしたら冷たくなってしまって……」。彼女は途切れ途切れにそう語り，私の胸にも悲しみが迫った。それは，彼女から投げ込まれて"感じさせられた"ものではなく，私の中から湧き出た感情のように感じられた。「あなたは母を失ったつらさを感じられていないとおっしゃっていましたが，その"冷たい"という感触は，今でも鮮明にあるんでしょうね」と解釈すると，彼女は残りの5分ほどを沈黙のまま過ごした。その沈黙は，彼女が目には見えない私の体温を感じ，「ひとり」と感じてはいないだろうと思わせるものだった。翌回，彼女は自らその体験に言及し，「亡くなった母は冷たかった。

でも，山崎さんはあったかいんだろうな，と思った」と語った。

III 考　察

1. 事例の考察

　本事例では，カウチを用いた治療面接を開始するとすぐに，対面設定のマネジメントではまったくと言っていいほどに顔を覗かせていなかった恋愛性転移が突出した。離婚後20年にわたって彼女が異性関係を持っていなかったのと同様，日常生活に近い対面設定では彼女の持ち前の社交性によって性愛の探索は阻まれていた。それがカウチの導入により面接室が社交的なものと一線を画した場となったことで，それまで潜在していた彼女の一部が露呈したものと考えられる。これをカウチの非日常空間の創出機能と呼ぼう。

　さらには，カウチ設定により治療者の姿を見ることができなくなり，相互作用が奪われたことで，彼女はこれまで他者にばかり目を向けることで気づかないでこられた自身の内面に目を向けざるをえなくなった。その結果，彼女は"相手の目を見て望みを読み取り，それを満たすように動くことで状況を自分のコントロール下に置き，「ひとりになること」を回避する"というパタン，すなわち反復を意識することが可能となった。ここには精神分析的心理療法の治療要因のひとつであり，「断念」につながる洞察の存在を見ることができる。

　また，カウチ設定は治療者機能の維持にも役立った。治療者は，彼女の非言語的なコントロールから自由であったがゆえに，彼女からの心的空間を縮減させるような圧力に屈することなく，彼女について考え，解釈を伝えるという機能を保持できた。治療者機能を維持できたことも彼女が洞察を獲得することに貢献しているわけだが，この，患者・治療者双方にプライバシーが保証されるがゆえに洞察が生じやすくなる機能をカウチの内省促進機能と呼ぼう。

　そうした理解を下敷きに，治療開始1年後の一連のセッションからは，実は恋愛性転移も防衛の機能を持つものであり，彼女のより根源的な不安は「ひとりになること」でもたらされる不安，すなわち抑鬱不安であることが明らかになっていった。現実の状況もあいまってその不安が昂じた際，彼女は設定を対面に戻すことを希望し，そして実際に横にならずにセッションを行いもした。それでも私はカウチ設定に拘り，その結果，彼女は望む体験そのものではなく望む体験をもたらす理解を私から提供されることとなった。ここにおいて，彼女は「ふたりでいてふたりでいること」ではなく，「ひとりでいてふたりでいること」を経験した

といってよいだろう。それは彼女が治療者の存在を具体的にではなく心的に体験することが可能になったがゆえのことであり，治療者を内在化したと表現しうるものである。これをカウチの内在化促進機能と呼ぼう。

以下では，この三つの機能を「週1」という観点から考察してみよう。

2．週1という観点から

①カウチの非日常空間の創出機能

精神分析の劇的性質（北山，2007）を重視する場合，治療空間を日常とは異質の空間とすることが求められる。それにはある種の演出が必要になるが，藤山（2003）がカウチを用いる意義として「ふつうの会話をしている感覚から自由になるということ」をあげているように，そこにおいてカウチの果たす役割は大きい。

通常の人間関係において，一方が椅子に腰かけ，一方が横たわっているという状況はほとんどない。また，視線を合わせずに何度も会合を持つということもほぼ皆無だろう。そうした特殊な状況が，通常成人として期待される社交的なふるまいをしなければならないという圧から患者を解放する。もちろん対面でもそうした空間を醸成することが治療者の仕事だという考えもあるだろうが，治療構造論として積み重ねられてきた議論を参照するならば，設定には治療者の力量ではどうにもならない力が備わっていることは明らかである。ゆえに，やはりカウチの社会のルールから解放された非日常空間を創出する効果は見逃せないものである。

このカウチの非日常空間の創出機能は，精神分析的心理療法ではより重要になってくると考えられる。というのも，精神分析の場合，週4，5回という頻度自体に日常生活からの相当な懸隔があるため，すでにそこに日常とのギャップが存在しているが，週1回の精神分析的心理療法の場合，その頻度はある種他の心理療法や習い事との連続性があり，「なんとなく」その設定に入ることが可能であり，そこが社交の場になることはたやすいからである。

②カウチの内省促進機能

問題の項でも述べたように，近年精神分析においてカウチの使用が批判されることが増えているが，その論拠のひとつは「充足」をもたらす「相互作用」を奪うことである。しかし，精神分析の治療機序は相互作用にだけあるのではない。もう一方の極には「断念」につながる「洞察」がある。そして，そのためには内

省を促すカウチ設定がやはり望ましい。だがそれは，あくまで精神分析における議論であった。

　本論の文脈で考えるべきは，週1回という設定で「断念」を，すなわち抑鬱ポジションの達成に伴う象徴化能力の獲得を目標に掲げることの是非である。この問題は，わが国では「精神分析的心理療法は『精神分析的』か」という文脈で論じられてきている（藤山，2015）。その議論においては，「精神分析的心理療法において『断念』を目標に掲げるべきなのか，そもそもそれが可能なのか」が検討されていると理解することが可能である。

　その結論は出ていないが（山崎，2019），それは「難しい」という見解が述べられることが多い。たとえば藤山（2015）は，精神分析はセッションのなかだけで展開しているのではなく，患者の人生の一時期の生活時間をまるごと巻き込んで営まれるものであるという，「精神分析は一種の生活療法である」という観点から，週1回の精神分析的心理療法は，精神分析と比して患者の生活の時間を巻き込む量的な程度にも乏しく，また供給と剥奪のリズムが一定であることからメロディを生まないという点で質的にも異なると指摘している。また，飛谷（2012）は，週1回という貧弱な設定で，患者が治療者を重要な対象と認めることは難しいと述べている。こうした主張を見ると，精神分析と精神分析的心理療法で同じ治療論を採用するのは難しいという結論になるのは当然と思われるかもしれない。しかし，これらの指摘は，精神分析の目標として「断念」を重視する立場からなされている点には注意が必要である。一方，「充足」を重視する立場の論者からはそうした声を聞くことがない。これは，頻度が減少することによって「充足」が量的に減るとしても，その目標を掲げること自体は，週1回という設定に鑑みても無理がないと考えられているからだろう。

　このように，精神分析においてもそうであった以上に，精神分析的心理療法において，その目標は多種多様なものとなる（北村，2018）。精神分析的心理療法全体としては「充足」と相性のよい対面法が採用されやすいことは，精神分析的心理療法において「断念」を目標にすることの難しさを示しているとは言えるだろう。しかし，それをもって「精神分析的心理療法では『断念』を目指すのは間違いである」と結論づけるのは尚早である。

　というのも，「洞察と相互作用」と言ってもよいし，「理解と関係性・体験」と言ってもよいが，本来それは二者択一のものではないからである。たしかに，週1回の設定で精神分析と同水準の洞察や理解というものを生みだすのは難しいだろう。ゆえに，関係性や体験に軸足を置きがちになるのは全体としては正しいこと

である。しかし，本症例のように週1回であっても「洞察」，「理解」に重点を置いた治療が功を奏す場合がある。そうした効果を狙うためには，やはり患者が自己の内部に注意を向けやすいカウチという設定がよいということになるだろう。

③カウチの内在化促進機能

いくつかの研究で精神分析的心理療法の遅延効果が見出されているが（Fonagy, et al., 2015；鈴木，2018），これは精神分析的心理療法においてはその場でよい体験がなされるだけでなく，理解された体験に基づきよい内的対象が内在化されるがゆえのことだろう。

むろんよい対象が恒常的に存在することが前提ではあるが，よい対象を内在化するためには対象の不在を体験することが必須である。ここまで議論してきたように，たしかに週1回という設定は基本的に治療者の不在が強調されるものである。しかしここでは，1週間の間における不在と，治療セッション内での不在が一緒くたにされていることに注意したい。両者はもちろん関連するものではあるが，しかし丸きり同じものでもない。この区別を慎重に行うと，週1回という設定自体の不在性が強調されすぎることで，カウチを用いることによるセッション内での対象の不在という体験を提供することが過度に忌避されているのではないだろうかという仮説が導き出される。

多くの治療者は，週1回だとしても，そのセッションを中心に週7日の生活を組織化する患者との経験を持っていることだろう。そうした患者は，ある種常に治療者のことを考え，空想の中で常に治療者と共にいると言えるかもしれない。そうした場合，セッション内で治療者の不在を体験することが決定的に重要になる。それを実現するためには，週1回でも「ひとりでいる」体験を提供するカウチを用いることがその助けとなるだろう。

3．週1カウチの適用――至適な間接性

問題でも述べたように，週1回の精神分析的心理療法においてカウチを使用することには否定的な意見も多い。週1回という抱える力の弱い低頻度の構造と，放置の感覚をもたらしやすいカウチ設定は相性がいいとは言い難い。ゆえに，自我機能の脆弱な患者，重篤な外傷体験を持つ患者には勧められないというのはおおむね共有された理解であろう（吾妻，2018）。

しかし，本症例が週1カウチという設定を有効に活用したように，週1回であるからカウチは禁忌とするというのでは議論が大雑把であると言わざるを得ない。

ここまでの議論を経て，最後に週1カウチという難しい設定はどのような患者に用いるべきなのかについて論じよう。それを考える上で重要になるのが,「至適な間接性」という観点である。Kohut（1971）が至適な欲求不満の重要性を指摘したように，内在化のためには至適な間接性が必要だと言えるだろう。

「週1回」,「カウチ」という要素は，たしかに「遠さ」を生む。だから週1回の臨床一般についていうのであれば，カウチでより「遠く」する必要はあまりないだろう。しかし，患者－治療者の距離感を決める要因はもちろん設定だけではない。そこには患者の心的距離感という要因が関わってくる。患者の多くはそれが遠すぎるかもしくは近すぎるがゆえに，私たちのもとを訪れることになる。

心的距離が遠すぎる場合，すなわち情緒から距離を取るような防衛を常用するナルシシスト，強迫，シゾイドといったいわゆる「遠い」患者にカウチを与えることは，具象的に心的退避の場を与えることとなり，ただでさえ心的距離が縮まらない週1回という設定でカウチを用いることは適していないように思われる。精神分析的心理療法において「ふたりでいてひとりでいる」ことができるようになることもひとつの目標だが，彼らにカウチを与えてしまうと，そもそもの前提である「ふたりでいる」ことを阻害することになってしまうだろう。

一方，いわゆる「近い」患者，つまり空想の中で対象との理想的な関係を構築したり，一体化したりする防衛を常用するヒステリー患者には週1カウチは有用な選択肢となる。というのも，本症例のように「ふたりでいる」ことに固執する患者の場合，対面設定ではそこに空想的な理想的二者関係を作り出すことによって本質的な不安から目をそらすことが可能になり，いつまでたっても「ふたりでいてひとりでいる」ことができず，そうなればそもそも「ひとりでいる」ことができないので,「ひとりでいてふたりでいる」という目標を達成することが不可能になるからである。

Ogden（1996）は，カウチが患者だけでなく治療者にプライバシーの感覚をもたらすこと，そしてそれが治療を生産的なものにすることを強調している。本症例のように治療者の心的空間に侵入し，狭隘化させるような患者の場合，治療者のプライバシーの保護は,「至適な間接性」を実現させるためにぜひとも求められることであると言えよう。

このように，患者により「至適な間接性」は異なる。図式的には，遠い人にはより直接的な設定を，近い人にはより間接的な設定を供給するのがよいということになるだろう。重要なのは，週1カウチという設定自体の是非ではなく，至適な間接性という観点から，その設定がどのような患者には適切でありどのような

患者には不適切かを考えることなのである。

IV おわりに

　週1カウチという設定をうまく使える患者の数はそう多くない（藤山，2013）。むしろかなり少ないだろう。しかし，まったくいないというわけでもない。ゆえに，「精神分析的心理療法にカウチは不適切である」と十把一絡げにして論じるのでは不十分である。

　たしかに週1回という設定でカウチを用いることは「精神療法を少しでも精神分析らしくしようとしてカウチや自由連想などの外形的な要素を模倣しているに過ぎず，精神分析様精神療法と称される臨床実践」（岡田，2017）に堕する可能性も高いかもしれない。しかし，週1回でもカウチを用いることにより，精神分析的心理療法がより有効に機能する場合があることもまた事実であろう。週1カウチは飛び地（O'Shaughnessy, 1992）にもなりえるが，「人が創造性へと向かうためにナルシス的退行を引き起こす足場であり，そこから対象への愛に向かうための踏み台」（妙木，2017b）にもなるのである。

　私たちは，カウチをアイコンとして理想化するのでもなく，逆に忌避するのでもなく，「患者にもっとも適切と思われる設定を処方する」という治療構造論的な視点から，他の設定と同様のふつうの選択肢のひとつとして，週1カウチも用意しておく必要がある。そのためには，その設定の持つ特徴を知悉しておかねばならない。引き続き，週1カウチについての知見が蓄積されることを望みたい。

文　献

吾妻壮（2018）精神分析的アプローチの理解と実践—アセスメントから介入の技術まで．岩崎学術出版社，東京．

Aron, L. (1996) A meeting of minds. Analytic Press, Hillsdale, NJ.（横井公一監訳（2020）こころの出会い．金剛出版，東京．）

Coltart, N. (1993) How to survive as a psychotherapist. Sheldon Press, London.（館直彦監訳（2007）精神療法家として生き残ること—精神分析的精神療法の実践．岩崎学術出版社，東京．）

Fonagy, P., Rost, F., Carlyle, J., MCpherson, S., Thomas, R., Fearon, R. M. P., Goldberg, D., & Taylor, D. (2015) Pragmatic randomized controlled trial of long-term psychoanalytic psychotherapy for treatment-resistant depression: The tavistock adult depression study. World Psychiatry, 14; 312-321.

Freud, S. (1913) On beginning the treatment (Further recommendations on the technique of psycho-analysis II). SE, XII.（藤山直樹監訳（2014）治療の開始について（精神分析技法に関するさらなる勧めII）．In：フロイト技法論集．岩崎学術出版社，東京．）

Freud, S.(1914)Remembering, repeating and working-through (Further recommendations on the technique of psycho-analysis II). SE, XII.（藤山直樹監訳（2014）想起すること，反復すること，ワークスルーすること（精神分析技法に関するさらなる勧めII）．In：フロイト技法論集．岩崎学術出版社，東京．）
Friedberg, A. & Linn, L.（2012）The couch as icon. *Psychoanalytic Review*, 99(1); 35-62.
藤山直樹（2003）カウチ，隔たりと生々しさの逆説．In：精神分析という営み―生きた空間をもとめて．岩崎学術出版社，東京．
藤山直樹（2013）精神分析のかたち．In：藤山直樹・松木邦裕・細澤仁（2013）精神分析を語る．みすず書房，東京．
藤山直樹（2015）週1回の精神分析的セラピー再考．精神分析研究，59(3); 261-268.
藤山直樹（2016）精神分析らしさをめぐって．精神分析研究，60(3); 301-307.
藤山直樹（2017）「分析的」な関わりとは何か．精神分析研究，61(1); 5-18.
福本修（2018）訓練と治療者の機能から見た共通基盤と相違．精神分析研究，62(3); 409-416.
Gill, M. M.（1994）Psychoanalysis in Transition. Analytic Press, California.（成田善弘監訳（2008）精神分析の変遷．金剛出版，東京．）
平井正三（2016）セラピー・プロセスはいかに促進させうるか？　精神分析的心理療法フォーラム，4; 12-21.
池田政俊（2018）精神分析状況・設定論．精神療法　増刊，5; 44-51.
Kelman, H.（1954）The use of the analytic couch. *American Journal of Psychoanalysis*, 14; 65-82.
Kernberg, O.（1999）Psychoanalysis, psychoanalytic psychotherapy and supportive psychotherapy: Contemporary controversies. *International Journal of Psycho-Analysis*, 80(6); 1075-1091.
北村婦美（2018）分析目標―議論の変遷とその論点．精神分析研究，62(1); 83-106.
北山修（2004）対面法．In：意味としての心．みすず書房，東京．
北山修（2007）劇的な精神分析入門．みすず書房，東京．
Kohut, H.（1971）*The analysis of the self*. International Universities.（水野信義・笠原嘉監訳（1994）自己の分析．みすず書房，東京．）
Lichtenberg, J.（1995）Forty-five years of psychoanalytic experiences on, behind, and without the couch. *Psychoanalytic Inquiry*, 15(3); 280-293.
McWilliams, N.（2004）*Psychoanalytic Psychotherapy: A Practitioner's Guide*. Guilford Press, New York.（狩野力八郎監訳（2009）精神分析的心理療法．金剛出版，東京．）
松木邦裕（2005）私説　対象関係論的心理療法入門．金剛出版，東京．
松木邦裕（2015）総論：精神分析的臨床を構成するもの．精神分析研究，59(1); 52-71.
Milton, J. et al.（2004）*A short introduction to psychoanalysis*. Sage Publication, London.（松木邦裕監訳（2006）精神分析入門講座―英国学派を中心に．岩崎学術出版社，東京．）
Moraitis, G.（1995）The couch as a protective shield for the analyst. *Psychoanalytic Inquiry*, 15(3); 406-412.
妙木浩之（2017a）短期療法の視点から見た頻度―週一回の長期力動療法との対比．In：北山修監修，髙野晶編：週一回サイコセラピー序説．創元社，大阪，pp.77-89.
妙木浩之（2017b）寄る辺なき自我の時代．現代書館，東京．
Ogden, T.（1996）Reconsidering three aspects of psychoanalytic technique. *International Journal of Psycho-Analysis*, 77; 883-899.
岡田暁宜（2017）週一回の精神分析的精神療法におけるリズム性について．In：北山修監修，髙野晶編：週一回サイコセラピー序説．創元社，大阪，pp.45-60.

O'Shaughnessy, E. (1992) Enclaves and excursions. *International Journal of Psycho-Analysis*, 73; 603-611.

Schachter, J. & Kachele, H. (2010) The couch in psychoanalysis. *Contemporary Psychoanalysis*, 46(3); 439-459.

Skolnick, N. (2015) Rethinking the use of the couch: A relational perspective. *Contemporary Psychoanalysis*, 51(4); 624-648.

鈴木菜実子（2018）フォローアップ研究から見る精神分析的実践の特異性について．精神分析研究，62(1); 159-162.

鈴木智美（2018）治療者の基本と治療の枠組み．In：古賀靖彦編集代表（2018）：現代精神分析基礎講座 vol. 1．金剛出版，東京．

髙野晶（2016）精神分析と精神分析的精神療法──分析的枠組みと分析的態度からの展望．精神分析研究，60(1); 52-65.

飛谷渉（2012）週1回設定の心理療法を精神分析的に行うための必要条件──週複数回頻度の精神分析的心理療法実践の立場から．精神分析研究，56(1); 39-46.

Winnicott, D. W. (1958) The capacity to be alone. *International Journal of Psycho-Analysis*, 39; 416-420.（牛島定信訳（1977）情緒発達の精神分析理論．岩崎学術出版社，東京．）

Wolf, E. (1995) Brief notes on using the couch. *Psychoanalytic Inquiry*, 15(3); 314-323.

山崎孝明（2019）日本精神分析学会における週1回の精神分析的心理療法にまつわる歴史．精神分析研究，63(3); 363-384.

第8章

背面椅子式自由連想法を考える

尹　成秀

I　はじめに

　私たちが，後ろや背中の言葉を考えるとき，たとえば，テレビドラマや時代劇で，「後ろはまかせた」，「背中はまかせた」と信頼できる者に身をまかせ，逆境を生き抜こうとする姿を見ることがある。スポーツでも，「バックを信頼して投げる」というフレーズをよく聞く。あるいは，ある国民的な漫画の主人公は，背後に立つ者は命を狙う危険人物とみなし，誰も後ろに立つことを許さない。また，ときに後ろからは，性的なニュアンスを帯びることもある。見えない後ろの状況はさまざまであり，後ろにいる人もまたさまざまである。後ろは私たちにとって，アンビバレントな空間であり，アンビバレントな情緒を喚起する。だからこそ，この後ろが問題になるときは，大事（おおごと）にもなりえるし，大事（だいじ）な瞬間でもあるかもしれない。

　古澤平作によって考案された精神分析的心理療法の設定に，背面椅子式自由連想法がある。近年，日本で独自に発展してきた週1回精神分析的心理療法についてあらためて検討が行われる中で，対面法（髙野，2011）やカウチの使用（岩永，2024；山崎，2022）の意義，機能，限界等について検討が行われている。しかし，背面椅子式自由連想法については，ほとんど語られていないと思う。

　今日も背面椅子式自由連想法を用いて精神分析的心理療法を実践している方はいると思うし，私もその一人である。私はこの設定が，週1回精神分析的心理療法の設定として，対面法や寝椅子仰臥自由連想法と並んで，選択肢の一つとして用意する価値のある設定ではないかと考えている。その意義を示すためには，今日的な観点から，あらためてこの設定について検討していく必要がある。その端緒として本稿では，まず，背面椅子式自由連想法の設定を確認し，この設定の歴史を概観した上で，症例を呈示して，治療者と患者がどのようにこれを体験し，

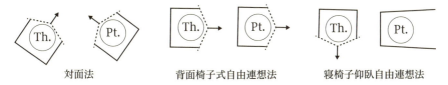

図1　部屋の真上から見たそれぞれの設定

セラピーがどのように展開していくのかを考えてみたい。

II　位置的設定としての背面椅子式自由連想法想法

背面椅子式自由連想法を考えるにあたって，その具体的な設定を共有しておきたい。

図1は，対面法（90度），背面椅子式自由連想法，寝椅子仰臥自由連想法を部屋の真上から見た図である[注1]。

Th. は治療者，Pt. は患者を意味する。矢印は視線を，破線は視野を，それぞれ意味する。なお，人の視野は左右の目を合わせると180度以上と言われる。それぞれの設定は次のとおりまとめることができる。

対面法：治療者も患者もお互いの表情と姿が視野に入る位置に座っている。二人の視線は交差する。

背面椅子式自由連想法：治療者は患者の背後に座り，視線に患者の後頭部ないし椅子の背が入るものの，その表情は見えない。患者は治療者を背に座っており，視線の先は壁があり，治療者は視野に入らない。二人の視線は同じ方向を見ている。

寝椅子仰臥自由連想法：治療者は患者の頭上におり，患者がほぼ視野に入らない位置に座っている。患者は仰向けに寝て天井を見ており，治療者が視野に入らない。治療者の視線は水平を向いており，患者の視線は天井を向いている。患者の視線や視野を平面の図に描写することは難しい。

注1）実際の精神分析的心理療法の場面では，治療者によって椅子の向きや配置等が異なることもある。例えば，対面法であれば180度の位置に座って行う治療者もいる。また，寝椅子仰臥自由連想法においても，例えば，相互交流や非言語コミュニケーションを重視する立場の治療者は，患者の視界からちょうど外れ，かつ患者の体や表情を見ることができる，寝椅子とおよそ45度の角度に椅子を置くこともある（Jacobs, 2005）。

図にしてみてあらためて浮かび上がるのは，治療者と患者が，面接室のどこにどのようにおり，どこを見ているのかである。

例えば，「見えること」，「見えないこと」は，対面法でも，寝椅子仰臥自由連想法でも，主要な関心事でもある。対面法においては，双方の姿と表情が見える関係にあるため，治療者には，具象性，実体性，現実と結びついた交流と内的現実とをつなげ，象徴的な理解を得るための工夫が求められる（髙野，2011）。一方，寝椅子仰臥自由連想法においては，共に見えない（見てない）関係にあるため，双方がプライバシーの感覚を持てること（Ogden, 1997）の議論につながると思う。

この議論に背面椅子式自由連想法を加えると，「見えること」，「見えないこと」だけでなく，治療者と患者がどのような姿勢で，どこを見ているのかを考える必要がある。例えば，寝椅子に横たわる患者の退行については議論されているが，患者と治療者が座っていることについての議論はあまりみられない。患者が「座っていること」は，セラピーにおいてどのような意味を持つのであろうか。このことについては後に論じることにして，まずは背面椅子式自由連想法の歴史をみていきたい。

III　背面椅子式自由連想法の歴史

そもそもフロイト Freud は，催眠法を放棄して精神分析を創始していくにあたり，患者を寝椅子に仰向けで寝かせ，自身は患者から見えない位置に座った。山崎（2022）がまとめるように，その狙いは，「私の顔の表情が患者にとっていろいろな解釈の素材となったり，彼の語ることに影響を与えたりすることを望まない」ためであり，「目的としても結果においても，転移と患者の連想が知らないうちに混ざり合うことを防ぎ，転移を隔離してそれが抵抗としてしかるべき道筋でくっきりと姿を現すことを可能にする」ためであったし，さらには，「一日に8時間（あるいはそれ以上）他人に見つめられることに耐えられない」ためであった（Freud, 1913）。フロイトは，精神分析の治療において患者から治療者が見えない方が好ましいと考え，さらには，個人的な動機に基づいて，寝椅子仰臥自由連想法の設定に至ったといえる。それ以来，寝椅子仰臥自由連想法については，その意義と限界，メリットとデメリットなど，さまざまな観点から検討がなされてきた。歴史的には，精神病圏の患者の治療や，低頻度の精神分析的心理療法にお

いては，寝椅子仰臥自由連想法によって患者に生じる退行が，治療に不利益をもたらすことから，そのような場合は患者を寝椅子に寝かさず，対面法による治療が好ましいという意見が多い。

　さて，古澤平作は 1933 年にウィーンから帰国して，ある時期から背面椅子式自由連想法を考案し，日常的に用いるようになった（小此木，2002）。そこには，当時の日本には医学的な精神療法を受け入れる常識が乏しく，経済的な条件も関係し，週 5 回の毎日分析は困難で，週 1 〜 2 回に制限せざるをえないという事情があった。そのような中で，古澤はあくまでも自由連想法を決定的に重視し，独自の背面椅子式による自由連想法を作り上げた（小此木，1996）。すなわち，古澤は，ウィーンから持ち帰った精神分析を日本で実践していくにあたって，日本の文化や社会的背景の要請に耐えうる設定を生み出さざるを得なかったと言えるだろう。なお，古澤が帰国後に注目し，摂取した技術と理論は，Reich, W. の性格分析，Ferenczi, S. の積極技法，Freud, A. の児童分析，Klein, M. の直接解釈法，Federn, P. の分裂病精神療法，Alexander, F. の修正感情体験および技法と短期精神療法であった（小此木，1996）。どちらかといえば，治療者の能動性と柔軟性を中心として発達した理論を取り入れ，特に Alexander の短期精神療法に代表されるような方向付けに着目していたという。

IV　週 1 回精神分析的心理療法のための設定としての背面椅子式自由連想法

　古澤の背面椅子式自由連想法による分析は，前田重治の『自由連想法覚え書』（前田，1984），『原光景へ』（前田，1995）に詳しい。古澤は，前田との週 2 回背面椅子式自由連想法を始めるにあたって，「前田君の場合，自我があまりこわれないような方法で，しかもエスの問題が十分に自我の中に組み入れられるような方法を考えています……」と伝えている（前田，1984）。古澤の前田への導入からも伺えるように，低頻度の背面椅子式自由連想法は，患者の日常の自我感覚を維持しながら自由連想を行うことを狙いとしている。以下に，『精神分析事典』における小此木（2002）の解説を引用する。

　「背面椅子式は，治療者が全く見えなくて，壁に面して一人だけの世界で連想を続けていくという点では，寝椅子 couch 仰臥自由連想法と共通した面があるが，一方では，寝椅子仰臥に比べて，椅子に座位という点で大きな違いがある。この姿勢の違いにつ

いて述べると，その人物の首が水平になればなるほど，全身の力が抜け，心的緊張は弛緩し，心の動きも自己コントロールを失い，ある種の無力感と不安が高まる。これに対して，座位で，背骨，首が垂直であると，日常の自我感覚がそのまま存続し，ある種の論理的な思考や，自分の意思を座位で自分に対して維持しているという感覚が残る。古澤がこのような椅子式によって自我能力を維持した理由の一つは週1回という方法に対する適応という面があった。背面寝椅子式仰臥［背面椅子式の誤植？］に比べて，退行の仕方，現実性を失っていく度合いは，寝椅子仰臥の自由連想法ではより深くなるので，週1回の場合，1度そういう退行状態になってしまって，1週間，治療者と会うことができない場合，病態水準が低い場合には，行動化を含めて，種々の問題が生じやすい，［。の誤植？］椅子式のほうがその点で安全である。椅子式自由連想法はこれらの退行―行動化を考慮し，しかも治療者は患者の視線にさらされず，患者も自己の内界に目を向けやすいという利点があった。（［ ］は引用者）

つまり，背面椅子式自由連想法は，さまざまな制約があった当時の日本での精神分析の実践において，頻度の問題，病態水準の問題を考慮し，患者を退行させすぎることなく自由連想による治療を行うための設定である。そのために，患者を寝かせず，椅子に座らせたのである。言うなれば，背面椅子式自由連想法は，現実との接点を保ちながら無意識を探索していく週1回精神分析的心理療法のための設定である。そして，この設定の狙いは，精神病圏の患者の治療や低頻度の精神分析的心理療法においては患者を寝かせない方が望ましいといった歴史的な議論と照らし合わせても当を得ている。

小此木の解説は，背面椅子式自由連想法の設定における，治療者と患者が座っていることの意味，双方が見えないことの意味について言及している。すなわち，治療者と患者が座っていることは，双方に日常の自我感覚を維持させる。また，患者から見えないことで，治療者は患者の視線にさらされず，患者も自身の内面に目を向けやすい。

ところで，小此木の解説には，次の視点が欠けているのではないか。日常の自我感覚を維持した患者は，背後にいる治療者をどのように体験するのか。また，背後に座る治療者は，患者をどのように体験するのか。そして，そうしたふたりの間で，どのような情緒が喚起され，展開するのか。これらの問いについては，背面椅子式自由連想法の症例をとおして明らかにしていく必要があるだろう。

しかし，週1回精神分析的心理療法の設定として，対面法や寝椅子仰臥自由連想法の意義や限界が議論されてきた今日において，それらと比べると背面椅子式自由連想法は語られていない。少なくとも私が知る限り，この設定が語られるのは，日本の精神分析史の1ページにおいてのみである。なぜ，語られないのか，私

は明確な理由を見つけることはできなかった。小此木によると，古澤自身，背面椅子式自由連想法をすべてと考えたわけではなく，特に子弟への訓練分析を行う中で，寝椅子による毎日分析を確立しなければと考えるようになり，晩年（1955年～1956年頃）は，再び，寝椅子仰臥自由連想法による毎日分析を再開している（小此木，1996, 2002）。先に述べた前田の分析においても，途中から寝椅子仰臥自由連想法による毎日分析に切り替えている。古澤自身も，そして小此木をはじめとする門弟達も，背面椅子式自由連想法をあくまで高頻度の寝椅子仰臥自由連想法の代替物として見なしてきたことが推測される。

週1回精神分析的心理療法の意義と限界があらためて議論されているなか，週1回の背面椅子式自由連想法の本質的意義を今こそ吟味すべき時のように思える。

Ⅴ 症 例

ここで私が背面椅子式自由連想法で行った症例を呈示したい。背面椅子式自由連想法を用いた際に，治療者と患者にはどのような体験が生じ，セラピーではどのようなことが起きるのかに焦点を当て，できるだけ症例を描写してみたい。なお，症例は内容を損なわない範囲で加工している。

中年期のAは，職場で評価が関わる場面になると過度な不安と緊張が生じるようになり，自身の不安や緊張が過剰なものであることを自覚し，自分の心の中で何が起きているのか考えたいということを主訴に，私が勤務する相談室に来談した。

Aは，社会的に成功した父親と，非常に教育熱心ではあるが情緒的に不安定な母親のもとに生まれた。Aが幼少の頃から，母親はことあるごとにAに良い子でいることを求めた。Aはそれを窮屈に思いながらも，反発することができず，母親の求める良い子でありつづけた。アセスメント面接を経て，Aの職場での評価にまつわる不安と緊張は，母親との関係に由来するものであると私は見立てた。また，Aが不安や緊張を感じながらも社会生活を損なわずに機能できていること，私の問いかけに連想を広げていく力があること，過去に別のセラピストから週1回精神分析的心理療法を受けた経験があることから，治療者とともに継続的に自身の心についてみていくことができると考えた。そこで，週1回50分背面椅子式自由連想法による精神分析的心理療法を導入した[注2]。

Aは毎回セッションにやってきて、椅子に座ると、すぐに話しはじめた。Aの自由連想は、毎回、必ず職場での仕事の話から始まった。私は、あいづちを挟みながら、Aの話に耳を傾けた。

Aの評価にまつわる不安と緊張は、私との転移関係においても展開した。Aは、職場で思うように働けないなどネガティブな話題を話すとき、顔を横に向け、私をなんとか視野におさめようとした。目の前の様子から、Aの不安と緊張が私には明らかであった。自然と私のあいづちを打つ声は大きくなった。そして、私は今まさに緊張しているAがいることを伝えた。さらに私は、Aに今ここで私をどのように体験しているのかを尋ねた。Aは、「頭にモヤがかかる感じでわからない」、「緊張して考えられない」と答え、それ以上語ることが難しかった。

回を重ねる中で、私の心の内に、Aの職場での仕事の話は、セラピーでの仕事（自由連想）の話にほかならないという理解が生まれた。私は、職場での仕事で感じる不安と緊張と、ここで私とのセラピーで取り組むことへの不安と緊張とをつなげて、解釈した。Aは、「心理療法っぽい話をしなければならないと思ってしまう」と話し、私によい患者と思われなければならないと感じていることが話し合われた。

Aがセッションを仕事の話から始めることは変わらず続いた。しかし、以前よりも、その話がここでの私とのセラピー、私との関係にまつわる話を意味していると私は理解できるようになったし、A自身もそのようになかば理解した上で仕事の話をしていると、私には感じられた。

やがて、徐々にではあるが、「先生も呆れているんじゃないかって思う。母親もそうだった……」、「先生だってきっとガッカリすると思う。ああ、そう言えば……」と、Aは、今ここで、見えない私の気持ちを想像して言葉にし、そこから連想を広げ始めた。また、そのような連想を語り始めた頃から、Aは部屋に入って椅子に座り、職場の仕事の話を始める前に、部屋が暑い、部屋が暗い、いつもと椅子の位置が違う気がするなど、部屋の環境に一言言うことが増えた。Aの連想に耳を傾けるとき、私は自然と見えないはずのAの表情を想像しながら聴いていた。ときおり、Aがどのような表情をしているのかわからなくなるときがあり、そうしたときには、私の言葉はたどたどしくなったり、語尾がおぼつかなくなっ

注2）私は現在、週1回精神分析的心理療法が導入可能であると判断した場合、対面法でなければならない積極的な理由がないかぎり、背面椅子式自由連想法を第一選択として患者に提示している。

たりした。ときにはAから聞き返されることもあった。

　セッション開始から2年が過ぎると，Aは顔を横に向けなくなり，背もたれに深く寄りかかって，目の前の壁をやや見上げながら話すことが増えていった。私も，ときおりは，ぼんやり宙を見つめながら，あるいは目を瞑りながら，Aの連想に耳を傾けた。

　ある回，Aはセッションが始まると，職場で自分が思っていたよりも，周りが自分を評価していたことに気づき，自己評価と周囲の評価とのギャップについて話題にした。この話題から連想を語っていく中で，Aは，「そういえば……」と小学生の頃の友人関係においても，同様に自分と他者との間で評価のギャップが起きていた可能性を振り返った。Aは続けて，小学生の頃から今に至るまで，相手のしぐさ，腕の動き，目の動き，表情，周りの様子といったさまざまな情報を手がかりに，相手の言動と評価を予測してきたことを連想した。そして，自身の予測がこれまでほとんど外れたことがないと自信ありげに話した。Aは矛盾に気づいていなかった。

　私は，「ここでも私の言動から評価を予測しているAがいてもおかしくない」ことを伝えた。Aは，一瞬，驚いたかのように反応し，次のように答えた。「たしかに。だけど，ここでは先生の姿が見えませんからね。声しか手がかりがない。だから，そのぶん先生をイメージしないといけなくて。先生について……先生はここでの話を，ここでの関係に結びつけると思う。話しながら，なんとなくこのあとのタイミングで，ここでどう感じているのか，先生のことをどう思っているのか，聞かれるだろうなって，なんとなくわかるときがあって。で，そういうときに，自分が感じている気持ちを言葉にしてみると，その気持ちがほかでも感じてきた気持ちだったりすることに気づくことがあって。あとは……先生は肯定的というか……受け答えが肯定的な感じがする……」

　Aは，以前受けていたセラピーの別のセラピストは，中立的でこちらが何を言っても真水のような返答を返してきたが，今の私はそうではなく「リアル」に感じるとこたえた。

VI　症例の考察

1．背面椅子式自由連想法における相互交流

　症例において，Aは職場での不振など自身のネガティブな評価につながりうるであろう連想を語る際に，首を横に向け，治療者を視野に入れようとし，実際の

治療者の反応を伺おうとした。また，Aは治療者がどのように思うと思うのか，その連想を語ることは難しかった。Aは治療者に，良い子（良い患者）であることを求める母親の姿を見ており，自身の連想を治療者がどのように受け取るのか不安が生じ，反発を許さない母親に対してものを言えないあり方を反復していたと考えられる。

　このように症例からAの母親転移が読み取れる一方で，背面椅子式自由連想法が，椅子に座り，日常の自我感覚が維持されたまま，後ろに向けて話すといった，極めて特異なコミュニケーションの体験であることにも注目したい。Aが，回を重ねる中で，今ここで，見えない治療者の気持ちを想像して言葉にして連想を広げ始めると，部屋の環境に一言もの申すことが増えた。間接的に治療者を非難しているかのようであり，反発を許さない母親に対してものを言えないAのあり方に変化がみられる。思うに，背面椅子式自由連想法においては，治療者の実際の表情が見えないことに加えて，日常の自我感覚が維持されているがゆえに，治療者に対して直接不満や批判をぶつけることは難しいのかもしれない。実際に，症例の中でも，Aは治療者を「肯定的な感じがする」と話している。

　そもそも相手の表情が見えない中で，後ろに向けて，自由に話すという特異なコミュニケーションを求める設定そのものは，ある種の不安だけでなく，不満や批判を喚起させるものであろう。そうした患者の不満や批判は，特異な設定を含む環境そのものに向けられ，治療者には間接的に向けられる。前田（1984）の，背面椅子式自由連想法の初回の体験についての述懐もこの見解を支持していると言えるだろう。「ただ一人，白い壁の前に取り残されたような頼りない気分で，壁のシミや頭上の花の油絵を見上げたりしていた。そしてどうして分析室にこんな刺激の強い花の絵などかけてあるのかと，いぶかしく思った。というより，やや非難めいた考えがかすめた」。もともと寝椅子による毎日分析を期待していた前田の古澤への不満や批判も，古澤に直接向かうのではなく，環境への非難めいた考えとして生じていたことが推察される。

　背面椅子式自由連想法は，患者を治療者の姿も表情も見えない状況におき，それゆえ，患者に放り出されたかのような感覚や，ある種の不安や不満を喚起させる設定でもある。しかし同時に，治療者が見えない位置に座ることで，患者は治療者を想像する余地が生まれる。そこに自身の内的対象関係が現れ，転移関係が展開していく。このとき，椅子に座り，日常の自我感覚が維持されているがゆえに，患者は意識的には治療者と良好な関係を築くことを望む。そして，治療者に向けにくい情緒は，面接室という環境に向けられる。すなわち，背面椅子式自由

連想法において，患者は治療者にある種のアンビバレンスを体験するといえる。

次に，背面椅子式自由連想法における治療者について考えてみたい。治療者もまた患者の表情は見えない。患者と同様に，治療者も患者を想像する余地が生まれる。また，治療者は患者から見えないことで，より自由に連想を働かせやすい。ただし，患者と異なるのは，治療者には患者の後姿が見えている（後姿を見ている）ことである。治療者には，患者の「見えない部分」と「見える部分」がある。患者の身ぶりが見えることで，患者の具象的な反応をどうしても意識せざるをえず，治療者は自身の連想を働かせているばかりではいられない。実際に，私のあいづちの声は患者の不安に反応して大きくなったり，患者の表情が思いえがけないときには，私の言葉はたどたどしくなった。治療者は，目の前に見えない患者を想像し連想しながら理解を深めていくと同時に，目の前の見える患者の反応に追われる中で，患者の話を聞いていることをあいづちで示すなど，肯定的な反応を引き出される。すなわち，背面椅子式自由連想法において，治療者は葛藤に直面する。一つは，目に見えない患者の無意識への関心と，目に見える患者その人への関心とが共存するがゆえに生じる，患者に向ける態度の葛藤である。もう一つは，患者から見えないことで自由であることと，患者の一部分が見えること（あるいは見えないのは一部分でしかないこと）で不自由であることが共存するがゆえに生じる，治療者自身の存在にまつわる葛藤である。

以上より，背面椅子式自由連想法は，小此木の言うように，日常の自我感覚が維持されるがゆえに安全であるばかりではない。患者と治療者の双方が椅子に座っていることで生じる相互交流は，双方にある種のアンビバレンスや葛藤が生じやすいものである。そこに，転移が展開していくのである。それゆえに，転移が発展しづらいと言われる週1回精神分析的心理療法において，背面椅子式自由連想法は選択肢たりうるのである。言うなれば，背面椅子式自由連想法は，対面法と比べて患者側にアンビバレンスが生じやすく，寝椅子仰臥自由連想法に比べて治療者側に葛藤が生じやすい設定かもしれない。そのため，背面椅子式自由連想法は，ある程度アンビバレンスにもちこたえることができる患者が自身の心を見つめていくために有効な設定であると言える。さらには，治療者はこの設定ゆえに喚起される葛藤に持ちこたえられるかどうかが問われる。このような背面椅子式自由連想法が持つ特徴を意識することで，週1回精神分析的心理療法においてこの設定を活用できる可能性が広がる。

2．背面椅子式自由連想法における非日常性

　寝椅子仰臥自由連想法において，寝椅子の持つ「非日常空間の創出機能」（山崎，2022）が指摘される。通常の人間関係において，一方が椅子に腰かけ，一方が横たわっている状況はほとんどなく，視線を合わせずに何度も出会うことはほぼ皆無だからこそ，社交的なふるまいをしなければならないという圧からクライエントを開放するという。ただ，私たちの日常を考えると背面椅子式自由連想法もまた非日常的である。私たちの通常の人間関係において，背後にいる誰かに向けて話し，誰かの背後に向けて話すといった出会いを繰り返し持つことはほぼ皆無と言えよう。非日常的な出会いの繰り返しという意味では2つの設定は似ているかもしれない。しかし，この2つが決定的に異なるのは，患者が寝椅子に仰向けに寝ているか，椅子に座っているかであり，治療者が患者の頭上にいるか，背後にいるかである。寝椅子を用いる意義である，「ふつうの会話をしている感覚から自由になるということ」（藤山，2003）において，自由になることは，見えないことに加えて寝椅子に仰向けに寝ていること（それに伴う退行），そして，治療者を頭上に感じることとも無関係ではないだろう。

　背面椅子式自由連想法においては，患者は治療者の姿が見えないながらも，椅子に座ることで日常の自我感覚が維持されるし，背後に座る治療者の存在をより感じやすい。この点において，患者は非日常的な出会いの中にあれど，圧や不自由を感じる可能性は否定できない。実際，症例において，Aは毎回，職場の話から始めたことは，非日常的な出会いの中でも，Aの心の内では日常と切り離されていないことを示唆している。しかし，やがて，職場（外）での仕事における緊張と，セラピー（内）での仕事における緊張とが，まず私の中で重なり合い，続いてAの内でも重なり合うことで，今ここでの転移について，そしてAの内的世界について共に理解を深めていくことにつながった。

　背面椅子式自由連想法においては，非日常性単独の意義が強調されるよりも，日常の自我感覚が維持される中で非日常的な出会いが繰り返されていくことにより，セラピーの場が日常性と非日常性の両面を帯びていくプロセスそのものが，治療において意味を持つことが考えられる。

3．背面椅子式自由連想法における自由連想

　古澤は，自由連想法に最も重きを置いたために，背面椅子式自由連想法の設定を生み出した。今日，背面椅子式自由連想法は，単に「背面法」とも呼ばれるこ

とがある。背面法の言葉からは，単に「見えないこと」のみが強調されていると思う。古澤がこの設定を考案した時代を経て，今日においては，治療者と患者の相互性への関心の高まりとともに，自由連想法と自由連想を区別して考え，自由連想することそのものの理解や意義について，関心が向けられている。館(2010)は，週1回でも，寝椅子を用いない背面椅子式自由連想法でも，対面法でも，自由連想は可能であるとしながらも，そのような状況で自由連想を行う場合，治療者が治療構造を作り，維持するための労力はより大きくなると指摘している。

背面椅子式自由連想法には，このことをこなしていくための重要な要素もまた備わっている可能性を私は指摘したい。それは，患者と治療者が「同じ方向を見ている」ことである。背面椅子式自由連想法において，同じ方向を向いている二人の交流は，共同作業の色彩を帯びると思われる。そして，この共同作業の色彩は，自由連想を促しアンビバレンスをこなす上での支えとなりうるのではないか。それはまさに，子どもは背後から母親に抱えられ，母親とともに同じものを眺める浮世絵の母子像（北山，2005）を彷彿とさせる。子どもと母親が，その濃密な情緒的交流の中で，互いに成長し変わっていくプロセスと，背面椅子式自由連想法における治療者－患者関係は重なるのではないだろうか。

4．考察のまとめ

最後に，背面椅子式自由連想法において，治療者と患者がどのようにこれを体験し，セラピーがどのように展開していくのかを，ここまでの議論をもとにまとめる。

背面椅子式自由連想法においては，

①患者は，治療者を想像すると同時に，実際の治療者にも意識を向けやすい。
②患者は，治療者に肯定的なものを向けやすい。
③患者は，喚起された不満や批判を，面接室の環境に向けやすい。
④治療者は，患者の見えない部分について連想を働かせると同時に，患者の見えている部分にとらわれやすい。
⑤治療者は，ある程度関係が深まるまでは，肯定的な反応を引き出されやすい。

以上の①～⑤の特徴は，背面の設定によって見えないことと椅子式の設定によって日常の自我感覚が維持されるために際立ち，患者はアンビバレンスを，治療者は葛藤を体験しやすい。こうした特徴的な交流の中で，転移が展開していく。これらは，部分的には対面法や寝椅子仰臥自由連想法の特徴とも重なるかもしれ

ない。以上の特徴については，より多くの背面椅子式自由連想法の症例検討を積み重ねて，検証していく必要があるだろう。この設定に関心を持つ治療者たちが，実践を重ねながら議論していくことが望まれる。なにより，私は，この設定になにかしらの関心を持つ臨床家と，共に議論したいし，考えたいと思っている。

Ⅶ おわりに

　背面椅子式自由連想法が語られていない背景の一つに，これを行っているのが日本だけということもあるように思う。文化に関心がある私は，日本には背面椅子式自由連想法が生まれ，用いられることが許される文化的な文脈があると考える。後ろや背面は，いわば「ウラ（裏）」とも言える。日本文化においては「ウラ」は心を意味し，その人間関係のあり方においては表のつながりと裏のつながりが強調される（きたやま，2021）。

　遊びの中でも，私たちは「うしろの正面だあれ」と問われたとき，後ろにいるのは，はたして，信頼できるあの子かな，それともいけすかないあの子かな，もしかすると意中のあの子かなと空想し，期待する。思うに，私たちが出会う方々は，後ろにいて欲しいと期待したにもかかわらず裏切られたり，期待したはずの後ろの人との間で傷ついた方でもあるかもしれない。ほかでもない日本で，この設定が生まれ，そして，およそ一世紀にわたって用い続けられていることには，やはりそれなりの意味があると私は考えている。

文　献

Freud, S. (1913) *On beginning the treatment (Further recommendations on the technique of psychoanalysis I)*. SE, XII.（藤山直樹監訳（2014）：治療の開始について（精神分析技法に関するさらなる勧めⅠ）．フロイト技法論集．岩崎学術出版社，東京）
藤山直樹（2003）精神分析という営み―生きた空間をもとめて．岩崎学術出版社，東京.
岩永洋一（2024）週1回カウチ設定での精神分析的精神療法．精神分析研究，68(1); 68-79.
Jacobs. T. (2005) *In: Forms of intersubjectivity in infant resarch and adult treatment*. Other Press, N. Y.（丸田俊彦監訳（2008）：乳児研究から大人の精神療法へ―間主観性さまざま．岩崎学術出版社，東京）
北山修（2005）共視論．講談社，東京.
きたやまおさむ（2021）ハブられても生き残るための深層心理学．岩波書店，東京.
前田重治（1984）自由連想法覚え書：古沢平作博士による精神分析．岩崎学術出版社，東京.
前田重治（1995）原光景へ．白地社，京都.
Ogden, T. (1997) *Reverie and interpretation: Sensing something human*. Jason Aronson, London.（大矢泰士訳（2006）もの想いと解釈―人間的な何かを感じとること．岩崎学術出版社，東京.

小此木啓吾（1996）古沢平作の精神分析．In：島薗安雄・保崎秀夫編集主幹，牛島定信編集企画：精神分析療法．金原出版，東京．

小此木啓吾（2002）背面寝椅子式自由連想法．In：小此木啓吾編集代表，北山修編集幹事：精神分析事典．岩崎学術出版社，東京．

館直彦（2010）自由連想―その歴史と現在．精神分析研究，54(3); 251-260.

髙野晶（2011）対面法と相互交流．精神分析研究，55(3); 227-234.

山崎孝明（2022）週1回の精神分析的心理療法におけるカウチ使用に関する一考察．精神分析研究，66(2); 117-129.

第9章

A-Tスプリットはアップデートできるか

髙野　晶

I　セラピーはセラピーのみによって成らず
　　――治療構造の中のA-Tスプリット

1．治療構造論から見たA-Tスプリット

　治療構造というと，その一側面，つまりセッションの物理的な条件（外的治療構造）をどう設定し維持するか，その条件が患者の無意識や治療プロセスに与える影響は何かといった観点から検討されることが多いだろう[注1]。

　一方，治療構造論を説いた小此木（1990）は，治療過程に沿った分け方についても記している。①治療者が意図的に設定するもの，②治療者の意図を超えて与えられたもの，③治療経過中に自然に形成される治療構造の3通りである。彼は，それら諸構造の付置の中で患者の無意識的な力動をとらえる，というパースペクティブを治療構造論の中で示した。その理念は，小此木自身が治療的な布陣を担った，精神分析的な概念が共有され豊富な人的資源を備えた病棟や外来で発展した。その中で①に含まれるA-Tスプリットは重要な位置を占めていたといえる。そして，主治医（A-Tスプリットにおける管理医）が中心となり，治療プロセスの始まりのところで陣容と戦略が作られた。後述の「精神療法を"処方"する」という表現もこの流儀に沿ったものである。

　それから50年近く経ち，A-Tスプリットは普及し，ときに話題や議論になってきた。そこにあったのが週1回精神分析的精神療法だった。しかし，精神医療の風土も医療経済も変化を遂げてきた。ここでは，今日的にはA-Tスプリットはどのように機能しているのか，セラピストと管理医（以下，AD）の両方の立場を

注1）　自由連想的方法など面接のルール，禁欲原則，秘密の保持など，進め方や互いに交わす取り決めは，内的治療構造と位置付けられる。

経験してきた私の臨床的な実感も交えて論じたい。なお，本稿では主に外来設定での精神療法を念頭においている。

2．週1回セラピーとA-Tスプリットの管理医

日本で行われる精神分析的なセラピーが週1回のものに代表されることは言を俟たない。週1回とは，圧倒的に不在の多いリズムである（藤山，2015）。その不在を患者が自らの内的・外的資源で持ち堪えることができるなら，A-Tスプリットは不要か，比較的単純なスタイルで経過する。後者の場合，ADはシンプルに薬物療法や生活指導などの役割を行えば，週1回以下で事足りる。

しかし，そうは簡単にいかないことがしばしばある。不在への脆弱さが症状化，身体化，行動化するケースは珍しくはない。この場合，ADはそれらの受け手となり，表れの意味を推察しつつ現実的な対応をマネージし，かつその表れをセラピーの面接に持ち込めるように掬い取って患者に手渡し，場合によってはセラピストに伝えるのである。このようなことを遂行する時，患者によってはセラピーの頻度よりも高い診察によって賄われる時期もある。

ADには，患者を退行させすぎず，ADの診察がセラピーになってしまわないところで止まって患者の自我を支持する，あるいは補助自我となる，といった要領が求められる。精神分析的精神療法に親和性があり自ら行うことを好む医師がADとなるとき，ADの仕事自体はセラピーとはまた別の精神分析的営みであるという意識を明確にもつ必要があるといえる。

3．ADは日陰に咲く花だろうか

以上のように記してきたが，A-Tスプリットは医療を要する精神療法の運営の上で重要でありつつも，学術的に議論・検討される機会はごく少なく，そればかりか，精神分析的な訓練経験を持った医師でさえ，ADに関する系統的な教育を受ける機会は稀である。つまり，力動精神医学をベースとしたA-Tスプリットの概念は，継承が不十分であると言わざるを得ない。

精神分析を精神科日常臨床（多くは一般外来）に応用することや，そこに訪れる「幸福」（藤山，2010）はしばしば語られる。この幸福とは，精神分析的ニュアンスのある充足感を含むものである。しかし管理医の仕事における「幸福」はたとえあっても知られず，業績にもならず，おまけに手間暇がかかっても利益は薄く，医師にとってADの仕事は日陰の稼業にもなりかねない。

しかし，ある程度病理の重い患者のセラピーが健全に行われていくためには，

A-Tスプリットにおける AD の仕事は技術として陰に日向に存在せねばならない。力動的な医師の個人芸ではなく，理念や技術の継承と刷新が必要だと私は考える。患者によっては，週1回のセラピーの設定の持つ支持の力は十分とは言えない。その中でセラピストが支持ばかりに力を割くことに追われずに，患者の内省洞察志向的な素質を活かせるように仕事ができるためには，そのために機能するA-Tスプリットが求められる。

こういうと，そのような AD は絶滅危惧種（山口，2023）で，A-Tスプリットは絵に描いた餅と言われる危惧もありはする。だが，治療構造論を現代にも援用しながら，今様のA-Tスプリットを考えることはできるのではなかろうか。さらにまた，精神分析的な文化を共有しない医師との間でA-Tスプリットを構築するためにセラピストが能動的な働きかけを行うという展開もまた，現代的には重要な意義を持つのではないかと考える。

Ⅱ　歴史的レビュー

A-Tスプリットは一枚岩というわけではなく，実は歴史と共に変遷してきている。それを踏まえることが現代のA-Tスプリット論に取り組む基礎となるだろう。

なお，A-Tスプリットという用語は日本独自のものであり，海外では split treatment と呼ばれることもあるようだが，本稿ではA-Tスプリットに統一する。

1．欧米の紹介

まず岩崎（1976，1978）によって詳細な欧米の歴史的紹介が行われた。

このような臨床形態の端緒は，1920〜50年代，メニンガー・サナトリウムを中心とする入院による精神分析的治療の舞台で，役割の分化・明確化が行われたことであった。この時代はあくまで「精神分析」が頂点にあり，それにその他の医療環境が奉仕する仕組みだったといえる。

しかし，1950〜70年代，分析の諸学派からの意見や学際的な交差により，精神分析至上主義からのシフトが起った。精神分析的臨床に関与する役割それぞれの主体性を重視し，独自性を持ったADのアクティビティへと進化したのである。

2．治療構造論からの理解

小此木（1988）の治療構造論的A-Tスプリット論では，上述の2つのスタン

スを次のように示しているとまとめられる。

①精神分析の観点から……（分析 centerd）：AD は，純粋な精神分析的治療を保つための治療環境を保持する役割である。
②力動精神医学の観点から……（医療 centerd）：主治医が診断・治療計画をたて，全体の治療設定を作る。主治医によってそこに「個人精神療法」が"処方"される時，A-T スプリットが登場することになる。

ただし，ここまでは，おおむね入院治療の病院臨床における A-T スプリット論として述べられており，通院モデルはその応用という位置付けになる。

3．ボーダーラインの治療における A-T スプリット論

川谷（2003, 2007）は，セラピーばかりが学術報告され，マネジメントが埋もれがちであることを明確にした。A-T スプリットを必要とするケースの筆頭はボーダーライン患者であると言ってよく，おおむねボーダーラインを想定して A-T スプリット論が展開された。そして川谷は Gunderson の「ケースマネージャーとしての精神科医」という理解を参照し，小此木の②のタイプの AD 機能のコンセプトに基づき，精神分析的な概念を共有する診療所で外来 A-T スプリットを実践する工夫について論じた。

4．日本精神分析学会・教育研修セミナー（2004 年）

2004 年の日本精神分析学会教育研修セミナーでは A-T スプリット特集が組まれた。その背景には，A-T スプリットの普及と形骸化，医師からセラピストへの丸投げ問題，入院 A-T スプリットから外来 A-T スプリットへのシフトへの要請があった。岩崎（2007）と狩野（2007）は，次の切迫した問題を提起していた。

医療保険採算上の現実的な条件は，面接が臨床心理士に任される傾向を増し，AD／セラピスト両者の役割の理解による協力関係が改めて求められること。AD にはセラピストとは異なる特有の精神療法的機能を発揮する課題があること。そして，A-T スプリットの世代間の継承が十分でない危機感である。

狩野は，AD の役割と機能を具体的に推敲した。その中で，AD が診断と見立てのもとに治療の構想をたて，各種治療を「処方」する，その一つに精神分析的精神療法がある，というビジョンを示した。これはおおむね小此木の②にあたる。そして，AD の精神療法的治療促進機能に医師も臨床心理士も自覚をするべきである，とも述べている。

狩野はまた AD の心得として，セラピーとセラピストを尊重しつつ，セラピストとは別個の AD として能動的に機能することを示している。

しかしこうした狩野の教育的なサジェスチョンは，さらに世代が下るにつれて埋もれてきているようにも思われる。

5．施設間の連携・異文化間の連携

一方，同特集で権（2007）は，分析文化のある診療所内での A-T スプリットについてばかりではなく，分析文化を共有しない他施設との連携について言及した。他組織のセラピストとの間に気づかないうちにスプリッティングが生じていた危機的局面から，AD が連携をとり「治療チーム」を構造化し，「より積極的な A-T スプリット」を導入し，治療環境の安定を図ったケースが報告された。

ここで A-T スプリットが治療的異文化に開かれて論じられ始めたと言える。

精神分析的な「治療文化」を共有していない AD と精神分析的なセラピストの組合せについて，岡田（2012）や古川（2020）が医師であるセラピストの立場から論じている異文化問題が目に留まる。岡田は，病棟主治医ののちにセラピストを担当したボーダーライン患者の A-T スプリットを通して，セラピストが A-T スプリットの構造の中での AD との関係をはじめとした内的体験をワークすることが患者理解とセラピーの展開に資すると主張している。

文化共有のない，さらに「顔も知らない」主治医からセラピーを依頼された古川は，自殺志向性を持つ患者とのセラピーを担当するにあたり，セラピストの側から A-T スプリットの構造化のための働きかけを主治医に対して行なった。その中で患者は親との関係をエナクトメントし，セラピストと主治医改め AD の関係が独立しつつ協働するものに熟していくとともに，それを転移としてセラピーの中で取り扱えるようになった。

そのように異文化接触状況での思索をセラピストが行うなら，さらなる理解や治療の転機となりうることや，異文化圏の主治医にセラピストから能動的に働きかけ，A-T スプリットを構造化してワークグループとなることが論じられた。

6．臨床心理士から

治療構造論に詳しい栗原（2019）は以下の要約のように述べている。

A-T スプリットの治療では，セラピーに焦点が当てられがちで，AD はバックアップ役とされるが，治療全体を見守る AD，そしてさまざまな治療の「処方」をする AD の役割に注目し，もっとその意義の重要性が強調されるべきである。AD

がセラピストにさまざまな思い（丸投げしたい，やっかみ，競争，不信，破綻を望むなど）を抱くことがあっても自ら受け止め，それを状況の理解につなげるような AD の懐の深さにこそ A-T スプリットの成否がかかり，AD の方に治療構造論的センスが求められる。

栗原には小此木・狩野の思想が受け継がれていることが窺え，さらに臨床心理士からの強い求めと願いが感じられる。AD 自身が精神分析的精神療法に通暁し，また，力動的な精神医療を展開するような現場があることが求められる，と私も言いたい。とはいえ，資源は限られており，現実は立ちはだかるのである。

III 医師から見た A-T スプリットの現実

1．医療の現実

そもそも A-T スプリットにおいては保険診療をする医師が AD を担っている。たとえ分析的素養のある医師でも，その医療の現実から大きく外れて AD 機能を発揮することは不適切である。さまざまな現実の一つには医療経済の問題があるわけで，保険医療制度との関連で，日本の一般的な外来診療は極度に短時間の診察による臨床実践を余儀なくされている。例えば平均的な都市部のクリニックが維持されるには1時間に最低でも6人ほどの再来患者を診ることになる。これでもゆったりしている方である。たびたび行われる保険医療費の改定は，この条件をさらに厳しいものにする傾向にある。それでも，予約の配置を工夫するなどできることは行っている。私に関して言えば，AD としての診察である程度手のかかるケースの場合，週1回診るようにして15分の枠に収めるのが努力目標であるが，非常時にははみ出してしまわざるを得ない。

異なった角度から見ると，限られた数とはいえ存在する精神分析的な医師が，自身が行う個人セラピー以外の力動的臨床にどのぐらい関心やエネルギーを注ぐのか，という医師側の要素もあると言える。

また，伝統的に入院をもとに想定された AD の機能には，病棟での豊富な患者情報が裏付けとなっていた。しかし，現状の短時間外来診察で得られる情報の量は極めて限られている。その条件下で果たせる AD の機能には限りがあり，先に狩野の挙げた AD の仕事は理想的なものであって，現実は選択的部分的遂行に止まらざるを得ない。

以上から，臨床医が抱えられる A-T スプリットの仕事の総量には何らかのリミットがあると表現できるだろう。

2. 患者の「身投げ」

　主治医がセラピーの適応に関する深慮なしに患者をセラピストにまわすことを「丸投げ」と呼ぶならば，「身投げ」と呼んでも良い事態がある。セラピストからの依頼で AD を引き受け，そのうちに患者がセラピーをドロップアウトしてしまい，一般外来に「身投げ」してくることが時折あるということだ。そういう場合，しばしば難しいことになっており，通常の診察以上のものから長めの時間，頻回の診察，家族の面接他環境調整，あるいはセラピーの残滓の整理などを要することは時にある。

　落ちかかっている患者に AD が腕を差し出したために「身投げ」が起こるのであろうか？　落ちてきてしまったら，腕を差し出さないわけにはいかず，どのくらい抱えるのか計算し，できることしかできないことを伝え，退行を防ぐために何らかの構造化をしていくのみである。

　そもそも AD が丁寧に対応することは，セラピーの存続に寄与するはずだが，時に患者は「身投げ」してくる。そこを持ち上げて，身投げの意味を考えるセラピーに還元していければ，それはまたセラピーに貢献する，と信じたい。

　注意が必要なのは，栗原が言及した AD 側の広義の逆転移としてのセラピストへのさまざまな思いである。これらが「身投げ」を招くことにならないような充分な留意を強調しておこう。

3. AD とセラピストの連携はどのようにできるのか

　2022 年時点での私の外来受け持ち患者 270 人ほどのうち，診療と並行して何らかのセラピーを受けている患者は 42 人であった。院内院外を問わず，基本的には定期的な情報交換は特に設けず，必要時に AD またはセラピストから相談を持ちかけるようなあり方である。これが持続可能な外来での実践スタイルと言える。

　この 42 人のうち院内のセラピストが院内または他所で行うセラピーのケースが 15 人，院外で既知のセラピストによるケースが 18 人，面識のないセラピストによるケースが 9 人となっている。最近の連携の状況を見ると，AD とセラピストの相談はやはり院内のセラピストとの間が行われやすく，既知のセラピストとの組み合わせがそれに次ぎ，面識のないセラピストとの間では現実的な連携は起こらなかった。

　面識のないセラピストとの間では，A-T スプリットとは言っても，その本来の

意義は活かせてはいないということになる。必要時に交流を起こすための準備状態がないためであり，相談の時期が遅れたり捕まえ損なったりする懸念もある。セラピストがどのように AD と協力関係を結んでいったら良いのかよくわからないままに，症状や障害の要請によって医療と併走するように見える場合もある。このような点でも A-T スプリットが十分に活用されるための残された課題があると考えられる。

Ⅳ　ミニマムな A-T スプリット

　ここで，ある A-T スプリットの様相を提示する。これは分析文化共有型のミニマムな，ほとんど AD とセラピストのやりとりを主とする営みで，大掛かりな患者への介入はない。分析文化共有型ならではといえる協働の例である。

1．臨床素材

①はじまり
　患者 A はうつ状態の女性である。A はある心理相談室におけるセラピスト B との週1回の精神分析的精神療法の途上であった。A は必要時に近医により対症的な処方を受けていたが，B は構造化の必要を感じ，旧知の私に AD を依頼し，A-T スプリットが始まった。
　私の外来で A は馴染んだ薬物だけ受け入れ，処方の工夫の勧めには消極的だった。また診療所でのスタッフの対応の不具合を時々述べた。つまり彼女にとっては，差し出されたものは受け取りにくいものだったようだ。そんなわけで，気分障害の可能性はあるものの本格的な薬物療法は保留して，on demand に近い形をとっていた。依存に問題を抱えた人のように思われた。
　私と B とはとくに相談や連絡を行うことなく過ぎていた。しかしやがて，密なやりとりを必要とするようになった。そのやりとりは電子メールで，患者の個人情報を混じえずに主にそれぞれの考えを交わすような形で行われた。

②エピソード1
　B はある面接以来 A の希死念慮を懸念するようになり，行動化の危険が強ければ治療継続が難しいと考える局面である日私の考えを求めた。私は，B が不安状態にあることを把握しつつ，外来で見ている限り A は拒否的な言葉とは裏腹に自らの B への愛着にもっぱら苦しんでいるようだと B に伝え，安全性に関して懸念

を持つようになった経緯を尋ねた。また，Ａには私が必要と判断したら随時Ｂと連絡をとると伝えてあり，今がその時だと思うと返信を結んだ。

翌日。Ｂは私の問いに対して，内因性の気分障害の可能性や行動化しがちな傾向の中に衝動性を想定すること，そして，治療の設定の修正によって抱えを増すためのＡが相談に乗らないことをあげた。つまり欲動や衝動を統制する自我機能に不全があることを不安材料としていた。

私にはＢは前日よりも考えるスペースを回復しているように見え，次のように返信をした。外来の経過ではいかにも内因性という印象はなかった。むしろ，あれもこれも嫌だが何とかしてほしいと迫るような矛盾に溢れ，そのために求めは満たされることがなく，それがまた痛々しいのが今のありさまであること。何かと共同作業のボタンをかけにくく，合理的な話し合いから外れて，責める責められるの文脈になってしまうこと。内因性の可能性についてはこちらで探索するが，「治療同盟」を形成するための自我機能に問題があるようだというようなことを加えた。つまり，理解を共有しつつ，分担を明確にした。そして私も精神療法の危機の件をＡと話そうと思うので，先にＢから私と連絡をとったことをＡに伝えることを依頼した。

同日，さらにＢからの返信。ＢはＡにある物語の登場人物Ｘのイメージを以前から重ねていたといい，Ｘが背負っているストーリーを紹介した。Ｘは本当は対象を希求しているのに表出できずに逸脱を繰り返す，という人物で，物語ではついに指導者に真情を伝えるに至った。そういうところがあるＢではないかと（つまり，Ｂの中の希求性を信頼して触れ続けていれば，それを阻む部分を凌駕する可能性がある，という意味と取れた）考えていたが，今回は逸脱が破壊的だと感じたということだった。私には，Ｂの臨床的視野狭窄は回復しだしたように見えた。

診察でのＡは，取り立てて不調はないと述べた。その後Ｂとは何回か短いやり取りをして，一件は鎮静化し，セラピーは継続した。

③エピソード２

Ａの診察は on demand で続いたが，ある日急遽受診があった。急性の体調不良に陥ったとのことで，混乱と憔悴状態だった。休養の仕方についてＡはやはり提案には応じず，模様ながめをしながら相談を続けることになった。この時，少し前にセラピーを辞めたと報告された。セラピーは，今後モチベーションによっては設定を変えて行う選択肢があるとのことだった。しかしＡは焦っていた。私

が新たなセラピーに関することならBに相談してみてはと勧めたところ、Bへの状況の説明を求められ、ここはひとまず私はBに連絡をした。

同日Bから返信があり、ちょうど連絡を考えていたとのことだった。Aとはしばらくセラピーの継続について出口のない問答のようになって、方針を共有して間を置いているところだったが、Aから急性の不安のため臨時の面接を希望すると連絡があったという。Bは、新たな内省的セラピーのための構想がなし崩しになることを危惧し、悩んでいた。

私には状況が見えてきて、翌日Bに以下の内容を返信した。「Aは『やめたのは自分なのに、Bに捨てられたような気分になっている』という認識は持っている。次の治療の開始は、A自身がセラピーの必要性を認めてリクエストする条件なので、不安だから急遽聴いてほしいというのは開始には不十分に思える。急性の不安状態のときに開始の検討をするのは適切ではないようだ。今、休養を強化する提案をしている状況で、少なくともそれらが一段落するまで保留で良いように思える」

その翌日Bのメールでは、漠然としていたものが「精神／身体の急性期にセラピーを導入することに妥当性があるのか」という問題にBの中で集約できたとのことだった。そしてBは、今Aは現状に必要な対応を優先順位をつけて行うべきで、それを飛ばしてセラピーに突進する病理に応じるのは治療的ではないと考えた、とまとめられていた。

その後まもなく私はAの休職をさらに促した。Bには、幸い体調はさほど重症化せず、セラピーへの衝迫は緩んでいる様子だと報告した。

Aは対象を求めても、やがて自身の中の依存・希求性を相手に投影同一化しては対象とともに依存を排することを繰り返す。セラピーの中でもそれは反復され、Bが考えるスペースを一時的に失った。私の介入は、そのBに働きかけることになった。今後のAについてはまずは契約に身を委ねることを熟慮することなしには、実りある精神分析的セラピーは始まり得ないと考えられた。

2. 一番(ひとつがい)のA-Tスプリット

ここでの「つがい」は、ビオンのつがいではなく、ごく日本語的なつがいである。

A-Tスプリットはその発祥時のように組織の中で系統的に行われる状況とは異なり、現代的には主に最少単位、つまり一番のADとセラピストによって営まれているのではなかろうか。その番(つがい)は同一機関内のこともあるし、別々のこともあ

る。そのあり方の一つをまとめてみた。

・その番はある患者の精神療法のために存在し，精神療法終了とともに解消する。
・その番は，平時には別々に行動しているが，有事には，心の中の相手が立ち上がり，その相手を呼ぶことになる。
・番の両者は治療に関するそれぞれの不安や悩ましさを語ることができる。
・番の両者はそれぞれの立場から考えを語ることができる。その患者についての互いの空想を交わすこともある。
・その関係はスーパービジョンではなく，治療でもない。

　このような一番のA-Tスプリット関係は，治療構造論をはじめとした精神分析的な治療文化や治療観の共有において育まれるものである。互いの信頼を担保するのはまさにこの共有であるといえる。そこで行われるのは，父親と母親が欲望から離れた領域で，それぞれの責任のもとに，ともに子どもの成長を考えるようなことかもしれない。
　このような営みの教育・継承・研鑽の機会というのはあまり表立って存在せず，それぞれのADとなる医師が経験と精神療法の理論の援用から学んで実践することになっていると思われる。

V　文化共有モデルを超えて

1．異文化交流での協働

　ここまではおおむね精神分析文化共有を基本として記してきた。しかし現実の海はもっと荒々しいものである。A-Tスプリットの歴史の中では，分析文化を共有しない異文化主治医とセラピストとの協働の方法論は，時代が降ってから検討の俎上に載ってきている。II－5で触れた異文化間のA-Tスプリットについてここでさらに論を進めていこう。
　岡田（2012）は，精神分析的治療の本質について，患者がセラピストの文化との出会いを通じてそれまでの古い病理的な文化を修正し，新しい健康な文化を再構築することだと述べ，異文化との出会いの中に人格構造の変容の可能性を認めている。そして，セラピストと異なる精神医学的治療文化との出会いは精神療法にポジティブな影響を与えうるという。つまり，セラピストが患者との内的な交流を体験することと並行して異文化の医師との内的交流が生じるところに興る治

療の転機の可能性に言及した。

　山口（2023）は，臨床心理士の立場からこの議論に次のような素材を提示して一石を投じている。同一医療機関の主治医（行動理論文化）から「自身を振り返る」セラピーの依頼を受けたケースの経過の要所要所で，セラピストは治療関係とセラピスト－主治医の関係がパラレルであることに気づくようになった。そしてある危機がセラピーに訪れた時，セラピストは悩み尽くした末に主治医に報告のメールをし，その後，患者の投影から解かれて機能するようになる。それからの主治医とセラピストはケースによって取り組みの範囲や設定を共に考えながら協働する関係となった。岡田の主張との共通が見られる一方で，山口は，狭義の精神分析的セラピー自体が容易ではなくなりつつある今，それを主役とするA-Tスプリットから，異文化交流の中で患者に応じて主治医とセラピストが共に作り上げる「可変式A-Tスプリット」の可能性を示した。その際に，セラピストはMBTやPOSTといったセラピーの変形を柔軟に扱う準備があることが勧められている。

　Ⅳ－4で私は，治療で協働する番(つがい)は精神分析的な治療文化の共有において生まれる，と述べたが，異文化交流においては，より現実寄りに照準を合わせれば番も成立しうるのかもしれない。

2．AD／主治医とセラピストの組み合わせと治療の成果推測仮説

　このように考えてくると，ADまたは主治医の機能とセラピストの機能の組み合わせと治療の成果の相関の仮説が立つように思う。

　表1では，縦にセラピストの力動機能を高水準／標準水準に分けた。力動機能とは，精神分析的セラピーの達成能力ではなく，関係の力動とその内的な影響を読み，扱う能力を指すことにする。横には，分析文化を共有したADの力動機能を高水準／標準水準，そして異文化交流においての主治医の協働機能を高水準／標準水準／低水準と分けた。主治医に関しては，力動機能ではなく，より一般的な協働機能という表現を用いた。

　これらの組み合わせにおける治療の総合的な成果を☆の数で示し，↑は伸び代を示している。

　以下の仮説が考えられる。①文化共有の場合，AD・セラピストの力動機能の積算によって成果は定まる。②異文化の場合，主治医の協働機能によって成果の可否が左右される。セラピストの力動機能によって，主治医が内在している協働機能は発現し発揮されうる。

表1　AD／主治医とセラピストの組み合わせと治療の成果推測仮説

	高力動機能AD（文化共有）	標準力動機能AD（文化共有）	高協働機能主治医（異文化）	標準働機能主治医（異文化）	低働機能主治医（異文化）
高力動機能セラピスト	☆☆☆	☆☆↑	☆↑↑	↑可能性あり	ケースによる
標準力動機能セラピスト	☆☆↑	☆	☆	ケースによる	難しい

☆：治療成果　↑：伸び代

つまり，セラピストとAD／主治医の交わりによって機能増強や相互発見があり得ることになる。治療のユニットの関係は変わってゆき，機能は相互的に変化していくものではあるが，この仮説に依るなら，どのような組み合わせで治療が行われているのか，少なくともセラピストは自覚的であることによって，期待と限界の想定に配分を施し治療への構えが取りやすくなるといえるだろう。また，文化共有の地域差に対しての参照にもなるだろう。

VI　現代的なある視点を交えて

A-Tスプリットはボーダーラインの患者の治療で推敲が進んだものである。パーソナリティの病理のある，スプリッティングや投影／投影同一化といった防衛機制が盛んなケースには，治療構造を介してそれらの把握・介入をする強みが発揮されるといえる。このような防衛機制が使われる心は心的次元論（Meltzer, D., 1975）から言えば3次元である。

一方，現代的には，自閉の病理がクローズアップされて久しく，そういった患者も日常的に少なくない。そして分析的なアプローチの可能性と限界については議論がなされてきた。この病理においては，心の次元は2次元が主体となっている。つまり，ボーダーラインのようなスプリッティングや投影／投影同一化による3次元の心の交流が猛威をふるわない病態なのである。したがって，従来のA-Tスプリットの有用性はボーダーラインほどではないのかもしれない。

そこで，現実的にはよりシンプルなモデルでも何とかなっていると考えることもできる。ある程度自閉の病理のある患者が肝心なことをセラピーではなく診察で語る場合がある。しかしそれはスプリッティングのような仕組みによるのではなく，文脈による仕分けがうまくできていないという可能性もある。それならばADはまず，その仕分けを手伝ってセラピーに持って行けるようにまとめる手伝

いをするだろう。そののちにやがて，患者のパーソナリティの非自閉的な部分が顔を覗かせる日が来るかもしれない。

　週1回のセラピーが幸運にも設定・維持できるなら，それによってそれぞれの水準の患者ごとにより多くのベネフィットが還元されるために，現実のリソースを鑑みながら協働を考える，それが現代のA-Tスプリットだといえるだろう。

　　文　献

藤山直樹（2010）幸福な瞬間について．In：続・精神分析という営み．岩崎学術出版社，東京．
藤山直樹（2015）週1回の精神分析的セラピー再考．精神分析研究，59(3); 261-268.
古川俊一（2020）治療者と管理医をめぐる転移とその取り扱い―面接室の外に目を向けること．精神分析的精神医学，11; 79-85.
権成鉉（2007）クリニックにおける「A-Tスプリット」の適応―精神分析的な方向性をもったクリニック運営．精神分析研究，51(4); 39-43.
岩崎徹也（1976）精神分析的病院精神医学第Ⅰ部　基礎的な発展．精神分析研究，20(5); 171-187.
岩崎徹也（1978）精神分析的病院精神医学第Ⅱ部　その後の展開．精神分析研究，22(2); 41-57.
岩崎徹也（2007）日本における「A-Tスプリット」の始まり．精神分析研究，51(4); 3-6.
狩野力八郎（2007）日本における「A-Tスプリット治療」の概観．精神分析研究，51(4); 7-16.
川谷大治・諸江健二・妙木浩之（2003）境界性人格障害の精神科診療所におけるケースマネージメント．精神療法，29(30); 257-265.
川谷大治・川上由美子（2007）精神科クリニックにおける「ATスプリット」．精神分析研究，51(4); 44-50.
栗原和彦（2019）臨床家のための実践的治療構造論．遠見書房，東京．
Meltzer, D.(1975)Dimensionality in mental functioning. In: Meter, D., Brenner, J., Hoxter, S. et al.: Exploration in autism. Clunie Press.（平井正三監訳（2014）精神機能のパラメーター（媒介変数）としての次元性―自己愛組織との関係．In：平井正三：自閉症世界の探究．金剛出版，東京．）
岡田暁宜（2012）ある境界例女性の病院治療に関する精神分析的考察―治療文化をめぐって．In：権成鉉・岡田暁宜編：精神分析と文化．岩崎学術出版社，東京．
小此木啓吾（1988）力動精神医学における診断と治療計画．精神分析研究，32(1); 17-27.
小此木啓吾（1990）治療構造論序説．In：岩崎徹也・相田信男・乾吉佑ほか編：治療構造論．岩崎学術出版社，東京．
山口貴史（2023）「A-Tスプリット？」の時代にA-Tスプリットは必要か？　第69回日本精神分析学会大会 医療問題委員会・臨床心理委員会合同企画：「A-Tスプリット」再考―現代の精神分析的臨床の連携を考える．

第Ⅳ部　それぞれの領域における「週1回」の実践

第10章

学生相談における「週1回」セラピー

飯島みどり

I　はじめに

　教育分野における臨床は，小学校から高校においてスクールカウンセリングという形で導入されているが，ここでは筆者の臨床実践に基づいて，大学における学生相談について取り上げる。学生相談は，「大学」という教育機関において，学生の学生生活への適応や健全な発達を支援することを目的として設置された相談窓口である。学生相談における臨床の特徴は，大学組織の持つ「場」に由来する独自の構造によって臨床実践のプロセスやセラピストとクライエントの関係性などの基本条件が規定されているという点にあると言えるだろう。

　筆者は，精神分析的なオリエンテーションで訓練を受け，長く学生相談に携わって来た。学生相談には，精神分析理論が前提とする臨床場面とは異なる要素があるが，セラピストが精神分析理論を準拠枠とし，「場」の特性を活かしていくなら，学生相談における臨床実践がクライエントの適応や情緒的な発達に貢献できる点は大きいと考えている。本稿では，学生相談における臨床を「週1回」の精神分析的セラピーとして捉え，その治療構造の特徴と筆者の体験した事例を提示したうえで，学生相談の場における精神分析的セラピーにおける意義と課題について検討したい。

　なお，取り上げた事例は，プライバシー保護のために本質を損なわない部分において一部の属性等を加工した。また，学生相談室の位置づけは大学によって異なるが，そこでの役割は多くの場合「相談」活動であり「治療」ではない。したがって，学生相談の構造について語る場合は，「相談の構造」と呼ぶのが正確であるのだが，精神療法の一般的概念として「治療構造」という語を用いる。

II 学生相談における「構造」の特徴

1. 相談の場が大学内にあるということ

　学生相談室は，大学キャンパスの内部に設置された相談機関であり，学生が身近な日常生活の中で体験する悩みや問題についての相談に対応する。その内容は，学業や適性，進路選択などの現実適応に際しての相談から，対人関係や性格，広く気分の不調などさまざまであるが，多くが心理的な側面を含んだ相談であり，その中には発達の偏りや精神病理的な症状から生じる適応の困難についての相談も含まれている。日常の場の中にあり，どのような内容の相談にも応じるという間口の広さと秘密が守られることを明示していること，そして相談室のスタッフも同じ組織の一員であることから，学生にとっては最初の相談窓口として利用しやすい場だと言えるだろう。また，大学という教育機関に設置されていることから，そのかかわりは教育的な配慮や発達促進的な視点に立った母性的なものであると言える。

　一方，大学には，学生を評価し，できないものを「落とし」，時間とともに自立を迫るという父性的な側面も持っていると言えるだろう。また，臨床の場が日常の中に隣接し，「学生」としての同一性が保持された中でのかかわりとなることから，ひとまずは，現実志向的な支持的かかわりを中心としてセラピーが展開していくことが多いと言えるだろう。

2.「頻度」について

　学生相談においては，それぞれの学生のニーズに沿って対応もさまざまであり，その場のやり取りで終わるものから，インテークがそのままシングルセッションセラピーとなり，その後オンデマンドな来談に移行するケース，頻度を決めた定期的なセラピーとするケースなどさまざまである。セラピーの頻度をどう決めるかについては，相談室のキャパシティを踏まえた上でのケースマネジメントが必要となるが，社会の多くの場面と同様，「大学」の場における時間軸が1週間の曜日によって決められていることから，継続したセラピーを設定する際に，「週1回」というサイクルは日常の中に習慣化しやすいという利点がある。また，「週1回」という頻度は，日常生活と心理的な側面の両面を視野に入れながら話を聴く中で，クライエント・セラピスト双方が連続したイメージや理解を保持しながら，その時々の状態をとらえやすい間隔であると思われる。精神分析的な臨床に

おいて，セッションの頻度は，心理的なかかわりの強度や深さと関連するものとして捉えられているが，学生相談では，それらに加えて学生生活への適応を維持しながらの心理的かかわりといった視点が求められる。

3．相談の対象が主に青年期に属しているということ

　大学生の年齢構成は，主に 18 歳から 20 代半ば前後であり，その多くは青年期に属している。この年代は，高校までの偏差値教育から自らテーマを設定し能動的に思考する学びへの転換が求められることに加えて，多様な価値観や可能性の中で，適応することと「自分」であろうとすることの葛藤を体験する時期である。特に大学の後半の年代は，「学生」から「社会人」への移行にともなうアイデンティティの形成過程における葛藤や，親からの自立といった発達課題に現実的に直面する時期となる。

　移行期においては，親から養育されてきた「自分」と社会的に自立した成人としての「自分」の狭間にあって，その双方をつなげていく作業が求められる。そのプロセスでは，生育環境に起源をもつ不安や葛藤の活性化や精神的な病の症状が現実的な日常の場面に投影されて問題化するなど，現在と過去，現実と内的世界，健康と病理の双方が重複した形で語られることも多い。従って，クライエントが直面している現実的な問題を取り扱いながら，その背後にある内的現実，すなわち，生育歴や発達課題の達成度，対象関係の在り方やパーソナリティ構造などを多面的にとらえていく必要がある。

4．学生相談における時間的な「限界」

　先に述べた通り，大学のカリキュラムは曜日ごとに決められ，前期・後期ともに原則として 15 週であり，その間に長期休暇が入る。この長期休暇中の学生相談室の対応は大学によって異なるだろうが，筆者の勤務する大学では，夏季休暇と年末年始のそれぞれ約 1 週間程度の閉室期間以外は通常通りに開室し面接を行っている。したがって，週 1 回の設定では，1 年で約 47，8 回の面接が可能となる。

　さらに，学生相談における時間的構造の大きな特徴は，「卒業まで」というセラピーの終了時期があらかじめ決められていることである。これは，セラピーの「期間」に原則として期限が設けられていない精神分析理論との大きな違いである。このような時間的な限界により，学生相談におけるセラピーでは，卒業までの時間の長さを考慮した上で，クライエントの課題や問題を「焦点化」すること

が必要となる。また，初めから「終わり」が設定されていることから依存や退行は抑制されやすいであろう。「卒業」が近づく中では，潜在していた分離不安が活性化され，喪失に伴う葛藤を俎上に載せる機会となることも少なくない。

　セラピーの終了に当たっては，残された課題について話し合い，必要な場合は卒業後の治療機関に引き継いでいく。大学の「卒業」は，社会への移行の一側面を通過することと捉えてよいだろう。そして，そこでの面接の終了は，門出や出立といったポジティブな意味を含んでおり，喪失としてのワーキング・スルーは不十分になることが考えられるが，外傷的な体験にはなりにくいと思われる。

5．相談が「無料」であること

　相談が「無料」であることは，気軽に相談ができる場としての利用しやすさにつながっているだろう。有料の心理相談は学生にとっては高額であり，医療機関にかかりながら，経済的な理由から学生相談室で継続的なセラピーを行うケースも少なくない。一方，精神分析的な臨床において，料金を支払うことは転移・逆転移の形成の上でも重要である。有料の治療と比較すると，セッションが「無料」であることは，セラピストとクライエントの関係性が対等であるという感覚や，セラピストに対する怒りや攻撃性など負の情緒を表出しにくくさせる可能性がある。また，セラピストにとっては，依存やアクティングアウトが頻発するクライエントに対する逆転移を生じやすくさせるといった面があるかもしれない。しかし，両者の間には間接的ではあるものの，授業料や給与といった形での金銭の授受があるわけであり，その受け止め方そのものの中に個人のパーソナリティが反映されているとも考えられるだろう。

III　学生相談における精神分析的セラピーにおける技法と適応

　筆者はこれまで精神分析的発達論や力動的な視点で話を聴き，アセスメントを行ってきたが，そこでの対応は一様ではない。来室する学生の中には，発達の偏りや精神病的症状が認められ医療との連携が必要となる場合もある。また，情報提供や心理教育的な対応，親や教職員とのコンサルテーションや他機関の紹介といった業務も少なくない。また，ケースの状況によっては，マネジメントの必要性が生じて環境調整を行うなど，セラピストの役割は，現実的な対応と共に内的なものを扱い，受身的でありながら時に能動的であるという，常に両面性を持ったものとなる。

第 10 章 学生相談における「週 1 回」セラピー 161

　転移の分析は，精神分析療法のなかでは中心的な位置を占めてきたが，ここに取り上げる「週 1 回」という頻度，そして，臨床の場が日常生活の中にあるということから，学生相談におけるセラピーでは，転移の解釈にも工夫が必要となる。もとより頻度の低いセラピーでは日常の報告がセラピーの時間の多くを占めることに加えて，学生相談という日常性の高い「場」の構造から，「週 4 回」など頻度の高いセッションの中で発展するような転移が生じることは困難であろう。また，転移が読み取れた場合においても，クライエントの健康度や自我の強さなどを考慮して，それをどのように扱うかは慎重に見極められる必要がある。特に，「今，ここで：here and now」，セラピストとの間で生じている転移を解釈することは極めて有効ではあるが，そこでの関係性への影響も懸念されることから，クライエントの自我状態を踏まえた上での判断が重要であろう。
　その一方で，クライエントによる対人関係や家族とのかかわり，そして青年期的な課題に際しての語りには，彼らが発達の早期から抱え続けてきた不安や葛藤が投影されていることがしばしばある。「今，ここ」で起きている葛藤や不安が，クライエントの過去，すなわち「there and then」に起源を持っていることを示唆する転移外解釈は，自己についての理解を深め再構成する貴重な機会である。このような点から，学生相談室でのセラピーでは，セラピストとクライエントの二者関係を扱うよりは，クライエントにとっての「外的な現実」という第 3 項を共に見つめていく共同注視，「side by side」のポジションを取ることが多いと言えるだろう（北山，2005）。それは，精神分析が，「カウチ」という視線の合わない構造を設定し，自由な語りを促進したことにもつながるかもしれない。とはいえ，それらを扱っていく中でセラピストとクライエントの関係性もまた動いているのであり，セラピーの進展に伴って理解されてくるクライエントの過剰適応や健康への逃避，課題の先送りといったことに対しては，セラピストもまた適応と直面化の間で葛藤することが生じる。そのようなとき，セラピストが自分自身の逆転移に自覚的になること，そしてそのためにもスーパービジョンを受けることは重要であると考える。
　最後に，セラピーの適応に触れておきたい。
　学生相談における精神分析的セラピーの適応についてはさまざまな見方があると思うが，筆者の実践からは，クライエントの抱えている問題が，自我支持的なかかわりを中心としたものだけでは対処できないと思われる場合や，その問題が内的な対象関係に起源を持っていると思われること，その問題を扱うためのある程度の時間があること，また，クライエントの動機づけや不安への耐性，内的な

ものを言語化する能力を有していること，そして，セラピストとの治療同盟が築けると思える場合，と考える。このようなケースに対しては，中立的で安定した設定の中での精神分析的アプローチに基づくセラピーの提供は，クライエントの自己理解や洞察に貢献することが可能であると考えている。

IV 事　例

　ここでは，長期にわたるいじめによって対人関係に強い不信感を持っていた学生との3年間の事例を提示し，学生相談の構造やかかわりの特徴などがセラピーの展開やクライエントの転移・逆転移とどのようにかかわっていったかを考えてみたい。

〈事例の概要〉

　事例は，大学2年の春に，相談に訪れたA（男性・初回来談時19歳）である。2年生から所属キャンパスが変わったことから，1年間の大学生活で馴染んだ環境や対人関係の喪失感が強く生じ，「気分が暗く，大学に来ても昼頃になると燃え尽きてしまう」ということが主訴であった。

　生育歴：両親と兄の4人家族。両親とも仕事を持っていたため，両親が不在の時間は父方祖父母の家に預けられた。父母ともにしつけが厳しく，祖父母も生真面目で完全主義的であった。Aは，幼稚園の頃から周囲に馴染みにくく，仲間外れにされるなどのいじめを受け，それは小学校・中学校に入っても，大きく変わることはなかった。内心はびくびくしながらも，態度はむしろ尊大だったと言う。時々，学校を欠席することもあったが，長期にわたることはなかった。高校では心機一転，友達を作ろうとしたが，相手の反応に過敏になり，視線恐怖や手に汗をかくなどの神経症的症状が出現し，人とのかかわりを避けるようになってしまったという。大学は，地元を離れ一人暮らしができるところを選んだ。大学入学後は，クラスやサークル等で多くの友人ができ，初めて人と会話をすることが楽しいと感じられる学校生活を過ごし始めた矢先のことであった。

　印象：長身，痩せ型。地味で真面目な印象。遠慮がちに小さな声で話す。セラピストに気を遣っていることが伝わってくる。

　面接構造：週1回（50分）。長期休暇中も原則として定期的に面接を行った。

〈面接過程〉

第1期（大学2年：1回〜37回）
　相談のきっかけとなった動揺は，新たな環境での授業や課外活動が日常となり，前年度からの友人とのつながりが保たれていることや，新たなクラスにも馴染んでくる中で間もなく落ち着いたが，抑鬱状態の体験は自分の目標や将来の方向性が曖昧であることをAに意識させる契機となった。
　生育歴を聴く中で，両親・祖父母ともに完全主義的であり，Aは，周囲からの承認を得るためにいつも人の目を意識し，自分が有能で完璧な"振り"を続けざるを得なかったこと，しかし他人の存在は常に脅威であり見下されることへの警戒心と不信感を持っていることなどが言葉になった。これからどうしていきたいかを尋ねると，Aは，信頼できる友人を持ちたいことと，自分の納得できる進路を見つけたいとの希望を語った。セラピスト（以下，Thと表記）は，その2点を学生相談でのテーマとして焦点化していくこととした。

　セッションが始まると，Aは"役に立つ存在でなければ排除される"というとらわれから，サークル活動の中で自発的に責任ある役割を引き受けてはみたものの，期待していたほどの賞賛や信頼は得られず，自ら担った責任の重さから，何もしなくても楽しそうにしている学生に対する不公平感や怒りが強くなり，しばしば不満を口にした。Thは，それがこれまでの対人関係の反復であることを感じつつも，現実的なサークル内の課題として話を聴いていた。ある回，Aは，サークルの用事でセッションに10分程遅刻した。Thは，その事情を了解してセッションを始めたのだが，Aは遅刻したことでThが怒っているのではないかと不安そうに，そしてやや苛立ちながら言った。Thが，なぜそう思うのかを尋ねると，Aは，Thが笑っておらずそっけなく返事をしたからで，それはいつもと違うと言った。Thは，自分の表情をそのように理解されたことに戸惑いながら，少しでも遅れるとここでも受け入れられないと感じているのだろうかと，「今，ここ」で起きている転移を取り上げたが，Thが怒っているのではないかという不信感はそれでも解消されていないように思われた。この時のことについて，その後も何度か取り上げていったが，Aは，言葉によるコミュニケーションよりも，仕草や表情から読み取ったものを確かなものと感じており，表面的には，何気なく振る舞っていても，さまざまなところで現実を被害的にとらえ，不満や不安を抱き，"どこにいても自分の周りはすべて仮想敵国で，いつ攻めてくるかわからない"

と，緊張や不安を感じていることを語った。そのようなやり取りを通して，Th は A が経験してきた言葉の無力さと，その結果 A が言葉に対する信頼を持てなかったことを初めて共感的に理解した。

第 2 期（大学 3 年生：38 回〜79 回）
　サークル活動の中では A の尽力が認められ，肯定的評価を受ける面も見られるようになるが，それがいつ自分への否定に転じるか分からないとの思いから，A は，さらに大きなイベントの責任者を引き受けた。学業との両立に疲弊しながらも，無事にそのイベントは成功したが，A は，うまくいっても当たり前と思われ，自分の苦労を理解も評価もされない，そのことがつらいし孤独だと訴え，Th は，そんな A の思いに共感し責任を全うした A を支持した。しかし，心身の疲労と不全感から，A は次第に朝起きられない，出かけようとすると腹痛が生じるなどの症状が現れ授業を休むようになり，そんな状況に対し，自己否定や自虐的態度が強くなった。A は，その感覚を「つらいのだが，むしろ，自分があるべき本来の場所にすっぽり収まっている感じ」と表現し，幼少期からの否定的な自己感の中に逆戻りしそうであった。Th は医療機関の受診を勧めたが，もともと家族は「クスリに頼るのは甘えだ」との考えで，A は受診に否定的であった。しかし，症状が改善しないことから Th は再度受診を勧めると同時に，一度家族と話したいという希望を A に伝え，連絡を取る了解を得た。
　Th が，A の母親に A の状況と受診の必要性を伝えると，母親は驚きながらも理解を示し，A の初診に同行して投薬治療が開始された。母親は，その後も A のことを気にかけているようであり，Th は夏季休暇中の帰省を勧めたが，A は「一人でいた方が楽だから」と帰省はしなかった。後期の授業が始まると，服薬の効果からか授業への出席は可能になり，一時休んでいたサークル活動にも戻ることができた。自分がすべての責任を負わされていると思っていたサークル活動は，A の不在の間，他のメンバーが役割を代行し支障なく活動が行われていた。A は，それを「ほっとしたのとがっかりしたのと両方の気持ちがある。自分がいないとうまくいかないだろうという気持ちがあった」と語る。この体験は A が初めて，人の力を借り，人の世話になるという体験となった。一方，セッションの中では，話がまとまらず面接時間が伸びてしまう，セッションの途中でトイレに行くなどの若干の退行が見られた。また，「うまく話せない」と長い沈黙をしたセッションの後で，「前回は疲れていた。"大変だったね" と慰めて欲しかった」という Th に対する依存欲求を言葉にした。

第3期（大学4年生：80回〜119回）

　Aは，セラピーを開始した当初より進路選択や社会人になることへの不安をしばしば話題にしていたが，就職活動期となると，サークルのOBなどこれまでに築いたネットワークの中で企業の情報収集や面接の練習などに協力を求めているようであった。この時期のセッションでは，就職への動機付けや職業選択の際の価値観など現実志向的なことがテーマとなった。その後，Aは，希望していた企業に就職が内定した。Aはそれを喜ぶ半面，大学での残り時間を意識し，学生生活を充実させたいとの期待が高まったが,「信頼できる友人関係が築けない」ことへの焦りと迎合的な自分への苛立ちが言語化された。

　一方，Aは，卒業論文のテーマについて話している中で，唐突に「悩んでいることがある」と涙を見せながら父親や兄との葛藤について語り始めた。Aが，情緒的な動揺を"泣く"という行為で表出したのは初めてであった。これ以後のセッションでは，家族との関係がテーマとなった。「子どもの頃は，父が車で帰ってくる音が聞こえると，走って迎えに行くほど父が好きだったが，次第に父の言うことに疑問を持ち始めた。父は何に対しても自分の非を認めようとせず，周囲を貶めることによって自分の優位を保とうとする。そんな父が嫌で，自分も同じような人間になったらどうしようと不安で仕方がなかった」，「4歳上の兄は物心つくころから自分にライバル意識を持ち，いつも自分を見下し些末なことまでチェックし非難する。楽しく遊んだ記憶が一つもない。悔しいので，何も言われないようにやれるだけのことをしてきたが，それでも粗捜しをされ，何かしら非難された。今も，こうしたら兄に何か言われるのではないかという思いが湧いてくる。兄がいなければもっと自由にやりたいことができたのではと思うと悔しくて仕方がない」との思いが語られた。Thは，Aにとって，人は皆，兄のようにAの粗を捜し非難する"仮想敵国"のような存在だったことや，人を責めると父のようになってしまうことへの抵抗の強さから，自分を責めるしかなく，自己否定的な思いが強くなっていたのではないかと解釈した。Aは，それを認めて，「もう，父とも兄とも一緒に暮らすことはない。これからは，自由になりたい」と語った。そのようなプロセスの中で，Aは，幼い頃一緒に遊んでくれた父との思い出や，出産後もずっと仕事を続けてきた母親の社会的なあり方を評価するなど，自立的な面が感じられた。

　卒業が近づくなかで，Thは，これまでのセッションを振り返ることを提案した。Aは，Thとの関係性について，「これまで何を言っても伝わったという実感がなく誤解されるだけだと感じてきたので，ここで話していても言葉で伝わるの

だろうかといつも思っていた。でも，その不安が次第に言葉で言うしかないと観念する気持ちに変わり，それは段々，話したことは人に伝わるという安心感になっていった」と語った。そして「ここが何を話してもいい場所であるのはわかるが，何が本当に言いたいことなのか自分でも不確か」であるとの言葉を残してAは卒業していった。Thにはその言葉が，外界からの刺激に対する反応ではない本当の自分への問いかけのように感じられた。その後，何度か年賀状が届き，元気に働いているとの報告があった。

V 事例の理解と意義

対人関係に葛藤を抱えた男子学生との3年間のセラピーについて報告した。筆者は，この考察で，本事例を，週1回の精神分析的セラピーとして，すなわち，精神分析そのものとは異なる構造，異なるかかわり方を含みながらも，精神分析理論を準拠枠とし，その共通基盤の上に立つものとしてとらえ，その意義と課題について検討したい。

Aの事例からは，このセラピーが，学生生活における現実的な出来事とそれに伴って生じる内的な葛藤を中心に展開していることが見て取れるだろう。そして，そこには，Aの生育環境に由来するさまざまな要因，すなわち，完全主義的で甘えを許さない，しかし安定した家庭環境や兄との兄弟葛藤とそれへの抵抗，幼少期よりの対人関係にまつわる傷つきと不信，周囲の目への警戒と迎合的な防衛などが次第に理解されていった。そのプロセスにおいて，セラピストの役割は，Aが安心して話せる場を継続して提供することと，その関係の中でAの体験を共に注視し，Aの，その時々のニーズを読みとりながら中立的にかかわる対象となることであった。そして，Aの対人関係への不信感から背負い込んだ責任が，A自身を追い込み，その不全感が身体化され症状として不適応を生んだ際には，能動性を発揮して環境調整を図り，医療につないだが，これは学生相談におけるマネジメント機能と言ってよいだろう。

学生の日常と同じ空間に設置されているということもあり，学生にとって学生相談の「場」は，外的な現実の一部であると同時に，外界の侵入から守られ，セラピストとの二者関係の中で展開する内的な空間でもあるという中間領域であると考えられる（Winnicott, 1951）。扱う内容も，それを扱う場も，ともに「内」と「外」という両面的な特徴を持っており，その中間的な時間と場が，週に1回

のリズムで繰り返され，言語化を通して自己をひとつのまとまりあるものとし，青年期という中間的な年代にある彼らの移行を背後で支える営みとなる。

　Aとの転移は，基本的に陽性転移が維持されていたと思うが，それを前提としつつ，そこには幼少期よりずっと外界に対して抱いてきた不安が反復された。

　第1期では，「遅刻」をきっかけに，セラピストもまた自分を排除するのではないかといった転移が生じ，筆者はAが体験している「今ここで」の情緒が，「あの時，あそこで」という転移外の出来事に起源をもつ内的な対象関係の投影ではないかということをある程度は解釈したが，それは十分に伝わったとは言えなかった。鈴木（1998）は，週1回のセラピーの中で，転移解釈を行う際の留意点として，現実世界に対処するクライエントのパーソナリティの「大人の部分」を尊重することの重要性について述べている。そして，「あの時あそこで」のもつ現実性を評価することによって週1回という治療の枠組みが保たれ，「今ここで」の転移解釈への理解が深められる可能性が出てくるとしているが，それは学生相談にも当てはまると考える。

　Aは，「卒業まで」という学生相談における時間的限界に間に合わせるかのように，幼少期からの中核的葛藤ともいえる父親と兄との関係性を言葉にした。それは，現実的な課題の見通しが立ったからこそ，取り扱えるようになった内的な葛藤であったと思われる。そして，約3年間にわたる週1回のセラピーを通して，内と外の間にその双方を取り扱いながら自由な思考ができる場としての中間領域がAの心に内在化されたのだとすれば，それこそがセラピーの意義であったと考える。

VI　学生相談における精神分析的セラピーの課題

　最後に，学生相談における精神分析的セラピーの課題について述べたい。まず1点目は，クライエントのネガティブな情緒の取り扱いの難しさが挙げられるであろう。Aの内的な世界には，何のわだかまりもなく集団に適応し安心していられる他者に対する怒りや恨み，嫉妬や羨望といった感情があったであろう。Aの高校時代の神経症的症状やセラピーの第2期において生じた身体化などの状況を考えると，その葛藤は容易に許容できるものではなく，潜在的な攻撃性となってAを外界から遠ざけていたと考えられる。また，セラピストに対しても，Aの気持ちに気付かず何もしてくれないといった不満や怒りが一部は言語化されているが，それ以外にも同様の思いが生じていたであろうことは想像に難くない。低頻

度のセラピーにおいては，連続性が途切れやすいことから転移感情が深まらないことや，さらに学生相談の場においては，「大学」という教育機関の中にあることから適応的な側面が求められ，ネガティブな思いを表出することに防衛的になることなどの要因が考えられるであろう。その面からも，セラピストは逆転移に目を向け，言語化されにくいクライエントの思いを心に留めることが重要であろう。

　もう1点は，「卒業まで」という時間的構造に由来する。本来クライエントの情緒発達やパーソナリティの変化にかかわっていくには，連続した時間の積み重ねが必要であり，それに期限は設けられないものであるが，学生相談にはそこに寄り添える十分な時間が設けられていない。発達に要する時間の流れとは異なるところで決められた「終了」は，迫害的な不安を抱くクライエントにとっては，排除され，放り出されたという体験にもつながりかねない場合があり，そのようなケースでは外部への入念な引継ぎが必要である。一方，「時が来れば終わる」という設定は，アイデンティティの確立を促進するものでもあり，社会への移行という「巣立ち」に伴う象徴的な分離や喪失に対するモーニングの体験ともなるであろう。そのような意味では，構造的な限界を治療的に利用することが可能であると言える。

Ⅶ　おわりに

　学生相談における構造と「週1回」の精神分析的セラピーとしての意義と課題などについて述べた。学生相談には，その設置場所や時間的な構造といった面から，精神分析的な臨床とは異なる特徴がある。しかし，そこでのかかわりにおいては，精神分析理論は，発達段階やセラピスト－クライエント関係，内的対象関係と現実のあり方などを理解する上での大きな指針と示唆を与えてくれる。そして，その理論を持ってクライエントを理解し抱えていくうえで，セラピストの中立性やクライエントの自主性の尊重などの内的構造がきわめて重要であることを強調して終わりとしたい。

　　　文　献

Erikson, E. H. (1959) *Identity and the life cycle.* International Universities Press.（小此木啓吾訳編（1973）：自我同一性―アイデンティティとライフサイクル．誠信書房，東京）
北山修編（2005）共視論―母子像の心理学．講談社．
北山修監修，髙野晶編（2017）週一回サイコセラピー序説―精神分析からの贈り物．創元社，

大阪.
Mander, G. (1995) In praise of once-weekly work: Making a virtue of necessity or treatment of choise? *British Jornal of Psychotherapy*, 12(1); 3-14.
McWilliams, N. (2004) *Psychoanalytic psychotherapy: A practitioner's guide*. Guilford Press, New York.（狩野力八郎監訳（2009）精神分析的心理療法．金剛出版，東京．）
鈴木龍（1998）週1回の精神療法における現実生活の主題と転移の扱い．精神分析研究, 42(3); 240-247.
Winnicott, D. W.（1971）*Playing and reality*. Routledge.（橋本雅雄・大矢泰士訳（1979）遊ぶことと現実．岩崎学術出版社．）

第 11 章

開業における週1回精神分析的セラピー
傷つきのなかで生命感が蘇るプロセス

日下紀子

I　はじめに

　開業領域では，個人開業と，複数の心理士・師が共同運営する心理相談室，企業が経営母体となって複数のセラピストを雇用する心理センター等の組織が存在する。そのなかで，開業領域のセラピストは，プロフェッショナルなこころの専門家として何ができるのか，社会から一層問われるようになっている。
　複数心理士・師が在籍する私の所属先の開業施設には，近年，医療機関のみならず教育機関，産業領域，司法領域，福祉領域から紹介されて，被害者支援や被虐児に対する心理的支援，アセスメント，サイコセラピーも求められているのが現状である。
　このように開業領域を訪れるクライエントは，病態水準もさまざまであり，どのような対応が必要であるのか，そのアセスメントにも精神分析の理論が活用されている。さらに構造化された精神分析的セラピーを導入するにあたっては，必ずその適用を見立て，クライエントの同意のもとに開始する。
　松木（2016）は，実際の臨床場面で，対応を必要としている，あるいは対応が必要とされているひとたちは，こころに"生きづらさ"を抱え，その"生きづらさ"には棘があるという。その棘は常にその人だけでなく，その人のこころに出会おうと近寄る者にも突き刺さる。その痛みを通して，私たちは，"生きづらさ"を抱えたこころの本性を知るのであるという。
　実際には，その痛みを通してこころの本性を知ることは決してたやすくなく，出会いの場面で，クライエントのこころに無自覚に近づき，いきなりその棘が容赦なく突き付けられることがあるだろう。例えば初回面接の後，クライエントから「あのセラピストは合わない。話しにくい」と担当者の交代を要求される経験は，誰もが一度は体験しているのではないだろうか。

そのときセラピストは，何が悪かったのかと傷つく自分を自覚しながら，「何に対して合わない，話しにくいと感じたのか」を問うところから，クライエントのこころに出会おうとする。クライエントの初回面接の前から抱いているだろう無意識的空想と現実とのずれは何か，そこに今後の転移関係の推移の文脈を読み取ることも可能である。

ビオン Bion, W. R.（1979）は，2つのパーソナリティが出会うときに，お互い気づくほど接触するなら，あるいはお互い気づかないほど接触しても，その結果として情緒の嵐が生まれるという。そしてその嵐の当事者2人は「思わしくない仕事に最善を尽くす」よう決心することを説いた。

「最善を尽くす」とはどういうことだろうか。

クライエントの"生きづらさ"とその痛みの本性を知ろうとしていく過程で，セラピストは傷つき，その痛みを感じるのであるが，その痛みに圧倒されても，その場にとどまりながら，開業領域のセラピストはどのようにしてクライエントのこころに出会い，週1回の精神分析的セラピーを営むことができるのだろうか。

II　開業での心理臨床実践の実際

1．セラピストの傷つきやすさ

ここで週1回精神分析的セラピーの短い臨床ビネットを提示する。

過去にいじめられた経験を持つクライエントは，「ここに来る途中で，ぐずる幼児を親が怒鳴りつけ殴っていた。急いでいたので何もできなかった」と語り，それから不意に「先生だったらどうしますか？」と，私に問いを向けてきた。突然の問いに私は戸惑い，口ごもった。「どうするんですか？」とさらにクライエントは詰め寄ってきた。私は苦し紛れに「難しい……。声をかけたいと思うが，声をかけたら母親を責めることになり，それで余計に子どもが母親に怒られるのではないか。あんたのせいで！と怒られるのではと思うと，声をかけられないかもしれない」と正直に答えるしかなかった。

その言葉を聞いたクライエントは，「私がその子なら，母親に後で怒られたとしても，何か声をかけてほしい。そうしたら怒鳴られた怖さよりも，いま起きていることは普通ではない，当たり前ではないのだとわかる」と断言した。私自身に「母親を怒らせ，攻撃される」不安があったのも確かである。落胆するクライエントを目の当たりにし，私は不安から逃げ腰になっている自分を恥じた。そん

な私を見限って，クライエントはセラピーを中断してしまうのではないかという恐れを抱いた。

　同時に私は，クライエントから「相手を怒らせ，傷つけるかもしれないが，そこで起こっている事実に向きあう覚悟があるのか」，「見て見ぬふりをしてはいけない」と言われていると強く感じた。そして「今，見て見ぬふりをせず，痛くてもその傷に触れる覚悟を私は求められている」と伝えた。クライエントは，私の目を見て静かに肯定した。

　北山（2007）は，セラピストは巻き込まれ，役割を押し付けられ，「患者の傷つきを癒そうとする者が「傷つける」（と言われる），「治療者が害になる」（と言われる）」のだが，傷ついたセラピストがその傷の痛みを感じ，その気づきを通して，患者のこころへの理解が深まるのだという。そのためには「出演者から観察者へ」という移行が必要であり，さらに「そこから『夕鶴』のように去って行かないようになることがセラピストに期待される」という。

　先の臨床素材に戻ると，私はクライエントのこころに突き刺さる棘に向き合う覚悟ができているのかと問われ，その覚悟をしたのだが，事実に向き合うことは，そんなに容易くはなかった。私のこころには，加害への恐怖や不安が存在し，痛みや棘が鋭いほど無意識に瞬時に，その痛みから目を背けてしまう「傷つきやすさ」に直面した。このようなセラピストの「傷つきやすさ」は，開業領域では特に，「得られる対価に見合うだけのものを相手に与えなければならないという意識」（富樫，2021）に影響され，無力感に圧倒されやすい。さらに，山崎（2022）が「治療者が患者を『つきあわせる』ことが問題視されていた」と指摘したような，クライエントを搾取する私欲がないかと，セラピストは自身に問わねばならない。

2．心理臨床実践の原点──セラピストの優しさ

　松木（2016）は「傷つき過ぎて，見たくないのだから，そっとしてあげよう」，「それを守ってあげることだ」というのは，「ほんとうのやさしさ，謙虚さなのだろうか」と問い，見守ることは確かに必要な時はあるが，それを漫然と続けるのは，見過ごすことと同じだろうという。

　さらに松木（1988）は，精神病者との心理療法のなかで禅問答のように応答するセラピストに対して，さもわかったように知的に応答するのは，海の中で息苦

しさに耐えられなくなって一人だけ水面に浮上し，息継ぎをしているようなものだと語った。クライエントを海の底に置き去りにしてはいけないと，「滞在する sojourn」（Bion）についても言及した。この息（生き）苦しさから逃げ，わからないことをわかったようにしてはいけないという，「ほんとうのやさしさとは何か」の問いは，精神分析的セラピーを続けるうえでの原点として私のこころに刻み込まれている。

ところで，開業医で精神科医の高山直子もまた，精神科医療の理念として「生命への畏敬」（シュバイツァー Schweitzer）[注1]と「親切で明るい」，「親切で優しい」を原点として患者を診療し，臨床家には「優しさ」が必要であると繰り返した。「優は，人偏に憂いと書く。優しさとは，単にすべてを何でも受容し，寛容すぎるという意味ではなく，人の憂いを知ること」，「憂いとはつらい，かなしい，嘆きである」との理念の下で，クライエントをリスペクトし，クライエントの憂いを知るよう努めることを原点として，私は心理臨床実践を始めた。

実際に開業領域では，誰がいったい何を問題にして，来談しているのか，よくわからないことも少なからずある。誰がキーパーソンであるのか，目の前のクライエントの憂いと生きづらさは「何もわからないところにそのクライエントにとっての事実を見出そうと努め続ける」（松木，2010）しかできない。ならば，その道程でセラピストは，自分がクライエントにその対価に見合うだけのものを提供する責任を持つとともに，「傷つきやすさ」が不可避に露わになる。それゆえ開業領域では，セラピストとして十分機能していないゆえの自己愛の傷つき，恥，無力感と不全感に苛まれる自分自身を見過ごさないことこそが特に重要だろう。

III 開業領域における週1回精神分析的セラピーの実際

次に，週1回精神分析的セラピーのプロセスの一部を提示し，セラピストの傷つきやすさと，セラピーのプロセスで何を体験しているのかについて考えてみたい。

事例A（初回来談時10代後半女性）

事例は，個人情報保護のために，本質を変えず，一部表現を変えて隠蔽してい

注1）アルベルト・シュバイツアー（1875-1965），フランスの神学者・哲学者・医師。1952年度ノーベル平和賞受賞。

る。

①事例の概要とアセスメント面接
　暴力的で，急に大声で怒鳴りつける父と，何を考えているのかよくわからない正体不明な母のもとで育ったAは，学童期から倦怠感や体力のなさを訴え，休みながらも高校を卒業し進学した。すぐに登校できなくなったAは，微熱，倦怠感，不眠の身体症状を強め，複数の医療機関を転々とした。症状の改善はなく，診察室でも緘黙になったAは，開業心理相談機関を紹介され，私と出会った。
　3回のアセスメント面接で，何らかのトラウマの影響があったかもしれない暗闇への怯え，解離症状がAにあるとわかった。しかし，外傷的な具体的なエピソードは，最後までAは語らなかった。

②精神分析的セラピーの初期段階——Aが突きつけるこころの棘
　何も語ろうとしないAは，天女のような清楚な佇まいで，雲の上の存在だった。ただ沈黙し私を凝視する眼光の鋭さ，何を考えているのかわからない不気味さは強烈で，私は，Aとのセラピーはたちまち中断するのではないかと恐れた。沈黙に耐えきれずに何かを問うと「相談なんて誰にもしない。説明するのがめんどくさい，悩みもない」とばっさり切り捨てられ，私は言葉を失った。
　何度となく何かを口走りそうな衝動を私はなんとか抑え，Aがただ来てくれただけで安堵している自分にも気づいていた。
　その一方で，Aからの「何をしてくれるのか，何もできないだろう」という無言の圧力を強く感じながら，その感知と認識をもとに，Aはなぜ沈黙を続けるのか，何を「めんどくさい」というのかを考え続け，全くわからないまま役に立たない者として私は存在し続けた。何か闇雲に沈黙を破りたい衝動を感じつつも，それを行動に起こさないように注意した。
　そして面接のなかで私が感じる感覚をできるだけ分節化した言葉にして伝えようと意識的に取り組み，「どこにも居場所がなく，孤独感や緊張感が強いと私に伝わってきた」と言葉を紡ぎ出したとき，「そう」とAは肯定し，かすかに微笑んだ。やっとAのこころに一瞬触れることができた瞬間が訪れた。

③精神分析的セラピーの転機——夢見と身体が発する音のあらわれ
　4カ月が過ぎ，Aは「うっそうとした森の中に死体が埋まっていて，その謎を若い女の子と専門家が一緒に調べていく。森の中に入っていく。むっちゃ怖かっ

た夢」を静かに語った。私は，得体の知れない不気味なものをセラピストと一緒に探索したいAの思いがあると感じ，私は夢の解釈としてAに伝えてみた。Aは「そんなことは考えていない，めんどくさい」と即座に否定した。

　そのAの否定に私は傷ついたが，沈黙するAにはセラピーへのモチベーションがあると確信した。セラピストのそう思いたい欲望が少なからずあるかもしれないが，Aの夢には接点を持てる可能性が感じられた。私はそれを手掛かりにして，身体の乾燥や手足の冷えなどのAの身体感覚を積極的に丁寧に聴くと，Aの症状は幼少期から続く困りごとであるとわかったが，「原因とか知りたいわけでもない。これからどう変わりたいとか変えたいとかもない。とにかくそんなこと考えたくない」とAは強い口調で反発した。私は唖然としつつ「そうか。でもAの身体は不調。だから今がいいわけではないと思う，身体が訴えている」と言葉を絞り出した瞬間に，Aはぷっと吹き出し，同意した。Aの笑いが生まれた瞬間，私はAの息吹を，いまここにAが生きていると感じられた。

　さらに1年後，「私，寒がりなんですけど」と「誰かに添い寝されている夢」をAは語った。「温かく，誰かに添い寝してもらいたいのかな？　不思議だな」，「寒がりの人はなんか寂しい，私，寂しがりだなって思って……。そばに誰かいてほしいと思うと，なんだかめんどくさいな，重たいなと思って……。そばにいてほしい人が自分の話を聞いてくれるのは，その人が優しいから。自分はその人の話を聴くけど，その人が好きだかどうかわからない……」と夢の連想を続けた。

　ゆっくりと私は「いまAの傍に私もいるけど，私はAのことを思っているというのではないと思うの？」と介入した。Aは私の目を見て「仕事だからと思う」と即答した。おそるおそる「仕事ではあるけど，そこにAを思う思いがあるとは思う？」と問うと，Aは「そんな風に思ったことはない」と黙り込んだ。

　しみじみとした沈黙に，そばにいてほしい甘えや寂しさ，重荷になる不安が重なって感じられたが，たちまちその場は，居たたまれない緊張感と圧迫感に包まれ，Aは自分の手を触っていたところにAの手首からボキッと音が鳴った。思わず「うわ」と私が驚いた声をあげると，Aは「よく鳴る」と声を出して笑った。「すごく力が入っているのかな。緊張？」と私が問うと，Aは素直に頷いた。「緊張しているだけでも疲れるよね」と伝えると，素直に「そう思う。すごい発見，すごく力が入って首も肩もがちがち。だから疲れる。体力が全くないわけではないのかもしれない……」とAは呟いた。その瞬間，私たちは身体から発する音を確かに聴き，Aは自己感覚の芽生えを発見したようだった。

④精神分析的セラピーの展開——吐き出す言葉，居眠りと解離症状の出現

　次第にAは「イライラする」とぽつりと語り，自分の不機嫌さが親には全然伝わっていないことに対して「嘘！まじかよ！」と小さな声で吐き捨てた。その意外な言葉に，私は驚き，「嘘！まじかよ！」と繰り返した途端，Aはぷっと笑った後すぐに「自分ではイライラも出しているつもり」と，気づいてもらえない苛立ちを他人事のように言葉にした。Aの目つきや口調に緊張感や怒りが滲んでいるので，私は「きっと私にもイライラを出しているのに，伝わってないみたいでイライラしている」と伝えると，Aは頷いた。

　その後も全く何も無い荒んだ沈黙は続いた。
　あるときAは目を瞑り，俯いた姿勢で居眠りをした。私は，一人放置され，Aはただ来談する予定をこなしているだけで，ここに来て何の意味があるのかと無力感に傷ついた。その一方で，目の前で船をこぐAは，ここで眠れるくらい無防備で安心しているのならば，このまま私は存在していいのだとも逆説的に思えた。

　あるときAは，スイッチが入ったように言葉を発したかと思うと，急に電源が落ちたように顔つきが変化した。私はゆっくりと「いまAの表情が変わったように見えたけど」と呟くと，Aもゆっくりと「目の前がチカチカして真っ赤になったかと思うと，違う場所に立っている自分の後ろ姿が見えた」と，たった今生じた解離症状を明らかにした。
　「頭痛がひどく，とてもしんどい」と頭を抱え，「痛み止めの薬を飲んでもちょっとで効果が切れる。薬もちゃんと仕事せーよ！」と，Aは笑いながらぼやいたその2週間後にセラピーを休む予定の私は，「ちゃんと仕事をしろ」とAから怒られているように感じ，「こんな時に私は休むね。ちゃんと仕事しろよだね」と伝えると，Aは「ほんまや〜」と笑いながら怒りと不満を表現した。私の不在に対する痛みが，ようやく言語化された瞬間だった。

　その後もほぼ毎回，沈黙で始まるセラピーの行き詰まり感に持ちこたえるためには，Aの身体感覚と今ここでの感覚にぴったり合うような言葉を紡ぎ出す営みを積み重ねようと私は意識した。そのプロセスを枠づけしている週1回精神分析的セラピーでは，2人が共に存在する週1の感覚をよりリアルに体験することによって，セラピーの連続性は保持されやすくなるだろう。そのためには「リズム性」（岡田，2017）を意識し，セラピストの休みという通常の「リズム性」が崩

れるときに，いまここでの不安や怒りを掬い上げ，生き生きと言葉として紡ぎ出すことによって，身体の痛みとしてしか体験できなかった情緒は身体感覚とつながり始めたようだった。

そうして，生身の身体感覚を取り戻したＡが天空から降り立ち，Ａに世俗性を感じるようになった頃，Ａは同世代の人とともに無事に大学を卒業するに至った。Ａはバイトを始め，将来を共にしたいと望む異性とも交際を始めた。

Ⅳ　週1回精神分析的セラピーのプロセス考察

1．セラピストの傷つきやすさ──セラピーを支えた臨床実践の原点とネガティブ・ケイパビリティ

コルタート Coltart, N.（1986）は，「われわれが何をしているのか解らないというのが，我々の職業に付きまとう本質である」という。精神分析的セラピーは，実際に継続してみないとその展開がわからないという未知のプロセスのなかで，セラピストがクライエントの生きづらさに触れて傷つくことは，不可避な体験である。特に対面法では，セラピストの表情，姿勢，振る舞いはクライエントに丸見えで，意図せずとも無意識に傷つきやすさは露呈している。

「傷ついたセラピスト」である私は，Ａの鋭い眼光と沈黙に圧倒されて何もできない無能さをＡに見抜かれ，「役立たず」といつ見限られるのかと，中断になる不安に晒され続けた。

週1回セラピーでは，キャンセルが一度でも起こると2週間も会えない状態となるため，セラピーのない間は，クライエントとのつながりが切断されてしまう恐れが生じやすい。在1・不在6のリズムでの，在1の価値が十分に感じられなければ，不在6は長すぎて，セラピストとしての存在はさらに無価値なものになるだろう。その不安ゆえに，セラピストとして機能しなくてはならないという思いに駆られ，焦り，仮初に自己愛を満たそうと躍起になる恐れもあるだろう。

私は，沈黙するＡを目の前にして，下手なことはできないと固まり，時に闇雲に話しかけたくもなった。それはセラピストの行動化であるとわかっていたので，そこにとどまりながら，目の前のＡは何を体験しているのだろうかと考え続けた。このときセラピストに必要なのは，その場に立ち止まるというネガティブ・ケイパビリティである。

Ａに対して私は，何もできない無力な自分が切り捨てられる不安や自己愛の傷つきを感じながら，わからないままに何もしない自分がセラピストとしての対価

を得ていてよいのかと自責的になり，Aの鋭い眼光に晒されて焦り，張り詰めた表情になっていただろう。

一方，休まずに通うAに安堵している私も存在し，セラピストの傷つきは，対面であるがゆえにAにもリアルに伝わっていたはずである。だからこそ私は，対価に見合わないセラピストとしてAを搾取している不安を自覚しつつ，常に心理臨床の原点に立ち返り，目の前にいるAの息遣いを感じてAと向き合い存在することしかできなかった。

実際には，Aの手足の冷えや身体の乾燥の感覚を私自身が思い描けるように「もの思い（reverie）」（Ogden, 1997, 2001）を続け，わからないながらもいまこの場に感知した感覚を分節化して言葉にし，その場にそっと置くようにAに伝えた。

そのなかでこそ，思いがけないAの言葉や偶然生じた身体の音を私は捉え損ねずに，その衝撃や感覚を言語化できたのだろう。Aの吹き出し笑いのインパクトは，対面での満ち満ちた緊張感を破るパワーがあった。Aの生命の息吹を感じたその瞬間を確かにAも私も共に体験し生きていたといえるだろう。

2．週1回精神分析的セラピーのプロセスで夢見ること

セラピストが傷つき，成す術が何もなかったときに，Aの夢だけは生命感を持っていた。オグデン Ogden（2009/2021）によれば，「私たちが眠っているとき夢見るものは，私たちが目覚めているときの体験の再発見であり，そのなまの体験に光を投げかけるだけでなく，それを新しい何か，すなわち私たちが無意識的な心理的仕事を行うことのできる何かに変形するような再発見である」

Aの「謎を若い女の子と専門家が一緒に調べていく。むっちゃ怖かった」夢に，精神分析的セラピーをAと一緒に進めていくことができる可能性とモチベーションを私は感じた。暗闇の中でかすかな光を見出したように，それが火種となって，私はAとともにセラピーを続ける覚悟をさらに強くした。そしてAに夢の理解と解釈を言葉にして伝えてみても，Aは即刻否定したのだが，むしろそれがAとともに私が面接室のなかに存在していることをAが実感していることの表れである。

また，「添い寝の夢」には，面接室のセラピスト像が表されている，つまり私の存在をAは「添い寝」として体験し，夢に見たと考えられる。「寂しさと，対象希求そのものが重たい，面倒くさい」という夢の連想は，依存に抵抗して私の介入をほとんど全て即行に否定するAをよく表している。そのAの言動に傷つく私の姿を目の当たりにしたAは，私がAのそばに確かに存在するという現前性を認識

しただろう。その実存する現実と経験があったからこそ，それをAは夢見ることができたのだろう。

3．週1回精神分析的セラピーで生命感が生まれるプロセス

　オグデン（2009/2021）は，「患者が『夢見て自分自身に存在を与える』自身の萌芽的能力を発展させ始めることのできる主要な手段として，夢見ることとしての語らいが役立った」という。Aとの間でも，私は「『その』瞬間に『その』患者とのあいだでしかありえないような語り合いかたを創造」しようとしていたのではないだろうか。

　Aとのセラピーでは，夢が語られるようになるまでの沈黙の間と時を待たなければならなかった。セラピーは中断になるのではないかという不安と，そこに決して安価ではない対価を得ていることに何もしていない搾取の不安が増大するなか，焦りや傷つきにもちこたえながら「まったく見当もつかない無意識の混乱といった暗黒の中を歩んでいく能力を養う必要がある」（Coltart, 1986）ことを意識した。

　その内なる信念（faith）を有して時を待ち，私はなんとか存在し続けなければならなかった。セラピーが展開し軌道に乗るまでに醸成する時間は必要である。週1回の面接であれば，週複数回よりも時間がかかるのは必然かもしれない。

　さらにセラピーの中断がお金の問題に結びつき，クライエントのブレイクダウンをセラピストが過剰に恐れやすいのも開業領域での特徴である。未成年のクライエントの場合，変化しないことを保護者から非難される恐れが常につきまとう。そのときセラピストの責任を真っ向から問われるため，セラピーの展開を文脈で理解する視点を持ち，セラピストの逆転移感情を可能な限り自覚しておくことは重要である。

　さて，Aの添い寝の夢を聴き，目の前にその光景が生き生きと浮かび上がったとき，私は，Aの身体の芯からの冷たさを自分のこころと身体の冷たい体感を通して味わった。そしてAの緊張感と体のこわばりを，私は自身の心と身体が重くなる感覚として味わった。

　さらにAが俯き加減で船をこぐ居眠りに，眼の前の解離症状の出現を察知したときに，私は怯えとともに「傷つきやすさ」を実感し，Aがいまここに存在し生きていると確かに感じた。

　これらの体験の積み重ねによって私は，面接室に存在するAの生身の身体と心から発せられる音や声，呼吸に衝撃を持って驚くことができたのかもしれない。

そのとき私自身の感覚をできるだけ言葉にして表現するなかで，その言葉をAは感じ取り，さらに共にプレイフルに味わう感覚が生まれた。そのとき，Aと私は同じ空間に存在し続けている（being）と私は感じ取れた。

ウィニコット Winnicott（1949）は，「存在すること（being）」と「なること（becoming）」にかかわる側面に重点を移し，遊び（あるいは呼吸）の経験（存在状態）に関心を寄せている。

私は，Aの眼光の鋭さを感じ，Aのこころが「生き難く」，解離している状態を知ったとき，身体の硬さから音が生まれたとき，思わず驚き，呼吸ができ，笑いがもれた。それはプレイフルな体験であり，そこにウィニコットが言うサイコ（心）がソマ（身体）に宿る「生身の身体」を取り戻すプロセスが創造されていたのだと考える。

Aとの週1回精神分析的セラピーでは，Aがこれまで生きてこられなかった身体感覚とその中に存在する生命感を取り戻すプロセスを共に歩んだ，共に生きていたという感覚として私の中に確かに存在している。

4．セラピストのこころの機能――ネガティブ・ケイパビリティ

ここでネガティブ・ケイパビリティについて改めて考えてみたい。

ネガティブ・ケイパビリティとは何かと問われるとき，「自分自身，または分析過程自体の内にある信念（faith），あるいは患者のうちにある隠された未知で思考のおよばない何か，それは分析という場については姿を現す時が訪れる」（Coltart, 1986）のを待つこと，「その時に向かって身を屈めて歩いて（slouch）いる何かの内にある信念により，抵抗や複雑な防衛，そしてまったく検討もつかない無意識の混乱といった暗黒の中を歩んでいく能力」（Coltart, 1986）であると考える。

さらに，ビオン（1978）のパリセミナーでの問いを私は連想する。ビオンは「面接室の二人の関係が灰のようなものであったときに，灰の中に息を吹き付けてかすかな火花があるのか」と問いかけた。その火種の存在に目をこらし，そのかすかな光を感じられるように，セラピスト自身が感覚を研ぎ澄ますしかない。

私は，Aとの精神分析的セラピーのプロセスにおいて，ただ何もしないでいたのではなく，並々ならぬ緊張と沈黙のなかでAの息遣いを感じようとしていた。精神分析的セラピーのプロセスで私が感知し認識したものをできるだけ分節化した言葉で表現しようとしたのは，臨床素材のなかで述べたとおりである。むやみやたらに行動化しないようにその場にとどまり続けるためには，ネガティブ・ケイパビリティが必要である。介入や解釈，明確化などのさじ加減は，「アクセルを踏

みつつ・ブレーキを変え，押したり・引いたり，分解したり・合成したり，参加したり・還元したり，そのバランスの上に生命が成り立っている」（福岡，2021）ように，Aとともにいるときの情緒の嵐に呑み込まれて転覆しないように「動的平衡」（福岡，2021）をこころがけていた。

　実際に注意した点は，A自身の記憶の中で繋がっていないトラウマに関する内容が面接の場には現れていないので，乱暴に推測したり解釈したりしないように努めたことである。「知りたい」という欲望ではなく，いまここに息吹く生命感が宿るものを察知し体験するには，わからないものをわからないこととしてとどめるネガティブ・ケイパビリティが重要であると，Aとのセラピーのプロセスを通して実感した。

V　おわりに

　本稿では，精神分析的セラピーに不可避であるセラピストの「傷つきやすさ」を通して，クライエントの憂いを知り，身体に生命感が蘇るプロセスについて考察した。また，セラピストの「傷つきやすさ」を目の当たりにするクライエントは何を体験しているのか，そこに開業領域における対面での週1回精神分析的セラピーの特徴があるだろう。

　さて，ビオンのパリセミナーでの問い「あなたはどんなアーティスト（artist）ですか？」に対する答えは見つかっているだろうか。精神分析的セラピーにおいて，クライエントの生きづらさや憂いを理解し解釈するアーティストとしてのセラピストが「最善を尽くす」とは何かを今後も考え続けたい。

文　献

Bion, W. R. (1978) *A Paris seminar in the complete works of W. R. Bion. Vol. IX.* (Edited by Mawson, C. & Bion, F. Karnac, London, 2014.)
Bion. W. R. (1979) *Clinical seminars and other works.* Routledge.（祖父江典人訳（1998）思わしくない仕事に最善を尽くす．In：ビオンとの対話―そして最後の四つの論文．金剛出版，東京．）
Coltart, N. (1986) *Slouching towards Bethlehem: Or thinking the unthinkable in psychoanalysis.* In: Kohon, G. (Ed): *The british school of psychoanalysis.* Free Assn Books.（西園昌久監訳（1992）英国独立学派の精神分析．岩崎学術出版社，東京，pp.111-127.）
福岡伸一（2021）コロナは自然からのリベンジ．In：福岡伸一・伊藤亜紗・藤原辰史：ポストコロナの生命哲学．集英社，東京．）
北山修（2007）治療物語の定番―傷ついた治療者．In：北山修：劇的な精神分析入門．みすず

書房，東京，pp.167-190．
松木邦裕（1990）個人スーパーヴィジョンのなかでの助言．
松木邦裕（2008）精神分析体験：ビオンの宇宙―対象関係論を学ぶ　立志編．岩崎学術出版社，東京．
松木邦裕（2010）精神分析臨床家の流儀．金剛出版，東京．
松木邦裕（2016）こころに出会う―臨床精神分析：その学びと学び方．創元社，大阪．
Ogden, T.（1997）*Reverie and interpretation: Sensing something human.* Jason Aronson, London.（大矢泰士訳（2006）もの想いと解釈―人間的な何かを感じとること．岩崎学術出版社，東京．）
Ogden, T.（2001）*Conversations at the frontier of dreaming.* Jason Aronson.（大矢泰士訳（2008）夢見の拓くところ―こころの境界領域での語らい．岩崎学術出版社，東京．）
Ogden, T.（2009）*Rediscovering psychoanalysis: Thinking and dreaming, learning and forgetting.* Routledge.（藤山直樹監訳（2021）精神分析の再発見―考えることと夢見ること　学ぶことと忘れること．木立の文庫，京都．）
岡田暁宜（2017）週一回の精神分析的精神療法におけるリズム性について．In：北山修監修，髙野晶編：週一回サイコセラピー序説．創元社，大阪．pp.45-60．
高山直子（1990〜2007）週1回の高山診療所での朝礼での発言から．
富樫公一（2021）当事者としての治療者―差別と支配への恐れと欲望．岩崎学術出版社，東京．
Winnicott, D. W.（1949）*Mind and its relation to the psyche-soma.* In: *Collected papers: through paediatrics to psycho-analysis.* Routledge, London.（北山修（1990）心とその精神―身体との関係．In：北山修：児童分析から精神分析へ―ウィニコット臨床論文集Ⅱ．岩崎学術出版社，東京．）
山崎孝明（2022）精神分析の活用法．臨床心理学（特集：臨床に活きる精神分析―精神分析理論の「使用法」），22(5); 539-544．

第 12 章

医療における週 1 回スピリットと技法

髙野　晶

I　はじめに

　これまでに私は週 1 回精神分析的精神療法についていくらか述べてきた（髙野, 2016, 2017, 2018）。思えばそれらは，精神分析という「親」から生まれた精神分析的精神療法が日本で背負ってきたものを論じ，「親」との健全な関係を保ちつつ精神分析的精神療法が自身の成熟を進めることを望んだものだった。そこでは，精神分析スピリットとはまた趣の異なる週 1 回スピリットの息吹を意識していた。週 1 回について諸般の論述がすでに行われている今となっては，各論的なテーマを充実させていく必要があると感じている。その一端としての本稿としたい。

　精神分析的精神療法はさまざまな領域で行われているが，それらの共通性とともにそれぞれの領域における固有性が意識されて然るべきだと私は考えている。私自身は大学病院に始まり総合病院，診療所を臨床の場とし，医師として医療業務に従事する中で精神療法を行ってきた。そこでのクライエントは患者つまり患っている人であり，主には何らかの症状または対処方法の改善や苦痛からの脱却が目指される。そのことと，内省・洞察によって自分を知ることとはどのような位置をとり合うのだろうか。

　そういったことを経験に沿って記してみることにした[注1]。

II　個人史的に──頻度についてどんなふうに考えてきたのだろう

　私が精神療法を手がけるようになったのは，1980 年代の前半だった。大学病

注 1 ）本章は「医療における週 1 回スピリットと技法」（髙野, 2023b）を改編したものである。

院の外来で訳もわからず混乱する私にものの見方を示してくれたのが，精神分析の関係を見る観点であった。やがて指導を受けるようになった小此木啓吾は治療構造論的にもセッションの頻度に注目していた。1989/90年の頻度を巡る小此木（1990）や衣笠（1990）の論文は，当時あまり論じられることのなかった週1回よりも高い頻度の治療に眼差しを向けていた。

その後勃発した1993年のいわゆる「アムステルダム・ショック」は日本精神分析協会の訓練に関わる問題であったが，もう少し広い意味では，日本の精神分析的臨床の頻度が少ないことを相対的に浮き彫りにする意味を持つことになった。

私自身は「アムステルダム・ショック」の前に日本精神分析協会のcandidate（研修生）[注2]になっていたが，目的は不明確なままだった。これを機に，自分は精神分析家を目指している訳ではなかったと認識し，協会の訓練改革後に誕生した精神療法家を養成する日本精神分析協会独自のコースを選んだ。精神分析家や精神分析を間近に知る機会を保ち，近くに感じる体験を持ちながら精神療法を修めてゆこうと考えたのである。程なく頻度に関する論文（髙野，1998）を一つ書いた。

そして10年以上経って，これまで疑問を抱かれることのなかった週1回設定の精神分析的精神療法の精神分析性についての議論が巻き起こることになったのである。当時の日本精神分析学会会長の発言（藤山，2015）はその嚆矢となった。

実はしばらくの間私の関心はここから離れて，自殺や阿闍世コンプレックスに関する方に向いていた。しかし，精神分析研究誌の特集シリーズ「精神分析を構成するもの」の一部を担当（髙野，2016）することになったことから再びセッションの頻度の領域に回帰した。以降の論文（髙野，2017，2018）では，歴史的展望や，低頻度のセラピーの特徴に関するレビューを行ない，精神分析的精神療法を理想化しすぎず，かつ特徴をよく知り，生かすことに自負を持て，といった投げかけを行なった。

また，過去の精神分析学会大会の研究発表を網羅的に振り返って調べた結果，「日本の精神分析的精神療法の世界では50年余りをかけて"週1回の治療は毎日分析と近似である"と言う近似仮説に基づいた壮大な実験が行われてきたとみることができそうに思えてきた」と述べた（髙野，2017）。

ここまでは，精神分析との対比を傍に置きつつ，週1回らしさを推敲する営み

注2）旧訓練システムでは，訓練生（candidate）を研修生と呼んだ。アムステルダム・ショック後のJPSの訓練システムでは，精神分析家の訓練生（candidate）を候補生と呼び，精神分析的精神療法家の訓練生を研修生と呼ぶ。

であったと言える。ともすれば精神分析的の「的」という文字には何となく恐縮している気配が漂うのであるが，いやいやどうして，「週１回スピリット」というものがある，と言う内的気運があり，その彫琢（ちょうたく）の時期であったと言える。

この時期には，若い世代の論述（縄田，2018；山崎，2018）が行われるようにもなってきた。

III　そして医療における週１回スピリット

さて，こうした流れが呼び水となって，2019年以降いろいろなセミナーで週１回を講じることになった。そのうち「週１回の対面法とカウチ」など，細分化した臨床テーマに言及し始めた。技法や設定はそれぞれの状況に応じて使い分けてこそ生きるのではないかと考えるからである。「私たちのそれぞれの現場」，「治療と患者のフィッティング」，「治療の目標」では，現場の違い，患者の違い，目標の違いを検討した。そして「支持的要素」の配分などの項目を加えた。

本稿では，精神分析的な知が現場を支えるような使い方を考えてみたいと思う。私の現場は一貫して医療であり，そこには「医療における週１回スピリット」が在らねばならないと考えている。

そこでは，基本的には不如意な，つまりコントロールを外れるような，いわゆる悪性退行を予防し，患者の自己制御を保持できるように自我を支持する観点が必須であると言える。そのためには必要に応じて治療者が潔く補助自我機能を提供することになる。潔くというのは，受身性，中立性を迅速に脇に置く必要があるからである。どの現場でもこのような観点は重要だが，医療においては病理の重いケースやクリティカルなケース，あるいは複合的な障害を持ったケースを扱いがちなことが特徴であり，的確な判断が肝要である。

実はこうした姿勢は，精神科一般外来での基本的態度とされるものと通底する部分がある。5〜10分の外来であってもこうした観点はどこかに配置される。「ちっとも話を聞いてもらえない」と不満が投げかけられることもある一般外来だが，不用意な退行だけは避けたいという意図はある。

精神科一般外来は，さまざまなリズム性を持った診察間隔が設定される。通常の展開は，１／週，１／２週，１／月，１／２〜３カ月，必要時といったものである。患者の状態が落ち着けば，段階的に診察間隔は伸びるものだが，場合によって１／週（1回5〜10分）を維持する設定を置くことがある。その目的は，患者の１週間の生活を構造化すること，患者の状態のモニターとフィードバックを

表1　自我機能（Bellak, 1973）

①自律性	⑦外界と自己に関する現実感
②適応的な退行	⑧思考過程
③統合機能	⑨欲動を制御・調整する機能
④支配−達成	⑩防衛機制
⑤現実検討	⑪対象関係
⑥判断・予測能力	⑫刺激防壁

行うことであり，その際患者のヒストリーや環境などのデータを踏まえて行う。基本的には自我支持・補助自我機能が提供され，極力自律的生活を維持することが目指される。

　精神療法にしろ一般外来にしろ，自我支持の観点から，ベラック Bellak（1973）の12の自我機能（表1）を参照することが有用と思われる。特に私が重要視しているのは，自律性，支配−達成，現実検討，判断・予測能力，欲動を制御・調整する機能すなわち衝動統制である（表下線項目）。現実に適応して生きていくためのミニマルな支持のために，直面化，質問と明確化，サジェスチョンなどを行うと言えるだろう。

　なお，こうした医療場面は，健康保険や自立支援などを運用する大きな組織や制度，そして医療機関内でのさまざまな部署が関わっている。主治医あるいはセラピストと患者の一対一性が医療という大きな構造の中で存在するということは念頭に置かねばならない。

IV　日本精神分析学会第68回大会シンポジウム（2022）「週1回精神分析的精神療法における技法」

　さて，ここで一旦医療の括りを外し，精神分析的精神療法全般に視野を広げる。2022年の日本精神分析学会シンポジウム「週1回精神分析的精神療法における技法」は，本稿の新たな起点となった。

　岩倉（2023）は，解釈のタイミングに注目し，「十分につながりの感覚を得て理解が体験され，積み重なった時」であること，一方でその前に治療者の心に患者が住み着くこと，住まわせることが前提となると述べている。

　早川（2023）は，不安の解釈が迫害的なものとなった局面を挙げた。その傍らで，希求性の解釈を繰り返すことで危機を乗り越えた長いプロセスを示した。

鈴木（2023）は，解釈について次のように述べている。治療者は転移や無意識をたどる姿勢を絶やさないが，解釈を伝えることにおいては，陽性転移と陰性転移の程よいバランスをとること，現実生活を維持する患者の自己の部分への敬意を持つことも重視する。患者が解釈を持ち堪えられるかどうかを吟味して，明確化で止める場合もある。

このように，解釈のタイミングやバランスへの言及が注目されたのである。これに対し私は以下の討論（髙野，2023a）を行った。

シンポジストの発表では総じて転移解釈とりわけ変容惹起性の解釈を伝える時機が来るのを待つことが強調されていた。待つとは，解釈が治療者の中で十分に熟すのを待つということでもあり，患者あるいは治療関係がそれを受け取れるような準備状態ができるまで待つことと理解できる。

そして，待っている間に使われる介入技法として，

・here and now に限らない転移解釈
・転移外解釈
・明確化
・より支持的な連想の促し

などを柔軟に使い分けて患者との関係を練っていくことが次の段階への準備となっていた。

これらのさまざまな介入技法に対しては，（学派によってスタンスが異なるところはあるが概して言えば）here and now の転移解釈に重きが置かれてきた中，いわば店晒しにされがちであったともいえる。経験的には 1980 年代〜 90 年代には，自我心理学とこれらの介入技法は最初に学ぶことであった。しかしその後，対象関係論の浸透と共に，トレーニングの際には片隅に置かれ，学会の表舞台では伏せられがちとなった。しかし，いま，臨床的にはこれらの技法を改めて取り出して意義を考えることが注目されるという点は大いにうなずける。

V　解釈を伝えること

少し遡ると，私は解釈を伝えることについて文献をレビューして次のように書いている（髙野，2018）。

・週 1 回では転移状況が希薄で把握しにくい。解釈も生まれにくい。掴めても焦った

解釈となるなら暖めるという発想。
- 転移をめぐる変容惹起性の解釈を行うことが精神分析的な治療において特権的な位置を占めているという認識だけでは，週1回では行き詰まる。
- 治療外のできごとへの理解や介入，転移外解釈の必要。
- 今ここでの転移解釈にだけ執着することなく多様な解釈の意義の検討。

　こうしてみると，ここ何年かで，週1回の精神分析的精神療法に関しては，解釈について，ひいては，解釈のレベル，解釈を伝えること，などより分化した議論が行われてきているといえる。
　ちなみに，解釈といえば転移解釈と捉えがちだが，解釈（北山，2002）には，1）内容解釈，2）抵抗解釈，3）転移解釈という分類や，1）転移外解釈，2）転移解釈，3）発生的解釈という分類がある。これもまた，参照に値するものだと思う。

VI　日本精神分析学会第68回大会シンポジウム（2022）の後で

　さて，第68回分析学会シンポジウムでは，全体討論の中で「精神分析的精神療法は症状の改善を目的とする」という論調がフロアから上がった。無意識に近づき，自己認識を深めるということではない，というようだ。
　果たしてそうなのだろうか？　という問いが私の中にはいやがおうにも浮かんだ。そんなに単純なものなのだろうか，と。それで，シンポジウムの後，考えを進めてみた。
　カーンバーグ Kernberg（1999）によれば，精神分析的精神療法とは，確かに症状の変化のための部分的構造変化を目指し，技法としては明確化・直面化・解釈が適用されるとある。しかもこれは週2回以上であって，週1回は支持的精神療法の域にとどまり，明確化・直面化・支持技法を用いるとなっている。これをみると，精神分析的精神療法の目的は症状改善であるという説は支持される。
　しかしギャバード Gabbard（2010）を参照すると，長期[注3]の精神分析的あるいは精神力動的精神療法に関して，「転移と抵抗に関するタイミングを慎重に見計らった解釈と，治療者がどのように患者との相互作用に寄与するかについての繊細な理解とに焦点を当てた治療」と定義されている。

注3）米国では保険制度と絡んで「長期」治療は24セッション以上，6カ月以上をさす。つまり週1回をさしていることになる。

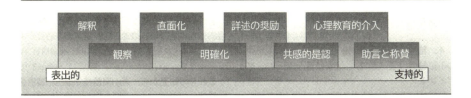

図1　介入の表出的−支持的連続体（Gabbard, 2014, 2018）

　また目標についてのくだりでは，学派ごとに特徴を持っており，葛藤の解決・真実の追求・適切な自己対象を探し出す能力の改善・内的対象関係をより理解することによる関係性の改善・治療的対話の中での意味の生成・メンタライゼーションの改善……と，幅をもたせている。すなわち，目標に関して必ずしも症状の変化を第一義とはしておらず，それぞれの学派が心的構造の変化によってなしうると捉えているものをそのままに挙げているといえる。つまり精神分析的精神療法が目指すのは，症状の改善に限らず，より本質的な心的構造の変化を射程に入れている，ということになる。

　そしてここで注目されるのは，ギャバードが介入は表出（洞察）と支持の連続体を行ったりきたりするものである，と主張しているところである。それは「患者のこころの枠組みに波長を合わせる」，「タイミングが全て」（Gabbard, 2018）などとも表現され，かなり柔軟性を求めている。この辺りが，精神分析的精神療法は応用であると言われる所以と思われる。

　図1はギャバード（2014，2018）の介入の連続体モデルを示すものである。左端が解釈，そこから直面化，明確化などが続き，中央より右に移ると，かなり治療者が能動的に支持を行う介入となっている。私たちが精神分析的臨床の際に日常的に心がけているのは，真中から左半分ということになるかもしれない。

Ⅶ　介入のギアシフト

　私はこの連続体という概念に親和性があり，精神分析的精神療法において最も右・支持寄りの「助言と称賛」は措くとしても，解釈だけにこだわることなく，その他の解釈未満の介入をあれこれと投入している。

　たしかに，ひとりの患者のその時々の状況・状態に応じて連続体をギャバードの言うようになるほど「行ったり来たり」するように思える。そのイメージはまた，マニュアル車で道路や運行の状態に合わせてギアをシフトさせるのに似てい

るような気がする。その操作は実感としては,半ば手続き記憶的だったり,意図を持って行ったりしているようである。

この際,患者あるいはクライエントの状況・状態に応じることはもとより,臨床の場の特性は考慮されるべきであると私は考える。

ここで医療場面に戻る。私のフィールドである医療機関では,精神療法の患者は,広義の症状や適応不全がきっかけとなって精神療法の適用が考慮され,自ずと期待される何らかの「改善」は等閑視も度外視もできない。私はこのような状況を「表出と支持の間のどこかで悩ましい舵取りを休まないでいるほかない」(髙野,2016)と記した。精神療法導入からしばらくの間は特にそうありがちなものである。やがて,ケースにもよるが,トップギアで安定走行しているときのように,もの想いの時間が訪れることもないわけではない。

Ⅷ 「気分障害の精神分析─無能力感と境界形成をめぐって」(狩野,2018)から

ここで精神分析家・狩野の例を引用しよう。彼はかつて大学病院において,自殺未遂による救急搬入でかかわった慢性的な自殺志向性のある症例を精神科一般外来で診ていた。この患者に精神療法を提案したものの拒まれていた。しかしどういうわけか1年目に患者は,精神療法はまだ必要があるかと自ら問い,それを受け入れる姿勢を示し,週1回の精神分析的な治療が始まった。ところが始まってみると,患者は精神療法に関する質問──それは,治療者狩野がその治療にどこまで賭ける気があるのかに迫るようなものであった──を次々と投げかけたのだった。こういった場合の定石の対応は,質問に対して沈黙することや,「質問する」ことを解釈することであろうし,誰しもとりあえずはそうしてみようと思うだろう。しかし狩野はそれを選ばず,患者が投影してくるものを把握してどのような関係がそこに転移されつつあるのかを見つめつつ,質問に添って答えることを続けた。そうした半年の間に,それまで語られていなかった自殺企図の経緯が患者から繙かれてゆき,その後4年間は,狩野が見立てていた自己愛的病理のワークスルーが続いたとのことである。

この精神療法の始めの半年の間のワーク,つまり,患者の質問の意味について狩野が考え,狩野自身の言葉で応じるという過程は,セラピストが次第に患者の人生に馴れ親しみ,患者のために感じ,話をするという反応共鳴がセラピストの中に確立された過程であると述べられている。そして,2人の間に言葉が紡ぎ出

されるような空間が生成してくる期間でもあったと。

　ここでいえるのは，セオリーや定石は参照しつつも，今，治療において何をなすべきかを治療者が優先順位を含めて把握してこそ，介入が組み立てられるということではないかと思う。

IX　介入のギアシフトの一例：症例A

　ここで，精神科診療所での精神分析的精神療法の症例を通して，介入のギアシフトの実際を示すことにする。なお，介入に関する説明はゴシック体で示した。

1．セラピー開始まで

　患者Aは女性会社員である。
　Aはすでにうつ状態で精神科に受診しており，休職中であった。かつて勧められて保留していたセラピーを求めて私の元に受診した。治療動機は，うつ状態の発症に絡む怒りと「人を許せなくなる」性格と向き合う必要を感じて，というものであった。
　アセスメント面接後，親密な対象の脱錯覚が生じた時に傷つきから怒りに転じ，許せなくなるという見立てを共有し，週1回45分対面法にて治療開始となった。私と主治医に面識はなく，診療情報提供書を介した以外の接触はなかった。

2．治療の座りが整うまで

　治療開始早々，セッションは怒りの対象である職場の人物Xへの憤懣で溢れた。間も無くAは復職したものの，活躍の場に戻ることは叶わず，生活でも面接でも荒みだした。キャンセルは度重なり，私には，治療継続への懸念ばかりではなく，彼女の自己破壊性への危機感が膨らんできた。
　ある回Aは，酩酊下で危うく自殺企図に及びそうになり，もう死んでもいい気がする，と深刻味なく語った。そして，現実問題が解決しないしセラピーを休みたいと言い出した。Aは"過去"の仕事にしがみついているようだった。私は，Aが"今"につかまるためには治療に来ることが勧められるが，つかむか離すかがAにかかっていると伝えた。Aは離すことは死ぬことかと問う。この問いは，彼女が生をつかむのを彼女自身に委ねたことに対し，彼女は生きることを再び治療者に負わせようとしたものだといえる。私は，ここではそういった関係を解釈的に扱う方向には進まなかった。むしろそのような生か死かという二分思考には

まり込む今の彼女の状況を直面化した。つまり仕事の可否と人生の可否，および思うようにいかない現状と自分の全てというように，部分が全体と同一視されている心理的視野狭窄が今のAの不具合であるという直面化をした。それは同時に自殺志向性に伴う心理的視野狭窄に関する心理教育でもあった。この時こうした直接的な介入を選んだのは，管理医との事態の共有が不十分で危機を任せかねていたことが一つの要因である。

　Aはその後もしばしば面接を休みたいと言っていた。しかしある時，所用のため次の面接を1日前倒しできないかとリクエストした。勝手な要求のようにも思えたが，治療の脱価値化の感触はなく，試しに「一日でも早く来たいと思ったのでは？」と希求性の転移解釈をしてみると，彼女はもっと頻繁に来たいと意外な反応，つまりここをしっかりつかんでいたい方の彼女を見せた。

　その翌回には夢が持ち込まれた。

　「薬品を混ぜると核融合が始まる原爆を渡され，何の気なしに混ぜてしまった。あと15分で爆発するが，町なかでは皆死んでしまうからどこか遠くに行かなくては」そこで怖くて覚めたと言う。何気なく破壊に向かってしまうAと阻止しようとするAがいることを内容解釈として伝えてみた。

　すると，これまで自分を失墜させた者としてXをひたすら憎む口ぶりであったのに，意外にもAは自分のとらえ方が経過に関与した可能性に言及したのだった。

　さらに，その夢以来面接を求めており，また私に主治医の役割も求めたいと言うのだった。Aは，通院先で希死念慮を伝えても相応の対処が得られなかったからという。Aの申し出にはいろいろな解釈があり得たが，ここではAの持つ破壊性への不安ととらえ，希求的な部分から発せられたと理解した。

　そして私は，現時点で自らが兼任することは適切ではなく，現主治医に連携を求めていく方法をとるよりは，こちらでA-Tスプリットを構築する方が機能的だと考え，方法を検討することにした。

　さらに翌回Aは，「死にたくなる」と口にすると，「死ななくちゃ」になるのだと語った。ここで彼女の希死念慮の仕組みが詳らかになってきた。私は，死への圧力は彼女の中の破壊的な部分による強い促しと捉え，それは，彼女を脅かし続けてきたものだと考えた。そして，内容解釈「口にしたAに対して"それならやれよ"というAが居るようだ」を伝えると，Aは，そんな感じであり，一瞬でも落ち着かせるために飲酒しがちになるということだった。私は，まず薬物で調節する必要があると述べ，当院の医師を管理医としてセラピーとセットで診察を受けることを提案し，現主治医と相談することを勧めた。これは精神療法に随時挟

み込まれるマネジメントに位置付けられる。

　ここまでは，先に述べた連続体のなかで，解釈から心理教育的介入までいろいろと実施してきたと言える。

3．希死念慮からかなしみの兆しへ

　開始後 1 年近くが経つ頃，新たな A-T スプリットで管理医が能動的に関わると，切迫していた症状は緩和した。そして，わだかまっていた X の件については，A 自身の関与を顧みる内省的な態度も顕れるようになった。

　また，A は希死念慮に圧倒されるばかりではなく，希死念慮を考えられるようになってきた。彼女は，「自動的に湧いてくる『生きている価値はない』という<u>合いの手のようなもの</u>」がそそのかすと述べた。

　<u>合いの手</u>について語るようになると，それを恐れて差し止められていた内省が紐解かれ出したようだった。この<u>合いの手</u>は，彼女の中の破壊的で過酷な超自我であったと思われる。

　開始後 1 年余の頃，念願は叶わず異動を促されつつあった A には，不安な時に独り言で母親を呼ぶ癖が頻発しているということだった。実は A の最早期記憶は，しくじった時に母親に締め出され，癇癪を起こしているというものだった。私はこの記憶に埋もれている希求性に思い当たった。このエピソードにふれると，A はその時「怒っていることを知ってほしかった」と言ったが，私は「惨めな気持ちを慰めてほしいのに締め出されて怒っている，ということを知ってほしかった」と付け足し，転移外の解釈をした。A は慰めて欲しかったといい，情緒的な応答が薄い母親のことを連想した。

　その後 A は，発症前に大きな仕事を失敗して不調をきたしたのだが，実は成果があったと聞いて安堵したと語った。私が発症に関わるエピソードなのに初めて聞くのは不思議だと言うと，A は隠すつもりはなかったと何度も私に謝った。私は謝られて怪訝な思いになりつつ，失敗したという思いは死にたくなるぐらい苦しかったようだと言うと，A は激しく泣いた。

　その翌回，A はまた謝った。ここで話していないのはずっと気になっていて，私の許しが欲しかったということだった。このエピソードは彼女の一連の不調の発端として位置付けられ，その時 X と険悪になり，評価を下げられ，そのうちうつになって休職になったというのだ。そこで，私に話すと失敗が決定的になってしまうと恐れていたようだと転移解釈として伝えると A は肯定した。つまり，私は A を許さず追い詰める過酷な対象であり，また許しを請われる対象であったと

言える。

　「価値がないから死んじゃえば」と言い渡す<u>合いの手</u>に関連して，Aの中の破壊的な<u>合いの手</u>とそれ以外の苦しんでいる部分という構造について（転移外解釈）話してみると，Aは納得した。

　さらにAは，<u>合いの手</u>は自分がうまくいきそうになると壊してしまう傾向にも絡んでいると考えるようになった。こうして<u>合いの手</u>という符牒で二人で話すうちに（質問と明確化～直面化），ごく徐々に，<u>合いの手</u>は自我異和的なものになりつつあった。また，凶悪な犯人に侵入されて怯える夢を見ると，その犯人は自分の分身だと，自身の中の破壊的な部分を認めるようになっていった。

　やがてAは異動したが，些細なきっかけで<u>合いの手</u>が顔を出した。私は，「怒りや恥に<u>合いの手</u>は結びつきやすいが，どこかに"悲しい"があるのでは」と，苦しむ彼女の中のおぼろげな抑うつ的な部分を内容解釈として伝えてみた。Aは，泣きそうになるから考えないといいつつも，かつての別離やある喪失について語り，いつからか悲しみではなく怒りがずっと燃えるようになったと語った。

　その後，Aが悲しみについて見つめようとすると拒むものが出てくることが繰り返された。やがて，Aは自分はちゃんと悲しめたことがないのではないかというようになった。遡ってみると，治療初期からある対象について，Aが直接関与していない文脈で述べられていた。私はAの関与が語られないことに彼女の屈託があると感じていた。

　治療開始から2年余り経過した頃，Aはその喪失の日のことを語った。慮（おもんぱか）ることができない自分が対象を損なってしまったのではないかと言って泣き続けた。そこには迫害的ではない抑うつ的な罪悪感が示されたようだった。

　その後も突っ込みをかけてくる<u>合いの手</u>とのAの戦いと仕事の苦闘は続く。首のかかる試練を前にした時期には私が支持的な態度を保った時もある。

　Aはある回に「自分には話すところがある。ここにきて話し，一人では見えていない自分の考えがわかるようになると，死ななくても良いと思える」と語った。

4．Aの治療のまとめ

　週1回の精神分析的精神療法においては，現実と内界の比重を勘案することが必要となると言える。

　Aは仕事における苦境に日々陥っていたが，それは彼女自身が引き金を引いた側面もあり，そこには彼女のパーソナリティが色濃く反映されていた。逆に言えば，彼女が語るのは彼女の内的世界であるけれど，また，彼女が週5日身を置く

日常でもあった。

　そこで浮上してきた希死念慮は連想におけるファンタジーの領域から現実へと迫ってきた。危機に対して反応の薄い元の主治医は彼女の内的対象でもあり現実にもなった。彼女の危機を把握する対象および現実的にも危機に対処する対象へのニーズがAにはあったと私は理解した。これらの症状や適応状況に内的にも外的にも対応して狭間を抜けていくと，Aには洞察的にものを考えることのできる状態が垣間見え，内省洞察寄りの介入を投入していくことになった。

X　総　　括

　週1回の精神分析的精神療法においては，しばしば現実の流入量が多く，技法的には解釈，特に転移の取り扱いに必ずしも専念することにならないと言える。

　とはいえ，現実の中に展開する困難は現実そのものでありつつも，患者の内的世界と通底してもいる。したがって現実と内的世界のどちらかだけではなく，その両方を視野に入れ続けることが求めらる。

　セラピーは表出と支持の連続体の中にあって，その時点での介入の技法が選択されることになる。それはすなわち，患者が利用できる介入の質と量をセラピストが計り続けることによってその都度選択され，セラピストはギアをシフトすると表現することもできる。そのようなプロセスののちに，患者もセラピストも自ずと洞察に軸足を置いたセラピーの流れに乗っていることがある。

　医療は患者側の現実および医療という現実に強く規定されながら，また現実に支えられながら成立している。したがって，精神分析的週1回スピリットに上記の観点が自覚的に含まれていることによって，医療の中で精神分析的臨床でしか果たせない機能を実現することにつながると思われる。

　　文　　献

Bellak, K. (1973) *Ego functions in schizophrenics, neurotics and normals*. Wiley Interscience, New York.
藤山直樹（2015）週1回の精神分析的セラピー再考．精神分析研究，59; 261-268.
Gabbard, G. O. (2010) *Long-term psychodynamic psychotherapy: A basic text, second edition*. American Psychiatric Publishing, Inc. Washington D. C.（狩野力八郎監訳，池田暁史訳（2012）精神力動的精神療法―基本テキスト．岩崎学術出版社，東京.）
Gabbard, G.O. (2014) *Psychodynamic psychiatry in clinical practice, 5th ed*. American Psychiatric Publishing, Inc, Washington D.C.（奥寺崇・権成鉉・白波瀬丈一郎・池田暁史監訳（2019）：精神力動的精神医学　第5版―その臨床実践．岩崎学術出版社，東京.）
Gabbard, G. O. & Holly Crisp-Han (2018) *Narcissism and it's discontents*. American

Psychiatric Publishing, Washington D. C.（池田暁史訳（2022）ナルシシズムとその不満．岩崎学術出版社，東京．）
早川すみ江（2023）週1回の精神分析的心理療法におけるコンテインメントのプロセス―情緒的理解と待つこと．精神分析研究, 67; 334-342.
岩倉拓（2023）低頻度の精神分析的精神療法における技法．精神分析研究, 67; 327-333.
狩野力八郎（2018）気分障害の精神分析―無能力感と境界形成をめぐって．In：池田暁史・藤山直樹・相田信男編：精神分析になじむ―狩野力八郎著作集1．金剛出版，東京．
Kernberg, O. (1999) Psychoanalysis, psychoanalytic psychotherapy and supportive psychotherapy: Contemporary controversies. The International Journal of Psycho-analysis, 80; 1075-1991.
衣笠隆幸（1990）自由連想と治療回数をめぐって―英国及び日本での経験から．精神分析研究, 33; 373-378.
北山修（2002）解釈．In：小此木啓吾編集代表：精神分析事典．岩崎学術出版，東京．
縄田秀幸（2018）精神分析的精神療法における振動―Strachey概念の重要性とその現代的意味付け．精神分析研究, 62; 638-647.
小此木啓吾（1990）自由連想法と治療回数をめぐって―わが国におけるその歴史と現況．精神分析研究, 33; 387-394.
鈴木智美（2023）無意識の思考をたどる．精神分析研究, 67; 343-347.
髙野晶（1998）面接頻度を増やすことについて―週1回から週2回へ．精神分析研究, 42; 248-258.
髙野晶（2016）精神分析と精神分析的精神療法―分析的枠組と分析的態度からの展望．精神分析研究, 60; 52-65.
髙野晶（2017）週一回精神分析的精神療法の歴史―体験と展望．In：北山修監修，髙野晶編：週一回サイコセラピー序説．創元社，大阪，pp.1-20.
髙野晶（2018a）週1回の精神分析的精神療法―自負と慎みと．精神分析研究, 62; 568-574.
髙野晶（2023）医療における週一回スピリットと技法．精神分析的心理療法フォーラム, 11; 107-116.
髙野晶（2023a）週1回の精神分析的精神療法における技法 討論．精神分析研究, 67; 349-351.
山崎孝明（2018）週1回の精神分析的心理療法における転移の醸成―変容性解釈の第一段階再考．精神分析研究, 62; 626-638.

第13章

精神科クリニックにおける週1回セラピー
週1回一般外来と週1回精神分析的精神療法

若松亜矢

I はじめに

　最初に，本書のテーマである「週1回」について，私自身の「週1回」精神分析的精神療法との出会いを振り返り，私の現在の立ち位置を明確にする。そして，クリニックにおける「週1回」の臨床スタイルである，週1回一般外来と週1回精神分析的精神療法について，私の考えを言葉にしたいと思う。

II 「週1回」精神分析的精神療法との出会い

　精神科医として1年目に，私は小児科病棟に入院している重篤な摂食障害患者の精神療法を担当することになった。体重減少が進行し，身体合併症が深刻化する中で，私は毎週，無力感と絶望感を抱きながら，患者のベッドサイドに通い続けることしかできなかった。このような重篤な病理を持つ患者に対して，傾聴では歯が立たないということを実感する経験にもなった。そのような中，上級医から誘われて，週1回，精神療法の勉強会に通うようになり，週1回，スーパーヴィジョンを受けるようになった。その当時のスーパーヴァイザーは，筋力廃用が進行し歩行が困難となり，ベッドで寝たきりとなっている患者について「たとえ患者の意識がなくなっても，必ず週1回，同じ時間に行きなさい。必ず変わっていく」と力強く助言され，私は患者のベッドサイドに通い続け，そして藁をもすがる想いでスーパーヴィジョンを受け続けた。病状が進行する中，患者は家族だけでなく医療から見捨てられる不安を訴え続けた。カーテンで仕切られた面接空間や栄養の管は，母体の胎内や臍帯としての意味があると考えられた。患者は私の訪問を侵入や破壊として体験し，激しい怒りを向けて排除しようとした。しかし私が必ず週1回同じ時間に通い続け，患者の見捨てられる不安を解釈し続ける

中で，その体験は安心や信頼の体験へと変化した。私との関係が切れないと感じ始めた患者は，それまで受動的であった栄養を能動的に体験し始めた。

その患者との診療の場は，何年も経った今，小児科病棟のベッドサイドから，クリニックの外来へと変化している。患者の回復には多くの要因があったと思うが，私が行っていた週1回の精神分析的精神療法もそのひとつだと確信している。そこでは転移・逆転移の理解や解釈を含んだ治療的対応を行ったが，私は，精神科医療においてそうした精神分析的精神療法が必要な患者がいることを，身をもって経験したといっても良いだろう。私にとって，週1回の精神分析的精神療法は，患者が少しでも「よくなる」ために出会い，たどり着いた治療法だった，といえると思う。

「必ず週1回，同じ時間に行きなさい。必ず変わっていく」という当時のスーパーヴァイザーの言葉は，また，私の精神科医としての，臨床の在り方を決定づけたという感覚がある。患者との面接だけでなく，「週1回」の勉強会，スーパーヴィジョン，訓練精神療法などは，私の生活の一部にもなっている。「週1回」という私たちの生活に馴染みやすい頻度設定は，1週間という小節の中で，それぞれが強弱の変化としてリズムをもたらし，日常生活を先へ先へと進める推進力となっているように感じている。

III　私が実践している「週1回」精神分析的精神療法の目標 ——「よくなる」とは

私は精神科医で，主にクリニックで精神科一般臨床を行っている。週1回の精神分析的精神療法も行って来たが，それは私の臨床のほんの一部である。私の臨床全般における治療の目標は「よくなること——症状や社会適応，対人関係の改善を通じて自己成長が進み，人生が豊かになること」である。一般外来に限らず，精神分析的精神療法を行う際も同様に，よくなることを目標としており，現実指向的な，また，支持的な姿勢を維持して治療をしている。つまり，「(真実を)知ること」を目指した精神分析と目標が異なることを自覚して精神分析的精神療法を行っており，その自覚こそが治療の精度をもたらすと考える。しかしながら，転移・逆転移の文脈を常に注視し，時に私の理解を伝え，患者自身が気づきを得ることにも価値を置く姿勢であることは強調したい。また，治療者の理解を伝えることが，結果的に患者を支持することに寄与すると考えていることも補足したい。

IV 週1回一般外来診療

　通常，一般外来における通院間隔は，治療の開始時や病状の不安定な時，薬の変更をした時などには，体調や薬の効果を確認するために，1～2週ごととなることが多いだろう。ある程度病状が安定してきたら徐々に受診の間隔を延ばしていくが，向精神薬の投与日数制限などの事情も含めて，2～4週ごとに通院することが多い。なかには2～3カ月に1度の通院で安定している人もいる。その間隔は，患者の現実的な事情も踏まえ，相談しながら決めていくことが多いだろう。

　臨床の在り方，と記したが，私のクリニックでの一般外来には週1回受診をする患者が20名ほどいる。私の週1回外来患者たちは，希死念慮を伴った，もしくは行動化の激しい思春期や青年期の患者から，週1回，外来が唯一の外出ともいえる慢性的な希死念慮を伴った生活保護受給者，優良企業に勤務する神経症圏の会社員など，年齢や背景はさまざまある。しかし「先生に来週また会うまでは生きよう」という患者を含めて，慢性的な希死念慮を伴うような，病態水準の重い患者が多い。同じ曜日の同じ時間に予約を入れるようにしており，面接時間は5分から15分程度で，患者ごとにおおよその時間が決まっている。しかし一般外来の多忙にまぎれて，外来が混んでいるときなどは，面接の開始が予約時間より遅れることも，時間が短くなるということもある。これははじめから45分ないしは50分予定されている精神分析的精神療法の設定と大きな違いがある。面接中に緊急の用件で電話がかかってきたりして，面接が中断することもある。私は遅刻や中断をお詫びすると共に，そのときの患者の気持ちをとりあげて，そこから患者の対象の喪失へと話題が広がることもある。

　私は患者の言葉に耳を傾ける。現実の話題にほぼ終始し，面接内での退行はほとんど生じず，治療者・患者関係も役割内の関係にとどまりやすいように思う。それだけでなく，外来が混んでいるときなど，私の態度や介入が変わり，ときに中断まで入る設定は，患者がいろいろな現実に直面しながら，私のことを幻滅しながらも受け入れ，緩やかに成長を促す治療設定だとも考えられる。一方で，私は今までに2度，4カ月間の産休を取るといった状況があった。そのときに週1回の一般外来患者たちはどうしたかというと，「先生でなければ毎週の必要はない」とほぼ全員毎週は受診しなかった，といった体験がある。このような状況からも，一般外来であっても，週1回の面接の場が二人の関係を象徴する一場面となっており，現実に顔を合わせていない間も関係は存続し，むしろその間のもつ

意味が大きいのではないか，つまりそこには「週1回一般外来転移」が存在しているということになる。

「週1回一般外来」は，患者にとって身体機能の最低限の維持を目的とした週に1度の外出に組み込まれた生活習慣，などといった現実的な，具象的な役割を担うこともあれば，たとえ5分であっても，受診をした患者を労い支持する私を，幼少期の患者をかわいがった祖母として体験している，などといった象徴的，転移的な役割として機能するなど，その意味，役割は幅広いといえるだろう。ただ，転移解釈をするかどうか，といった点についても，45分ないし50分予定されている精神分析的精神療法とは大きな違いがある。一般外来という短い面接時間で，また，現実の話題にほぼ終始し，治療者の支持的な助言や励ましにより構成された設定では，転移の発展が不十分であることは明らかで，転移解釈を繰り返していくこと，すなわち，ワークスルーすることは不可能と考える。週1回という設定は，一般外来でも意味があるといえる。しかし，転移・逆転移を扱うにも，解釈をするにも不十分であり，転移の扱いという中核的な治療機序の一つにおいて意味のあることができる週1回の精神分析的精神療法との違いは際立つと考える。

V　私の立ち位置

以上から，私の立ち位置（ニコちゃんマーク）を，北山の図（2016）にあてはめると，かなり左寄り，精神力動的かつ精神科医療の立ち位置といえる（図1）。この立ち位置は，治療の「頻度」と「場」，そして，治療者の拠り所としている理論的背景や治療の進め方などといった治療者の在り方，また，患者の病態水準によっても変化しうると考える。同じ「精神科医療」という立ち位置でも，精神科クリニックが対象とする患者より，病態水準の重い患者を対象とすることの多い総合病院や精神科の単科病院で行われる週1回は，より左寄りの立ち位置を意識しなければならないかもしれない。また，同じ「場」や「頻度」であったとしても，患者の内的な成長に応じて，面接における治療者の立ち位置が少しずつ右寄りになっていく，そのような可能性も想像される。

VI　週1回一般外来診療

では，一般外来で慢性的な希死念慮や自傷行為のために週1回の受診を設定した症例をあげよう。

図1　北山修（2016）分析の枠組と分析的態度について．
精神分析研究，60(1)；41-51．より（一部改変）

症例A：思春期女児，うつ・強迫症

①症例概要

　優等生であったAは，小学校高学年頃より学習面での強迫性が目立つようになった。睡眠時間を削り学習する状態が続き，次第に清潔や確認に関する強迫的思考，強迫行為を伴うようになった。中学入学後も同症状は続き，気分の落ち込みを伴うようになり，長期休暇明けから登校困難となった。登校できない自分を責めてリストカットなどの自傷行為を繰り返すようになり，スクールカウンセラーの紹介で私の外来を初診した。私はAが受診したことを労い，Aの話に耳を傾けた。Aの家族は不安が強く，時に感情的に振る舞った。Aは家族それぞれの愚痴を聴き，対立する家族の間を取り持つ役割を担っていた。Aは心配をかけたくないと，家族に面接の内容を伝えないで欲しいと希望した。自宅にひきこもる自分には生きる価値がないと訴えるAに，私は死なない約束を確認した上で，定期的な通院が生活リズムの改善，意欲や自尊心の回復につながるように，また，診察の場がAの居場所のひとつとなるようにと，週1回通院するよう助言した。翌週よりAは毎週通院し，私は15分ほど診察した。診察の最後に家族が同席を希望することもあり，私は家族からの質問に答えたり，薬物療法の説明を行うと同時に，毎週の通院に付き添う家族を労った。

②外来診療経過

　優等生であったAが不登校になり，勉強についていけなくなり劣等生になったこと，家族の期待が失望に変わったことを語った。「自宅にひきこもり家族に迷惑をかけている自分は生きている意味がない」と繰り返し語った。「ここではうつの自分でいられる，週に1回ここに来ることが唯一の楽しみ」とも語り，私は毎週通院できていることを支持し，Aの描く絵や文章に素直に感心して感想を伝えたり，学習面に関して現実的な助言を行った。あるとき，Aはスクールカウンセラーについて，「死にたい，などといった深刻な話になると，急に神妙な表情になって関西弁になる。そのわざとらしい関西弁がなんか嫌で」と語った。私はAの観察眼に感心しながら，「私を含めて，周りの大人を，あなたはよく観察しているのでしょうね。大人たちの態度によって，あなたの真剣な訴えを茶化されてしまうように感じて，残念に想ったり，怒りの感情がわくことがあるかもしれませんね」と伝え，診察でAを励まし，笑顔でAを送り出す自分の姿を，Aの訴えを真剣に扱えない大人としてAに体験されていることを想像した。Aは曖昧に笑い，いつものように丁寧にお辞儀をして退室した。間もなく自傷行為は消失し，Aは通信制高校に進学した。薬物療法の効果も実感されるようになり，日中は家事を手伝うこともできるようになっていた。

　しかし治療開始後2年が経過した頃，私はAがお辞儀をして退室する後姿が心に残るようになり，翌週Aが予約通り来院すると安堵するようになっていた。同じ頃，家族内の対立が深まり，Aはやはり家族の間を取り持つ役割を担っていた。家族は，自身の言動がAの負担になっている可能性について自覚的であった。一方で，自宅にひきこもりがちなAに苛立ち，将来を悲観した。私は家族に，長い目でAを見守って欲しいと伝えた。私は，Aや家族の抱えている不安が自分自身に投影されている可能性について，また，家族と同様に，Aの穏やかな笑顔の背景にある苦悩や切迫した希死念慮を自分が否認しようとしている可能性について考えた。私はこのままではいけないと，Aと家族に，お互いに離れて休養を取るようにと，短期間の入院治療について提案した。結果的に，2週間の入院治療を行ったのだが，それは，Aにとって休養するという初めての体験となり，家族と離れひとり過ごすことができるという自信を得，生きることへ前向きな気持ちを産み出すものとなったようだった。退院後もAは変わらず週1回の通院を続けた。あるときAは入院前の日々について，「中学時代は毎日が地獄だった。でも良くなってきた頃もっと苦しくなった。あのとき死のうと思っていた」と振り返ることがあった。

③考　察

　Aは強迫性の破綻をきっかけにうつを発症し私の外来を初診した。一般外来での週1回の診察において，Aにとって私は，優秀なAを称える教師や，自傷するAを不安視するスクールカウンセラー，優秀で従順なAを期待する家族などとして体験されていると考えられた。そのような転移・逆転移の文脈を私は常に注視し，時に私の理解を伝えることもあった。しかし基本的には，Aの根本的なあり方を全面的に受け容れるという，支持的な姿勢で診察を行った。生活面や学習面での現実的な助言や家族面接などの介入も並行して行った。Aの観察眼は鋭く，まわりの大人たちの様子をよく観察していた。そして，将来を悲観していた。私は，Aにとって，ほどほどに信頼できる大人として存在できればと願っていた。一般外来で起こる，混雑による診察の遅れや中断について，私はお詫びを伝え，Aがどのように感じたか尋ねることもあった。また，入院治療を勧めることもあったが，それは一時的に入院主治医に治療を任せることでもあった。それらはAにとって，理想化された私の限界を知り，幻滅しながらも受け入れる過程と重なったと思われる。

　経過の中で，笑顔でお辞儀をして退室するAの振る舞いについて，私は強い不安を抱くようになった。その逆転移を吟味する過程で，家族と同様，私にも気遣い，私の前でもうつでいられなくなっているAの不安や孤独を私自身が見逃しているのではないかと想像した。私は入院治療を勧めるという判断をし，結果的にそれは良い方向に転じた。それは入院環境によって抱えられた体験となっただけでなく，入院治療についてAや家族と話し合うプロセスも含めて，Aの苦悩や切迫した希死念慮が抱えられる体験となったからではないかと考える。一般外来においても転移・逆転移は存在する。また，それらを知ることは治療に活かされうると実感している。

Ⅶ　週1回精神分析的精神療法

　次に，一般外来から週1回精神分析的精神療法に移行した症例を提示する。

症例B：40代前半女性，複雑性悲嘆（持続性複雑死別障害），PTSD

①症例概要

　転職を繰り返し，飲酒や金銭の問題を抱えた父親，金銭のやりくりに苦労し働き者であった母親のもとに育ち，Bは大人の顔色を見て行動する子であった。同

級生の母親と比べて高齢の母親を，恥ずかしいと思っていた。中学時代に不良グループと交流するようになったBを，両親は遠方の学校に転校させ，Bは高校卒業まで親戚宅で暮らした。その後専門資格を得て就職し，社会に適応していた。30代前半で母親が悪性疾患で逝去した。

　40代になったBは，婚約者が突然の暴力事件に巻き込まれ急逝したことをきっかけにクリニックの私の外来を初診し休職となった。一般外来における数回の診察において，Bは他院における医師の言動に傷つきクリニックへ転医したことや司法との関わりによる傷つきや疲労を語った。希死念慮が続き生きる目的が見つからないと語り，服薬を拒んだ。Bは，壮絶な外傷体験を抱えているだけでなく，医療や司法による傷つきを経験していた。そのため，同じ「週1回」でも，一般外来では安全な場所と時間を提供することは困難であり，構造化された精神療法が適切だと考えた。また，かつて両親に転校させられ剥奪的な体験をしたBには，これまで一般外来で関わってきた主治医である私を失うことのないように，A-Tスプリットはせずに私自身が主治医と精神療法医を兼ねて，精神分析的精神療法を行う必要があると判断し，Bは同意した。構造は週1回45分対面法で設定され，婚約者の死から約1年が経過していた。

②面接経過
　約4年間の精神分析的精神療法の経過を記す。
　Bは，母親の死は経過も長く死を受け入れる準備ができたが，婚約者の死はあまりにも突然で，やるせない想いであることを語った。彼を失ってその存在の大きさを再確認したこと，またいかに多くの人が婚約者を慕っていたかを語った。婚約者の死に対する悲しみだけでなく，後悔や自責，死後周囲の心無い言動による傷つきや，適切に救えなかった社会組織に対する不信，医療や司法との関わりによる疲労や苦痛について語った。加害者への怒りの感情と共に，憎しみや恨みを抱え続けることがつらいと涙を流した。私は無力感や孤独感を抱き，ただ聴くことしかできず重苦しい身体感覚を自覚した。
　Bは漠然とした不安や恐怖から，鍵を閉めたか何度も確認し，ひきこもる生活を続けた。実家とは距離を取り，母親の介護を一人で担い苦労したが看取ることができて良かったと振り返り，中学時代に不良グループと交流して母親を悲しませたこと，母親は金銭面で常に苦労しており，早く自立しなくてはと思い続けていたことを語った。自分に自信がなく，良い評価を得たい，居場所が欲しいと，人一倍働いていたことを振り返った。甘えることが苦手で，唯一甘えられる存在

が婚約者だったと語るBにとって、中学時代に急に親元から切り離されたように、その唯一甘えられると思った特別な存在の彼からも切り離されたように感じていることを私は伝えた。また面接では表層的な話題が続いているように感じられ、私に頼ることの難しさについて伝えた。その後も頼ることの難しさについて私が繰り返し指摘しても、Bははにかむのみで、婚約者の話題へと変わった。婚約者のことを「ぐいぐいとくる人だった」と表現し、誰に対しても積極的で強引な面もあったが、それが嫌ではなかったと語った。私は、頼ることの難しさについて繰り返し解釈する私を、彼と同様にぐいぐいと体験しているのだろうと解釈した。

　その後Bは、最近いたずらをした飼い犬に苛立ち、咄嗟に首をしめてしまったと後悔を語った。Bの中にある怒りや衝動性の強さに私が触れると彼女は、婚約者が亡くなる前に喧嘩をして「死ねば良いのにってどこかで思ったんだと思う」と涙を流した。私は、B自身が彼の死を引き起こしたとB自身を責め続けていることを解釈した。

　また、中学生の頃、母親に「育て方を間違えた」と思わせたことへの罪悪感や、家族に迷惑をかけたくなかった想いが語られた。私はBが、両親への反抗や寂しさの中で不良グループと交流したBを受けとめず遠ざけてしまった両親に対して、怒りを向けられなかったという理解を伝えた。それに対してBは静かに頷いた。Bは、今まで一人だと感じていたが、多くの人に支えられていたことに気づき、婚約者へ感謝の気持ちを抱くとともに抑うつは軽減し、外出するようになった。

　相手に合わせて疲労するという職場の話題に続き、裁判に長期間関わり続けなくてはならず、事件を想起することへの苦痛をBは訴えた。私は、面接の場でBが私を気遣うかのように時折はにかんで笑う様子を取り上げて、面接で私に合わせて疲労することや事件を想起することでの苦痛があるだろうが「良い患者」として私に合わせているかもしれないと伝えた。Bは沈黙後に同意し「一枚のガラスをはさむような感覚で人と接している」と答えた。

　面接開始後1年が過ぎBは復職した。復職から半年経過した頃、4カ月後に私が産休を予定していることを伝えると、Bは目を輝かせて祝いの言葉を述べた。翌回で飼い猫の体調が急変したことを冗談を交えて報告したBに、私は妊娠への祝福の背後に、産休によって一人にされるような気持ちがあることを伝えた。その後飼い猫は亡くなり、Bは仕事が多忙となり飼い猫の世話を億劫に感じていた時期があったことを振り返り、「みんないなくなっちゃう」と涙を流した。私は、彼の死と同様に飼い猫の死についてもBが自分を責めていることを伝えた。また、

産休中の私の不在について，私は，Bを受けとめず転校させた両親としてBに体験されているだろうと，不在に対する怒りや悲しみについて触れた。Bは頷き「すごく不安」と涙を流し続けた。

　産休明け，母の日を迎えた面接で，高齢の母親に負担をかけたくない，早く自立しなくては，という想いがあったと語るBに「私も高齢の母親ですね」と，私にも頼れず，私からも早く自立しなくてはと考えているのだろうと伝えたが，Bははにかむように笑うのみだった。続けて，母親は車の運転ができず，大荷物を両手に抱えて坂を上る姿を見つけるとBが駆け寄って，荷物を一緒に持って帰ったことを思い出し，「しんどかっただろうな」と語った。この頃仕事を理由に面接の当日キャンセルが続いた。当時の私は面接室でBを待ちながら身体を休ませることになり，それを高齢の母親を気遣うBの配慮のように感じてもいた。

　裁判の判決が4カ月後に決定し，それを区切りに面接を終了したいとBが申し出，私はBの体調の回復や社会適応を評価し，Bの申し出を受け入れた。Bは「すべて事件のせいにしていないか，甘えているだけだと思われていないかと葛藤があった」と語った。私は，Bが面接を甘えと捉えて終了を申し出たのだろう，そして甘えずに遠ざかろうとする姿は，高齢の母親に負担をかけたくない，心配をかけたくない，早く自立しなくては，という想いと重なっていると伝えた。判決の結果はBの心情に寄り添うものだった。Bは，婚約者の死を振り返り，面接について自分で自分のことが分かるようになったことと，事件の話は他人にできず，ここで話せて良かったと面接の意義を感じていることを振り返り「この先も生きていこうと思えている」と語った。Bは「別れると思うとつらい」と涙を流し，お守り代わりにと薬の処方を希望した。私はそれに応じ，Bが頼れるようになったことを伝えた。

　③考　　察
　Bの治療目標は，婚約者のモーニングワークだけでなく，死なないこと・よくなること（PTSD症状や抑うつ症状が改善し社会復帰できること）・生きることへの希望を持てるようになること，であり，私がトラウマを被った患者の治療において特に留意した点としては，Bにとって安全な場所と時間を提供すること，そして，治療者自身が二次被害の加害者とならないことであった。

　その一方で，トラウマを被った患者の治療において「よくなること」に必要なこととして，私は転移の取り扱いが挙げられると考える。松木（2021）は「トラウマという事態」を「対象喪失の喪の過程が保持できない事態」と定義した上で，

「トラウマの治療の目標」について「トラウマという特異な喪失体験と内的な折り合いをつけること」としている。またそれは，分析的治療を通して，つまり，「転移を通してトラウマを体験した自分自身を見つめ直すことによって成し遂げられる」と記している。Bの治療では，婚約者の死だけでなく，転校や母親の死などの過去のトラウマ体験が表出し，唯一甘えられるという婚約者や，甘えられない高齢の母親が私に転移された。産休を含めた私の不在は，唯一甘えられる婚約者の喪失として，また，Bを受けとめず転校させた両親として再体験された。産休明けに私がBと面接を再開したことは，トラウマ体験を共に生き抜くこと，そして，Bと私の再会は，攻撃性を含めた陰性感情が相手の死をも含めた剥奪的な体験となる，といったBのストーリーを言語化させ，書き換えることとなった。その過程を転移を通して見つめ直すことによって，不安が完全になくなることは難しいとしても，Bにとって，トラウマ体験をこころに置けるものとなったといえるだろう。産休後のキャンセルや終了の申し出は，高齢の母親を気遣い，自立を急ぐBとして理解された。それらを解釈していくうちに，Bは，社会的活動や実家との交流を再開し，裁判の判決が出ることをきっかけに面接は終了した。

　ここでは，特にトラウマを体験した患者にとって，一般外来で診続けるよりも，週1回45分という精神分析的精神療法の設定そのものが，安全な場所と時間を提供することになり，それは患者を抱える環境となり必要な設定であることを論じた。それが前提となっての転移の理解と介入であった。この治療がBのこころの十分な深さに到達したとは言えない。しかしBの症状は改善し，社会復帰をもたらし，未来への希望を取り戻した。Bを死なせない，また，「よくする」ために，私ができる治療として，ほかの治療法を私は思いつかなかった。未解決の問題はあり，それが将来において問題を引き起こす可能性はあるかもしれないが，その際は自ら適切な援助を得て，さらにワークを深めていく準備ができたのではないだろうか。

Ⅷ　週1回一般外来と精神分析的精神療法をめぐって

　上述したように，一般外来の「週1回」という設定は，一般外来という限られた時間・揺れやすい構造でも毎週が設定されているところに意味があると考える。そうした中で転移・逆転移の文脈として理解できる局面も生じ，主治医としては慎重にその理解の活かし方を考えることが求められる。先に述べた私の立ち位置から言えば，臨床の中でこの部分を充実させることが，臨床に対しても，また翻

って精神分析的な応用分野を検討していくためにも寄与することになるだろう。

　精神分析的なものに関心を持ちつつ，構造化された精神分析的精神療法にはごく限られた時間しか費やせない精神科医は珍しくない。むしろマジョリティかもしれない。精神分析の知を一般外来に活かす固有の臨床的な有用性は時々説かれるが，さらなる探求がありうると感じる。

　しかし一方，外来で出会う多くの患者の中にはトラウマの治療をはじめとして，転移・逆転移の理解や解釈に基づいた週1回精神分析的精神療法が必要な患者がいると，私は考えている。おそらく，医療における精神分析的精神療法としては，週1回が最も濃度の濃い臨床形態といえるであろう。その場合，目標の設定には十分自覚的であることを強調したい。私は「よくなること」と表現したが，症状の軽減や適応の改善といったことを視野から外さず，支持と洞察を調和させ，また，介入するところと控え留まるところを判断しながら精神分析的な恩恵を受けとることはある程度可能だと考えている。

IX　さいごに

　小林（2023）は「日常臨床と精神分析は互恵的な関係にある」と述べた。その言葉に私も同意しており，週1回の精神分析的精神療法の実践やその訓練についても，週1回一般外来，そして日常臨床と，お互いに恩恵を与え合う関係であると考えている。週1回精神分析的精神療法の実践やその訓練を始めるということは，治療者として，患者との治療の場を現実指向的・支持的な視点に加えて，情動的・転移的・洞察的視点を持って考え続ける姿勢を身につけるということであり，この複眼的思考は治療者の心に根付き，育まれていくものとなる。もちろんその複眼的思考を訓練などを通して育み続けること，また，自分がどの視点に重きを置いて目の前の患者の話に耳を傾けているか，常に意識し考え続けることが大切であると考える。

文　献

Abram, J. (1996) The language of Winnicott. Karnac Books, London.（館直彦監訳（2006）ウィニコット用語辞典．誠信書房，東京．）

吾妻壮（2018）精神分析的アプローチの理解と実践―アセスメントから介入の技術まで．岩崎学術出版社，東京．

岩倉拓・関真粧美・山口貴史・山崎孝明（2023）精神分析的サポーティブセラピー（POST）入門．金剛出版，東京．

北山修（2016）分析的枠組と分析的態度について．精神分析研究, 60(1); 41-51.

小林要二（2023）精神療法の命運を分ける０期―日常臨床から精神療法への架け橋をめぐって．精神分析的精神医学会第21回大会 教育研修セミナー 指定討論．
松木邦裕（2021）パーソナル 精神分析事典．金剛出版，東京．
成田善弘（2012）精神療法の深さ―成田善弘セレクション．金剛出版，東京．
岡田暁宜（2017）週一回の精神分析的精神療法におけるリズム性について．In：北山修監修，髙野晶編：週一回サイコセラピー序説．創元社，大阪，pp.45-60.
鈴木智美（2023）無意識の思考をたどる．精神分析研究，67(3); 343-347.
髙橋哲郎（2007）精神分析的精神療法セミナー―発見・検討・洞察の徹底演習 技法編．金剛出版，東京．
Winnicott, D. W.（1986）*Holding and Interpretation*. Routledge, London.（北山修監訳（1989）抱えることと解釈．岩崎学術出版社，東京．）

第Ⅴ部　週1回の「精神分析的」を考える

第 14 章

無意識の思考をたどること

鈴木智美

introduction
　本論は，日本精神分析学会第 68 回大会のシンポジウム「週 1 回精神分析的精神療法における技法」（『精神分析研究』第 67 巻第 3 号）で発表したものに若干の修正を行ったものです。
　私は，"精神分析的"なサイコセラピーは，他の心理療法とは異なって，無意識の思考に信（真）を置いてクライエントと接することなのではないかと思っています。治療者は，無意識の思考が私たちの行動や症状，そして性格形成にも影響を及ぼしているということをこころに留めながら，クライエントの苦悩を理解していくことが大切でしょう。それは，毎日分析であっても，週 1 回の分析的セラピーであっても，「精神分析」を冠する限り同じなのだろうと思っています。ただ，クライエントを抱える外的枠組みが異なりますから，臨床場面においては，そのときのクライエントの病態水準や心的資質であったり，治療者との関係性であったりを面接の都度アセスメントすることにおいて，週 1 回のときのほうがより慎重に行い，介入の工夫をする必要があるのかもしれません。また，現実がこころを占める割合が多くなるでしょうから，現実指向的な介入も増えるでしょう。金と銅の配合の分量は，設定とその都度のアセスメントから図っていくことなのだろうと思っています。
　本論で，私なりの工夫を描き出そうと試みました。皆さまの臨床実践のひとつの参考になれば嬉しく思います。

I　はじめに

　私たちの生活は通常週単位で行われている。7 日を 1 周期として日常が営まれるようになったのは，当初は便宜的なものであったのだろうが，長く私たちの生活リズムのなかに組み込まれたもの（岡田, 2017）になっている。その繰り返されるリズムの，ある 1 日のある一定の時間，精神分析的精神療法としてクライエントと治療者の 2 人が出会うことの意味（藤山, 2015）を私たちは大切にしてきた。そして，これまで週 1 回の頻度で精神分析的精神療法を行うことを当たり前のものとして受け入れてきたように思う。ところが，医療経済の事情からその実

践も困難となる一方で、精神分析の理論は週4～5回という毎日分析から得られた成果であることをあらためて考えたとき、果たして、週1回の精神分析的精神療法は有効なのかという問いが立てられる。そこで、これまでの私たちの臨床実践の意味を再考（髙野, 2017）することは意義あることだろう。私は毎日での精神分析も実践している立場から、週1回の精神分析的精神療法における面接の在り方について検討したいと思う。

II 週1回のリズム

　私たちは、1週間という単位の中で必要な日常の作業を繰り返しこなしている。週1回、同じ時刻に同じ時間、同じ人と過ごし、自分の話だけをし、聴いてもらい、なにがしか照り返され、解釈がなされるといった営みを、「不安定な現実という濁流の中を必死に泳いで、息継ぎする束の間の時間」とあるクライエントは語っていた。身体の疼痛を訴えるこの女性は、「この時間だけが、身体もこころも楽になれる。この時間がなければ、私のこころは死んでしまう」と涙を流していた。彼女は、自分の話をじっと聴いてもらう体験が幼い頃から欠けていたと感じてきており、必要としていることだった。母親が忙しく、抱っこをせがんでも「後で」とあしらわれ、しかも抱っこされることは終にもなかったのだった。たとえ週1回であったとしても、確実に抱えられる空間と時間が確保されていることが重要なのだろう。その時間を確保するために、なんとか仕事をやりくりして、生活の一部としてのリズムを作り出して面接に通ってきていた。子どものころ好きだった、母猫が養子に出された仔猫に電話をする絵本について語りながら、能動的にかつ自分の話だけを聴いてくれる彼女が求める母親を私に見ていることを彼女は理解していった。その母親（私）は、週6日は不在であるが、面接時に、そうした不満や心細さが扱われることや、黙って聴いてもらえる体験が意味あることであるという理解もまた生まれたのだった。

III 語られていることの無意識的な意味をたどる

　クライエントが日常の様子を報告していても、その語りの中には、治療者に語るという行為の意味、語る内容の治療者との関係性（転移）のメタファー、蒼古的関係性のメタファーとしての意味などがある。治療者はいくつもの水準で話を聴いていかねばならない。同時に、その場の空気感や、治療者に湧きおこるイメ

ージ，情緒的反応もまたとらえておかねばならないだろう。精神分析的精神療法を行う私たちは，ひとのこころには無意識的な世界があり，そこに形作られたその人固有の思考が，今の現実生活における考え方や行動，はたまた症状をもたらしているとの考えをもって臨床を行っている。それゆえ，どんな話であったとしても，そこにその人の歴史的な意味が含まれているとの理解をする必要があると思う。それは，たとえ週1回であったとしても，そうした理解は大切であるし，転移は確実に生じていると私は考えている。

　私は，クライエントの話についていきながら，語られている現実的な事柄として対話する一方で，無意識の思考から織りなされる事態としても理解（鈴木, 1998）して，蒼古的意味合いや転移を見出すように努めるようにしている。それを解釈するかしないかは，そのときのクライエントとの関係によって判断する。まだ，日が浅いうちや，クライエントが内面に触れることに抵抗しているときは，現実的なこととして対話し，ときには私の意見を述べるし，そのことについて再び話し合うといったプロセスを重ねていくほうが多い。ただ，時機を図って無意識のありようへとたどる介入を心掛ける。いま解釈して次のセッションまでの時間，クライエントが持ちこたえられないと思われるときは解釈そのものを控えるが，それでも明確化をして布石を残すようにする。それはこの理解は再び解釈の機会が訪れるだろうという考えからである。あるクライエントは「先生は決して正解は言ってくれないけど，私自身の考えを見出すような道筋へと背中を押してくれる」と述べた。その人は，行きつ戻りつして「綱渡りをしながら，先生が安全ネットを張っていて，落ちるとひょいと抱え上げてもらい，また綱渡りを開始する」のだと，精神療法のさまを語ってくれた。

　私は，その人の無意識の思考が現実に不具合をもたらしているとすれば，その無意識の思考を知っていくことこそが，その人自身が不具合への対処方法を見つけることにつながると考える。大切なことは，クライエント自身が発見する（平井, 2017）ことだろう。私たち治療者は，その手伝いをするに過ぎないと思っている。しかし，週1回という頻度のとき，とくに治療開始当初には，クライエントの自由連想に自然に任せて治療者がもの想いをしていくというパターンでは対処できないことが多いようにも思う。治療者が積極的にクライエントの無意識的世界へとたどる必要がある。そこでは，治療者側は逆転移をモニターし，その感覚を理解の楚としつつ，語られていることの無意識的意味を意識的に考えて，明確化や直面化を行うことによって，クライエント自身が考えられるように方向づけを行う，あるいは現在語っていることと無意識的思考の在り方をつなぐように

する必要があるだろう。週1回の守られた空間と関係性が維持されるとき，二者関係における陽性転移が生じることが多いものだが，密かにされている陰性転移と，苦しい現実生活を維持している自己の部分への敬意とを含みこんだ介入が必要なのではないかと思う。

IV　症例提示

　30代前半の独身女性のAは，生きることが虚しいとの思いで私のオフィスを訪れた。Aは，優秀な会社員として日々忙しく送るなかで，自分が何のために生きているのだろうと突然不安に襲われることがあった。休みの日は，ただ茫然と過ごすのみで，夕方には「何もしなかった，どうしよう」という漠然とした焦燥感にさいなまれていた。孤独感に耐えられず，独り身であることを常に憂いており，核戦争でひとりぽっちになるという夢を語った。

　対面での週1回45分の精神分析的精神療法を私のオフィスで開始したが，面接に来る途中に嘔吐したり，過呼吸が生じたりし，ほどなく腰の手術を必要とする状態となって，3カ月間来所できなくなった。身体的な苦痛の話を，そのときの心細さや絶望的な想いを私は感じながら，「ここに来るようになったいま手術という事態になってしまったのは，何があなたのなかで生じたのだろう」と介入をしていくと，これまで一人で踏ん張ってきたのが，私に話をすることによって，弱い自分に気づかざるを得なくなり，心細さが身体という表面に現れた結果であろうとの理解をAはした。ただ，来所できなくなったことは，やはり誰も助けてはくれないのだという彼女のこれまでの"信念"を強くすることになったのだった。彼女の話しぶりからそこには彼女の万能感があるとも感じられた。手術後の人を頼らざるを得ない身体状況を情けなく思う一方で，母親がAに配慮することがないという憤りを語り，そこからこれまでの母親との関係性に話が及ぶようになっていった。

　Aは，幼い頃から母親の夜勤のときにはひとりで夜を過ごし，母親の気に入らないことがあると，定規で叩かれたり裸で玄関に出されたりといったことが日常だったことを語りだした。父親は単身赴任しており，たまに帰ってきても母親と喧嘩することがしばしばで，Aと母親との関係に気づく様子もなかったと言う。父親を弱く無能な人としてAは語った。Aはアニメと読書に拠り所を見出して成長したのだった。「母は私を自分の気持ちの発散道具としか思っていない」，「私の想いに目を向けてくれたことがない」と憤る一方で，「ときどき"甘い蜜"をくれ

第14章　無意識の思考をたどること　217

るためにそれを期待して離れられない」と，母親との関係に縛られていた。

　面接でのAは，長い沈黙をし，私の促しの後に話し始めるのが常だった。硬い沈黙は私を拒否しているかのようだった。対面で開始した面接だったが，身体的理由もあり，彼女はカウチに横になることを選ぶようになり，日々の仕事での人間関係の話として，「能力のない，役立たずの男性上司」への腹立ちや孤軍奮闘する様子，母親からの電話連絡に振り回される様子が語られた。それらを聴きながら，彼女がいかに孤独を感じているか，自分しか頼る人がいないとの想い，男性上司を父親のように見ていることなどへの介入を行うようにした。また，母親へのアンビバレントな思いに触れてもいった。そして，このような話をこれまで話せる場がなかったこと，けれども私は現実的には助けてはくれないことに介入し，助けを必要としているのに助けてもらえない弱さを感じることが孤独感を強める結果となっているとも伝えた。

　1年ほどすると，話題の中に「理解ある女性上司」が出現し，友人と旅行したことなどが述べられるようになった。この事実にはそうした良い対象を得る力がAの中にあるのだろうという介入をし，転移的な解釈は行っていない。このころ，母親を「処罰してほしい」思いが強くなり，電車の中で幼い子どもがぐずるのを親が優しく対応する様子を見て，吐き気を催し「ぶん殴ってやりたい，殺してやりたい」と語るようになった。私は，彼女の現在も欲している母親からの優しいまなざしが得られないことへの怒りとして介入した上で，得られずにきた悲しみに触れるようにした。Aはこの時期，甘いジャンクフードを大量に購入し毎日食べてもいたが，その心理的な意味を話し合うことで，その行為は，漬物や甘酒を手作りすることへと変化した。しかしそれは，自分に良いものを与えるという側面だけでなく，自分ひとりで抱えないといけない虚しい行為としても語られた。「私を愛してくれる人は誰もいない，親のために必死にこころを使ってきたのに，それは報われない」との絶望的な思いは変化しないままだった。私は役に立たない父親となっていたようだった。

　5年ほど経ったとき，Aは「ここに通ってきても何も変わらない，先生は何もしてくれない」，「なんのために通ってきているのか無意味に思う。面接を止めようと思う」と私への不満を直接語った。私も彼女との面接に進展がないように思っていた。虐待を生き延びてきた彼女に，どうかかわることが少しでもこころの安寧をもたらすのだろうか，何ができるのかと，私は次の面接までの6日間には，祈るような思いもしばしば抱いた。何もできていないことに，面接のたびに無力を感じ，同僚にコンサルト依頼をした。私は，私がAの話をどんな思いで聴いて

いるかを，Aが本屋で見つけたと以前に語っていた『私ってごみくず，かな?!』という絵本（Sunderland & Armstrong, 2003）をなぞって伝えた。Aは「ああ」と言って沈黙の後，「その本のことを話したことは忘れていた。自分にはひとがどんな思いでいるかを察することができない。母親のように"発達障害"の部分があるのだろう」と述べ，彼女が忘れていたことを私が覚えていることに驚くとともに，ひとと真に交流することができないのではないかとの懸念を語った。私は面接と面接の間も，彼女をこころに置いていたが，私との面接は彼女にとって断絶の連続であったのだろう。Aは，本や世間の常識から何が正しくて何がいけないのかを類推して生き延びてきていたのだった。Aにとってひとは裏切るものであり，彼女のことを慮っているとは思いもよらないことだった。それでもAは面接に遅れることなくやってきて，カウチの上で多くの涙を流しては帰っていくことを繰り返した。私は，彼女が母親から虐待され搾取されながらも，母親との関係を断てずにいて，めいっぱい仕事をこなすさまを不憫と感じており，なんとか自由になって，愛する人に巡り合えないものかと思っていつつも，面接では，そうした私の想いを伝えることはせず，ただ，同じ時間・同じ場所で変わらずに彼女の話を聴く存在としていることを選んだ。

　次第に，Aは自身の仕事上の能力を信じることができるようになっていったし，プライベートにはパン作りを楽しみ，友人と好きなアーティストのコンサートに行くようになった。ただ，ひとりの時間のむなしさにハタと落ち込み，面接では，「避難所でひとり毛布をかぶって過ごす様」や「老後に誰も訪れることがないままに病院のベッドに横たわる姿」をイメージしては落涙するのだった。彼女には「津波の前にひとり立たされている」との想いが常にあった。彼女にとって私は決してそばにいる存在ではなく，「ここにいてもひとり」と語るのだった。それでも現実には，過剰な罪悪感を抱くことなく，母親と少しずつ距離を取ることができるようになり，それは「ここでしか話せない」話ができるからと言葉にするようになっていった。週に1度，自分についてだけ話す時間があることは，怒涛のような日常にとって必要なことであると語りもした。

　この頃，面接冒頭の長い沈黙の間，私の中に攪拌されるイメージが生じるようになったこともあり，その意味について取り上げるようにした。すると，頭の中に言葉の断片が砂嵐のように舞っていて，それらが文章としてつながるのを待っていることが語られた。私は不安にならずに静かに待つことが可能となって，ふっとした動きを感じたときに介入するようになった。「日常のことを話しているのに，なぜか親との関係を見ることになる」，「つらいし泣くはめになるけれど，泣

く自分がいてもよいのかも」と，週に1度のこの時間を大切に感じていることや，私との関係性を信用できるものとしてとらえられるようになっていき，彼女は婚活を始めた。ただ，それは母親から再三結婚しないのかと迫られていたこととも関係していた。そして「自分に興味を持ってくれる人は，発達障害的な人しかいない」と，「母や父との関係性を繰り返してしまうしかないのか」と落胆した。私は，未だ母親にとらわれているこころの在り方を問うた。そして，Aのひたむきさを評価している周囲の人がいることへの介入と同時に，ただ何もしないでぼんやりと過ごす自分であっても認めてほしい想いに触れるようにした。Aは「母の願望を満たすための結婚はしたくない」，「私が相手の気持ちを汲むように，相手にも私の気持ちを汲んでほしい」，「頑張れない自分であっても受け入れてほしい」と述べた。このころ，仕事で引き受けすぎるあり方は万能的なこころによるものであろうことを解釈し，Aは「自分の思い通りにできるってどこかで思っているし，期待している。それが自分を追い込んでもいる」と応じた。

　断念した婚活であったが，1年ほどの後，Aの素顔の部分を受け入れてくれる男性と出会った。母親が常日頃求めていた結婚相手の条件とは異なる人ではあったが，一緒に居て素直になれ，肩に力を入れずともよいと感じることができたようだった。私は率直に嬉しい思いを伝え，母親から離れて自分の家族を作る力が備わったのだろうと介入した。Aは母親には相談することなく，彼と交際し結婚を決めた。しかし，母親と顔合わせの帰り道，Aは吐き気を催した。それは，母親の言葉の端々に非難を感じ取ったからだった。まだ母親に支配されている自分がいることに愕然としつつも，彼が「毒親とは距離を取るべきだ」と言ってくれたことに安堵したのだった。面接を開始して約10年の月日が経っていた。Aは「10年前の自分だったら，彼と出会っていたとしても信用できなかったと思う。ここで話すなかでひとを信用することができるようになったんだと思う」と語った。

V　精神分析的か？

　Aとの面接では，私との間で劇的といえる接触はなかった。ただ，私は当初，彼女といる間息苦しさを感じていたし，祈るような思いを抱いていた。そのような感覚を持ちながら，Aの話や沈黙を否定せずに聴き続け，そこにある無意識的な意味合いを考え，感じ取り，介入するといったことを繰り返した。私の解釈が大きな変化をもたらしたわけでもない。それでもナルシシスティックなこころの

在り方は，私との間でひとを求めるこころへと変化した。治療経過において，役に立たない父親＝私，彼女のこころに眼差しを向ける理想的な母親＝私が転移されていったと思う。私は関係性の推移に応じて，現実レベルで介入したり，語りや態度の形式に焦点を当てたりする工夫を行った。そのなかで，彼女は虐待する母親へのアンビバレントさを抱えられるようになって，ひとを信用できるようになったのではないかと思う。

　何をもって精神分析的というのだろうか。クライエントが抱えるこころの苦悩に触れる時間として，場と時間と治療者のこころを提供することは，どんな精神療法であっても必須のことだと思う。精神分析的というには，そこに生じる転移的意味を理解していく作業とともに，クライエントが無意識の力によって苦しんでいることに自分で気づいていくように，いくつかの水準で話を聴きながら，クライエントの心的ありかたに沿った介入をすることなのではないかと思う。週1回という制限の中では，確かに次会うまでの空白を考えると解釈を控えることもあるだろうが，逆に，週1回だからこそ，治療者から積極的に無意識のこころへとたどる介入を行うことが必要であり，陽性と陰性の両方の転移をバランスよく解釈する必要があるだろう。その塩梅は，クライエントの心的資質（Coltart, 1993）とここにいる二人の関係性を鑑みる臨床的判断であり，私たちの役目であろう。

　Aとの面接に10年の時間を要したのは，長すぎると言われるかもしれない。そこで充分に彼女の葛藤が扱われたかも疑わしいが，週1回であっても面接場面で退行し，日常では見せない涙を流し，心細さを語り，怒りや恨みを語り，それらを私が受け止めて私自身がこころを動かして，転移的意味合いを考えながら交流してきたことは，精神分析的であったと私は考える。

VI　おわりに

　週1回であっても，治療者がこころを動かし，クライエントの無意識的思考をたどるとき，精神分析的交流が生まれ，クライエントにとって有益な成果を得ることを，あるクライエントとの面接プロセスをもとに，私の介入の工夫を含めて述べた。

　　文　献

Coltart, N. (1993) *How to survive as a psychotherapist*. Sheldon Press, London.（館直彦監訳（2007）精神療法家として生き残ること―精神分析的精神療法の実践．岩崎学術出版社，東京．）

藤山直樹（2015）週1回の精神分析的セラピー再考．精神分析研究，59; 261-268.
平井正三（2017）週一回精神分析的サイコセラピー—その特徴と限界．In：北山修監修，髙野晶編：週一回サイコセラピー序説—精神分析からの贈り物．創元社，大阪，pp.61-76.
岡田暁宜（2017）週一回の精神分析的精神療法におけるリズム性について．In：北山修監修，髙野晶編：週一回サイコセラピー序説．創元社，大阪，pp.45-60.
Sunderland, M. & Armstrong, N.（2003）*Ruby and the rubbish bin*. Routledge.（森さち子訳（2011）私ってごみくず，かな?! 誠信書房，東京．）
鈴木龍（1998）週1回の精神療法における現実生活の主題と転移の扱い．精神分析研究, 42(3); 240-247.
髙野晶（2017）週一回精神分析的精神療法の歴史—体験と展望．In：北山修監修，髙野晶編：週一回サイコセラピー序説．創元社，大阪，pp.1-20.

第 15 章

週1回セラピーの中で
亡霊を見ようとすること

関真粧美

I 言葉の隙間を漂うもの

　精神分析的セラピーで重要なのは言葉のやりとりだけではない。私たちは言葉と言葉の隙間に漂う，言葉ではないものに目を向けるためにも言葉を行き交わせている。

　隙間とは多くの怪異譚において妖物が入り込む場所である。漫画家で江戸風俗研究家でもある杉浦日向子（1993）の『百物語』の中に，きちんと閉められていない戸の隙間に"何か"が訪う，という話がある。手の平ほどの細い隙間の向こうに訪れるその気配はオトナイさんと名付けられ，オトナイさんとして見つめられる。すると時にはオトナイさんの着物の柄が見えることもあるという。

　戸の隙間のように"何か"が不明瞭に見え隠れしている状態は，投影の受け皿として使用されやすいということだろう。たとえば，"幽霊の正体見たり枯れ尾花"という諺がある。この場合，"幽霊"は主体の心の内容物，無意識的空想を外界に投影したものであり，"枯れ尾花"，つまりススキは他者と共有可能な現実である。

　週1回セラピーの中で，私たちは患者と二人で幽霊を見たりススキを見たりするといえる。週1回設定の精神分析的セラピーの中には，幽霊を見ることに注力するもの（表出的な方向性のもの）と，ススキを見ることに注力するもの（自我支持的な方向性のもの）がある。これらは完全に分けられるものではなく，連続体を成している。臨床実践はこの両極のあいだを「行ったり来たり」（髙野，2023）しながら進んでいく。

　今回私は，週1回セラピーにおける幽霊の見方を巡って考えてみようと思う。まず精神分析的に論じられてきたこのような幽霊，亡霊といったものについて確

認しておこう。

Ⅱ 精神分析における亡霊

　フライバーグ Fraiberg ら（1975）は，苛酷な子ども時代を送った人が親になり乳児に接していると，「忘れ去られた過去」から幽霊（ghost）がやって来て，子ども時代の外傷状況の反復を迫ると考えた。フライバーグらは過去の苛酷な体験自体よりも，その体験にまつわる「感情の抑圧や隔離」が幽霊を呼び外傷を反復させるという仮説を提示している。幽霊は過去に関係していて反復の動因となるもの，再演を迫るものであるようだ。

　ハンガリーのマリア・トローク Maria Torok とニコラ・アブラハム Nicolas Abraham（1987）は，上の世代が経験した近親姦，犯罪，私生などの深刻な秘密が無意識を通じて非言語的に孫の代にまで継承されていく現象について論じる中で亡霊（phantom）という概念を提唱している。亡霊は「一度も意識的であったことがない」存在で，「親の無意識から子どもの無意識への移行」で生じる。抑圧されたものとは「明らかに異なって」おり，「奇妙な言葉や行為」，「徴候」などの中に回帰してくるという。

　「幽霊」も「亡霊」も死者が生前の姿をとって出てくるという意味で用いられている言葉ではない。いずれも意識化できない過去から回帰する"不気味なもの"であり，隔離や解離，反復強迫という概念を思い起こさせる。それは名付けられることも考えられることもなく，一度も言語的に触れられたことがない。言語的交流の中に埋め込まれた空隙や穴として存在している。

　森（2005）はトラウマに関して「埋葬と亡霊」という概念を提示し，トラウマが「埋葬されながら繰り返しよみがえろうとする」ものであることを述べた。体験がトラウマになるのは「記憶のされ方」および「埋葬のあり方」，つまり事後の対処のされ方のほうにトラウマ性があることによると論じている。そのようなトラウマ性のある対処のされ方，言い換えれば病的な防衛のありようは，過去のある一点においてではなく現在にいたるまで繰り返し「働き続けている」ために，「今ここ」にもそのまま持ち込まれてくる。

　亡霊や幽霊はトラウマの周辺に存在し，言葉で捉えられることから逃れて言葉の隙間を漂いつつ，回帰性，反復性を特徴として保持しているものをさす，と言えるだろう。本論文ではこれ以降「幽霊」ではなく，過去が現在に悪影響を及ぼすという意味でも使用される言葉である「亡霊」を使用することとする。

Ⅲ "あの時"や"あそこ"を"今ここ"に接続するものとしての亡霊

　次に，精神分析以外の場で語られてきた亡霊についても触れておこう。怪異のイメージは，その文化圏において忌避され，抑圧されたものをもとにしてかたちづくられているため，怪異表象の描かれ方，受け取られ方は，その文化圏の人々の無意識のありようを反映している。私たち日本人が他国に類を見ないと言われるほどの強い関心を亡霊や妖怪などの怪異に向けてきたのは，ひとつには怪異を語ることを擬似的なセラピーとして用いてきたからだろう。私たちは言葉になりにくい傷や想念を亡霊たちに託し，怪談として語りあうというやり方で取り扱ってきたのである。

　江戸時代以降盛んになったと言われる怪談会は現在も季節を問わず開催されているが，怪談の中には物語の終わりに「……その事件が起こったのは，この場所だったそうです」などというかたちで，物語と"今ここ"が唐突に接続される，という構造を有しているものがある。

　"あの時あそこで"についての語りと"今ここ"の間隙がふいに繋がって体験され，その場は怪談の現場へと急変する。こうした時に一瞬ギョッとするような，身体感覚を伴う切実な反応が体験される。無意識的空想の中で分かれていたはずのもの，あるいは分けておきたかったものが急に繋がりを持って感じられることで，驚きと恐怖が混ざったような情動が体験されるのだろう。

　口承文学，民間伝承研究を専門とする伊藤（2023）は怪談について，話の内容ではなく語り手と聞き手の人間関係こそが怪談を怪談たらしめること，怪談の場を両者が共に創っていることを論じている。語り手と聞き手の間の無意識的交流が互いの傷や不安，空想を刺激し揺さぶってこそ，怪談の場は豊かなもの，より情動を喚起するもの，つまり怖いものになるのだろう。

　怪談が真に迫っていると感じられる時，その怪談の場は参加者が共に見る夢のような要素を含んでおり，その中で傷つきや不安が昇華され癒やされている部分があるのかもしれない。

　怪談は怪談会以外にもさまざまな場で語り継がれ，共有されて来た。たとえば江戸時代から現代にかけて，累ヶ淵という怪談をもとにした作品群がさまざまなジャンルで創作されている。落語，歌舞伎，漫画，映画と多岐にわたっているそれらは累という亡霊の名をとって，累もの，と呼ばれている。悲劇が場所と時間を超えて何度もかさねて繰り返される，という筋の物語であり，江戸時代に下総

国の小村で実際に起きた次のような事件が下敷きになっている（小二田・広坂, 2012）。

　ある時，累という女性の亡霊が菊という女性に憑依し，菊の口を借りて25年前の累殺しの犯人を暴いた。その事件は村人たちのタブーであり，トラウマだったようだ。憑依状態での菊の語りは繰り返され，村人たちはこの亡霊の反復的な出現に慄いた。そして，遡れば61年前に累の兄が親に殺害されていたことを含め，自分たちが黙認してきた殺人の反復を言葉にして語り始めたという。

　この一件は，先に述べたトロークら（Torok & Abraham, 1987）が論じている亡霊現象の例としても捉えることができる。祖父母の世代が経験したトラウマ的なできごとが，消化されないまま非言語的に孫世代の菊に継承され，ヒステリー症状というかたちをとって回帰したのだ。遠い過去の時間に遠い場所で起きたできごとと，今，この場で起きている事態とのあいだを，亡霊が繋げている。

　亡霊とは常にこのようにして，過去の"あの時"，遠くの"あそこで"起きた物語を，"今ここ"へと接続する存在なのである。そして，そうした亡霊を言葉に置き換えていくことが精神分析的セラピーで行う仕事であるといえる。

IV　週1回セラピーにおける"今ここ"の取り扱い
　　──亡霊を見ようとすること

　週1回セラピーの中で亡霊，つまり意識の外側に追いやられつつ過去と現在を接続しているものを見ようとすることについて，考えてみよう。意識の外側にあるものは言葉以外のものを通してしか表現され得ない。そのため，"今ここ"の転移が強力な手がかりになる。

　しかし，週1回セラピーの最大の特徴は，"今ここ"が週1回だけであるということだ。"今ここ"とは，関係が醸成されたり転移が集結されたりする場であり，また観察して理解のための素材を収集する場であり，得た理解をもとに参与し介入する場でもある。これら全てを週1回のセッションの中で行うのは，非常に忙しく慌ただしいことに思える。忙しいと意識的に頭を動かし，人工的な介入をすることになってしまいそうだ。吾妻（2023）が頭を使って話をするだけなら週1回でもよいがそれは精神分析にはなりにくい，と述べていることにもつながるだろう。

　"今ここ"をどのように扱えば，頭だけを使った人工的なやりとりに陥る危険を回避しうるのだろうか。週1回設定においては，この点が精神分析的セラピー

としての成否を，そして生死を分けると言ってよい。何らかの技法的工夫[注1]が必要である。

　週1回設定は高頻度設定の精神分析とは異なり，転移の自生的な集結が起こりづらい。頭だけのやりとりとはたとえば，週1回セラピーにおけるこのような特徴を無視して，実感が伴わないままの転移解釈を繰り返してしまうといったことで引き起こされるだろう。

　山崎（2018）は，こうしたことはかえって転移の醸成を妨げると指摘し，そうならないための技法的工夫として，週1回設定においては転移の自然な集結を待ちつつ平等に漂う注意を払って，当面性のあることがら（今現在患者の感情が切迫していることがら）を追い続けることが重要であると述べた。その時に当面性のあることがらが転移外のことであるなら転移外のことを扱っていく，ということになる。縄田（2018）も週1回設定における転移外解釈の重要性について論じている。

　頭だけを使った人工的やりとりは意識の外側との出会い，予測からの逸脱という要素を決定的に欠いている。このことから考えると，週1回セラピーを頭だけを使ったものにしないために驚きの発生に注目することは意味があるだろう。驚きということからは，村岡（2017）がBöhm（1992）を引用しつつ論じたターニングポイントという現象が思い浮かぶ。村岡は週1回セラピーにおいて「治療関係に現実的事柄が持ち込まれる」ことが「転移・逆転移関係のありように直接的に影響を波及させ」，そこから「予期せぬ驚きを伴った出会い」，ターニングポイントがもたらされると論じた。この時，驚きは治療者と患者の双方に生じている。

　質の異なるものが接続された時には驚きが生じる。ターニングポイントで生じるような大規模な驚きだけではなく，また治療者と患者の双方に生じる驚きだけでなく，どちらか片方にだけ生じる極々小さな「あれ？」，「え？」という感覚も大切な手がかりとして扱い，見逃さないことが必要である。その感覚は"今"，"ここ"で何かが生じたことを示す徴候（Torok & Abraham, 1987）であり，この場所が今，何かの現場になっていることの証しなのである。亡霊の痕跡もその近くにあるかもしれない。

注1）古賀（2024）はサンドラー Sandler, J.（1988）が精神分析と精神分析的精神療法について「理論は共有しつつ技法を異にする実践である」と述べたことを引用して，我が国でもその仮説が支持されているようであることを述べた。精神分析的セラピーで用いる技法は，精神分析の技法とは異なる，ということである。

亡霊は，すでに言葉になっていることの中には存在しない。頭だけを使っていても亡霊を見ることはできない。意識化と言語化を逃れ続けている亡霊を，週1回セラピーの"今ここ"の転移の中でどのようにして捉えていくのか。私のイニシャルケースを元に事実関係を改変したビネットを用いてさらに検討する。

V　ビネット

（彼の発言は「　」，私の発言は『　』で示す）

　私の勤務していた心理相談室を訪れた時，彼は20代後半で専門職についていた。数年前，人と関わることが多い業務についていた時に緊張感と不安感の高まりをおぼえて，その仕事を辞めてしまっていた。その業務につかなくてよいところに転職して数年間経ったが，それ以来，対人場面における緊張感と不安感が高いことや安心感の持てなさ，友人がいないことについて思い悩むようになったという。無表情で抑揚のない口調で話す彼は，孤高，という雰囲気をまとった硬い氷のような人だった。

　彼の生い立ちは痛みに満ちていた。早くに父を亡くし母一人子一人で育ったが，母親が徐々に精神的に不調をきたして入退院を繰り返すようになった。就学前だった彼は母親と共に親戚の家に身を寄せたが，そこでの暮らしはつらく，親族たちに疎んじられながら「かわいそう」な母親を庇って生きてきたという。母親について語る時の彼には"誰にも母のことを悪く言わせない"という張り詰めた雰囲気があった。

　彼は「自分の生い立ちや親戚との関係，母親の精神疾患が今の自分に影響していることはもうずっと考えてきて，すでに十分わかっている。それ以外のことを考えることしか自分に変化をもたらさない」と主張した。その言葉は重みと説得力があり，確かにすでに全てが明らかであるように思えた。以降，私の思考は彼のこの主張に強く影響され，縛られ続けた。つまり，母親のことや親族のことを考えに入れて連想を巡らせることが全くできなくなってしまったのだが，自分がそうなっていることに気づいたのはずっと後のことだった。

　週1回50分，90度対面という設定でセラピーを開始した最初の年，彼は自分の半生を振り返って淡々と語り続けた。面接開始から1年が過ぎた頃から彼はしだいに職場の同僚や著名人などを例にあげながら対人関係に関するさまざまな考察を語るようになった。しかしその内容は省略が多く結論部分だけが提示され，非常に難解だった。私は彼が何を言おうとしているのかわからず，焦りと申し訳

なさが相俟って，彼の話をわからなければ，という思いに強迫的に囚われていった。私は話の内容を頭で理解することに取り憑かれ，質問を連発した。

すると彼は「尋問されているみたいで不愉快」と不機嫌さを露わにした。恐縮した私は一転して質問を控えて黙るようになったが，彼はその沈黙に対して「自分が話すことを強制されているみたいで不愉快」と言った。彼はまた「ここに通っている意味が感じられない」と言い，しかし毎回決して休まず遅れず面接にやってきて，私の介入をすべて却下し続けた。私は追い詰められ何も考えられなくなっていき，次第に二人とも押し黙る時間が増えていった。やがて面接時間の多くを，圧迫感のある重苦しい沈黙が支配するようになった。

"このままではまずい"と感じた私は，面接開始から1年半経過した頃に初めて精神分析的な方向づけの個人スーパーヴィジョンを受け始めた。今思えば，考える気力を失い罪悪感と被害感でいっぱいになった私は，精神疾患をもつ母親そのものだった。

スーパーヴィジョンでは面接に来続けていることに彼の私への陽性の感情があらわれていることを指摘され，私は驚愕した。嫌われていると思っていたのだ。しかし彼は確かに多忙な日々の中，面接のための時間を必死に確保し，遅れそうになった時には走り，一生懸命通って来ていた。一度気づいてみればこれまで気づかなかったことが不思議に思われた。私は彼がこの場に真摯に臨んでいること，私とのこの時間を大切だと感じているであろうことに触れるようになった。しかし彼は不快そうに否定し，「事前に考えてきたこと以外は何も話したくない。先生は自分が話すことを黙って聞いていればいい」と言った。

彼は私への侮蔑や見下し，苛立ちをどんどん露骨に態度や物言いにあらわすようになった。それは私を萎縮させ，げっそりさせたが，同時に彼が本当にこの場所を大事に思っていることもより明確に感じるようになってきた。また私への態度は彼の母親への気持ちなのだろう，ということもなんとなく感じはじめた。彼は母親について口では「かわいそう」とばかり言っていたのだが，実際はそれ以外にもいろいろなことを感じそうになっているのだと思われた。

私はそうしたことが心に浮かんできていることを感じながら，『私のことは嫌いなのではなく，こんなに鈍い治療者が自分の担当で，もどかしくて恥ずかしい，という苛立ちを，いつも感じているんだと思う』という解釈を伝えた。すると彼は無言で，思い切り笑顔になるのをこらえている子どものような顔をした。そしてこちらを見ないまま，何度も大きくうなずいていた。

全経過中，私がした"今ここ"を扱う転移解釈の中で最も意味があったのはこ

の介入だったと思う。どんなに苛立ち，恥ずかしい気持ちがあっても『嫌いなのではな』い，ということが当該の相手から理解されうるということ，同一の対象に対して陰性の感情と陽性の感情が同居することがありうると示されたことは彼を安堵させ，この先の展開において自分の陰性感情に向き合っていくための下支えとなったのだろう。

　次の回に彼は「自分が好きになる人は，みんな母親みたいに情けなくて恥ずかしい人ばかりでイライラする」と言った。彼の語りはしだいに抑うつ的で内省的なものに変わっていき，「ここで話すことを前もって準備するのを最近やめている」と言うようになった。

　そしてこの後数年かけて，「具合の悪い時」の母に，自分が嫌悪や恐怖，忌避感を感じていたこと，それを認めることが心の中の，大好きで大切で「かわいそう」な母を否定し破壊することのように感じられて恐ろしかったということを，強い情動と共に見出していった。

＊

　彼は母親対象に対する嫌悪や恐怖，怒り，忌避感といった情緒を無理のある不適切なやり方で埋葬していた。埋葬したはずのそれらは意識化や言語化から逃れ，得体のしれない亡霊となって，何度もよみがえろうとする。そのたびに緊張感や不安感，安心感の持てなさという感覚が繰り返し彼の意識にのぼっていたのである。彼が採用し続けていた不適切な埋葬の仕方とは，否認と分裂機制であった。

　経過の前半，私は彼の語りの内容だけに注目してしまい，埋葬されているものや亡霊を見ることからどんどん遠ざかっていた。それは彼が無意識的に願っていたことでもあったかもしれない。彼は埋葬されたものに目を向けたくはなかったし，私の視界にも入れたくなかった。彼は心の中の母親を自分の怒りや嫌悪感から遠ざけ，守っていたかったのだと考えられた。

Ⅵ　"今ここ"の外で巡らされる思索

　週1回セラピーは週1回のセッションだけではなく，週1回のセッションとそれ以外の時間との交差により構成されている。あらゆることを週1回のセッションの中で行うと考えると非常に忙しく慌ただしいような気がしてくるが，実際のところ私たちは週1回のセッションの時間の内側だけですべての理解を構築しているのではない。セッションがない時に面接室の外にいながら，寝たり起きたり

している中で思い出したり考えたりしたことも，全体の進行に影響しているのである。ここであげたビネットではイニシャルケースだったこともありスーパーヴィジョンがその機会となっていたが，他にもたとえば道を歩いている時や家の用事をしている時などに，ふと思い浮かんできたことが理解の素材として活かされることは珍しくない。髙野（2003）は面接の外で「雑用」をしていた時に「ふと」ある患者との面接の一場面が思い出され，なぜこの場面が思い出されたのかと「思い返した」後に一定の理解を得たことや，この患者の夢をみて「どういうことなのか」と考えたことを記述している。

　セッションの外にいる時に，意識的にではなく不随意に浮かんだイメージの断片が「どういうことなのか」と治療者の思索の中である程度言語化され，言語のかたちで保存される。それがセッションの中で再び自生的に思い出され，活用されて行く。これは，事前に考えて来たことを意識してセッションに持ち込む，という話ではない。理解を言葉にしたうえで，一旦心の中に寝かせておく。それらがセッション中に思い出されるのも思い出されないのも自然に任せておくのである。もし自生的に浮かんできたら，その時に介入の素材として用いる。スーパーヴィジョンや事例検討会で得た理解もそのままセッションに持ち込むのではなく，心の中に寝かせておき，患者の連想に耳を傾けていく中で自然に思い出されてきたらそのタイミングで使用する，と思っておくほうがよい。

　今回のビネットでも彼の陽性感情についてセッションの外の時間に理解し，言語化したことをそのまま伝えたのではない。それらは意識せず前意識あたりに置いてセッションに臨んでいた。そして，彼の連想を聴いている中で自然に思い出されてきた時に，思い出されたことも参照して介入を考えていた。そうする中で徐々に彼の陽性感情を取りこぼさずに言語的に拾えるようになっていったのである。

　週1回セラピーが進展している時はこのように，セッションの内側の時間と外側の時間とが循環的に作用して内的な作業が進められているのではないだろうか。

　セッションの外側での思索について記述されたものは多くない。こうしたことが全体の進行にどのように影響しているのか，そこに週1回セラピーに特有のものがあるのかということは，さらに検討し，議論を重ねていく必要があるだろう。

Ⅶ "あの時"や"あそこ"を"今ここ"に接続する"かさね解釈"

　週1回セラピーでは患者の連想の中で，転移外のことがらが語られることが多い。話の内容が転移外のことであっても，内容ではなく語り方やトピックの選択の中に，その話を治療者がどう受け取るかについての患者の無意識的な期待や願望や恐れ，つまり転移的空想という要素が含まれてはいる。たとえばビネットの中である時期「難解」な話がトピックとして選択され「難解」な語り方をされていたのは，了解が悪く鈍感な"情けない母親"という転移を背景にしていたと考えられる。しかし，そうしたことが理解できたのは理解の断片が複数重なり蓄積された後，それらがつながって把握されてからのことだった。

　まずはその時に当面性のある話題を扱うことが必要であり，転移外のことがらが当面性のあるトピックである時には転移外のことがらを扱っていくことが求められる。山崎（2018）がロス Roth（2004）の「放浪（roam）」という概念を，縄田（2018）がストレイチイ Strachey（1934）の「振動」という概念を用いて述べたように，週1回セラピーでは"今ここ"だけでなく他の時間や他の場所，転移の外側にも心を彷徨わせて，その時に当面性があり，その時に扱う機が熟していることがらを，その都度扱っていくことが必要なのである。

　そのような作業を重ねて理解を蓄積したうえで，適切なタイミングが来たらそれらを"今ここ"につなげていく，接続していくことも重要だと考えられる。

　接続とは何か。まず，"今ここ"の転移を解釈する時には，①"今ここ"で起きていること単体について言及している場合と，②"今ここ"で起きていることに含まれているこれまで反復されてきたパターンについて言及している場合とがある。"現在形の今"と，"現在完了進行形の今"の2種類の"今"がある，という言い方もできよう。

　ビネットの中で私が『私のことは嫌いなのではなく，〜』と言ったのは②の解釈である。"今ここ"で起きていることに注目しながら同時に，同じパターンの反復が別の時空間でも繰り返し見られてきたことが自生的に思いだされてきており，それらを念頭に置きながら生成し伝えた解釈であった。

　この場合，今ここで彼がそのように感じているだろうということに言及しながら，彼が母親に対してそのように感じてきたのだろうということも思い浮かんでいた。また，これまでの面接の中で彼が見せてきた私を見下し馬鹿にするような言動も思い出されていた。同時に，スーパーヴィジョンを含め面接室の外側で考

えたり気づいたりしたことも思い浮かんできていた。

　これは，彼の中に母親対象への嫌悪や苛立ちという，意識の外側に埋葬した情緒が存在していたこと，それらが亡霊となって緊張や不安，安心感の持てなさという感覚を生じさせていたこと，そうした現象が異なる時間や異なる場所に反復して何度も現れていたことを，私が実感的に見出したということでもある。これらすべてを矛盾なく繋ぐフレーズとして『私のことは嫌いなのではなく，〜』という解釈が生成されたのである。

　このように，"今ここ"において当面性があると捉えた事象について解釈する時に 1) 今ここ，2) あの時ここで，3) あの時あそこで，のうちの 2 つ以上の時空間のことがらを同時にかさねて思い浮かべながら"今ここ"について言及する解釈のことを，何度も反復して現れる亡霊，累(かさね)（小二田・広坂，2012）の名に因んで"今ここにおけるかさね解釈"と名付けてみる。今にかさねて過去の場面も思い浮かべている，思い出している，ということが患者に伝わるように，思い出されている過去の場面で使用したことがある言いまわしを反復して使用する，「これまでにも」，「いつも」などの文言を入れる，などの工夫がいる。それだけでは思い出していることが伝わらないと思われる場合には，「今，○○も思い出しながら言っているのですが」と付け加えてもよい。

　この種の解釈によって，これまでに蓄積されてきたさまざまな水準の理解，転移外のことがら，治療者がセッションの外側で考えたことなどが，"今ここ"にかさねられ，接続されるのである。そしてこの接続を契機に，別の時空間で得た理解をもとにした"今ここ"の再発見が生じる。同時に"今ここ"を通すことで，別の時空間で得た理解が肉付けされ，膨らみをもつことにもなる。"あの時"と"あそこ"と"今"と"ここ"が接続されることで理解が立体的になり，強められるのである。この時，「そういうことだったのか」という思いや驚きの感覚を伴うことも多い。"かさね解釈"は"今ここ"の少ない週 1 回セラピーで特に大きな意味を持っていると考えられる。

　かさね解釈が頭だけで作ったものにならないためには，自生的に思い浮かんできた素材を自生的に思い浮かんできた時に使う，ということが重要である。

　こうした解釈が当を得たものであれば患者はその解釈を心に置いて持ち帰り，夢に見たり，思い出したりしたうえで，そのことを次回の面接に連想として持ち込むだろう。

　かつて藤山（1992）は週 1 回の精神分析的セラピーの経過中に，解釈を証明するような行動を面接室の外で意識せずとっていた患者について報告している。患

者はその行動の後，解釈が自生的に思い出されてきて「あ，そうか」と思った，という一連のできごとを次回の面接で語っている．

　このようにして，週1回セラピーはその経過とともにしだいに反復を巡る連想が語られる場になっていく．週1回という時間的制限が，ごく緩くテーマを絞っていくような機能を持つためであると言えるかもしれない．

　毎日分析が「人生そのもの」(吾妻，2023)を扱うとすれば，週1回セラピーは人生における当面性のある苦痛とそこに含まれる反復，つまり亡霊を，捉えて言葉で扱おうとするものである，と言えるだろう．

文　献

吾妻壯 (2023) 実践 詳解 精神分析16講 (上) ―フロイト理論の誕生と展開．岩崎学術出版社，東京．
Böhm, T. (1992) Turning points and change in psychoanalysis. *International Jurnal of Psychoanalysis*, 73; 675-684.
Fraiberg, S., Adelson, E., & Shapiro, V. (1975) Ghosts in the nursery: A psychoanalytic approach to the problems of impaired infant-mother relationships. In: Raphael-Leff, J. et al.: *Parent infant psychodynamics: Wild things, mirrors and ghosts*. Wiley. (木部則雄監訳 (2011) 赤ちゃん部屋のおばけ―傷ついた乳幼児－母親関係の問題への精神分析的アプローチ．In：母子臨床の精神力動―精神分析・発達心理学から子育て支援へ．岩崎学術出版社，東京．)
藤山直樹 (1992) 解釈はどのようにして用いられるのか―解釈を「証明」する行動を素材として．精神分析研究，35(5); 467-478.
伊藤龍平 (2023) 怪談の仕掛け．青弓社，東京．
古賀靖彦 (2024) 週1回精神分析的精神療法と精神分析の共存について考える．日本精神分析協会年報，14; 102-112.
小二田誠二・広坂朋信 (2012) 江戸怪談を読む―死霊解脱物語聞書．白澤社，東京．
森茂起 (2005) 埋葬と亡霊―トラウマ概念の再吟味 (心の危機と臨床の知5：甲南大学人間科学研究所叢書)．人文書院，京都．
村岡倫子 (2017) 治療経過とターニングポイント．In：北山修監修，髙野晶編：週一回サイコセラピー序説．創元社，大阪．
縄田秀幸 (2018) 精神分析的精神療法における振動―Strachey概念の重要性とその現代的意味付け．精神分析研究，62; 638-647.
Roth, P. (2004) Mapping the landscape: Levels of transference interpretation. In: Hargreaves, E. & Varherker, A. (Eds): *In persuit of psychic change: Betty Joseph workshop*. Routledge, London.
Sandler, J. (1988) Psychoanalysis and psychoanalytic psychotherapy: Problems of differentiation. *British Journal of Psychotherapy*, 5(2); 172-177.
Strachey, J. (1934) The nature of the therapeutic action of psycho-analysis. *International Journal of Psycho-Analysis*, 15; 127-159.
杉浦日向子 (1993) 其ノ七十四・其ノ七十五・訪う気配二話．In：百物語 参．新潮社，東京．
髙野晶 (2003) 慢性身体疾患患者との精神分析的精神療法．日本精神分析学会第49回大会抄録集，132-134.

髙野晶（2023）週1回精神分析的精神療法における技法―介入のギアシフト．日本精神分析協会年報，13; 116-120.
Torok, M. & Abraham, N. (1987) L'écorce et le noyau. Editions Flammarion, Paris.（大西雅一郎・山崎冬太監訳（2014）表皮と核．松籟社，京都.）
山崎孝明（2018）週1回の精神分析的心理療法における転移の醸成―変容性解釈の第一段階再考．精神分析研究，62(4); 626-637.

第 16 章

週1回の精神分析的心理療法空間に漂う日常性と時間

髙橋靖恵

I 週1回の設定は果たして特別であろうか

　私たちは精神分析という心理療法のひとつの学派を重視している。そして，精神分析という営みはフロイト Freud, S. の提唱以降，国際基準として，1回45分か50分，週に4回以上（一部の国の組織では3回以上）である。しかし日本においては，週に1度というリズムで心理療法が実施されている現実がある。岡田は，週に1度というのはひとつのサイクルを形成し，ひとつの時間軸の中で周期ができる。こうした周期性をリズムと同義と捉え，一方向性の直線的な時間ではない円環的な時間の概念が含まれているという（岡田，2017）。同書において北山は，精神分析と週1回のサイコセラピー（精神分析的精神療法）の違いについて，日本人の心理的ニードや「つながり」というキーワードに言及している。そして，「週1回のサイコセラピーでは，治療者は患者の人生を外から思う機会が増えるので，内的で二者関係的なパートナーになるためには，分担して現実に第三の目を確保したくなるものです」（北山，2017）と述べ，防衛が未熟で周囲とうまくつながれない人びとの治療の，マネジメント，A-Tスプリットの機能の重要さにも言及している。これらの流れを受け継げば，この週に1度のリズムをいかにして内的な作業に結びつけて，精神分析的心理療法に応用していくのかということになろう。

　私はこれまでおよそ40年，病院を始め，学生相談，心理療法オフィス等で心理臨床家として実践活動を行ってきた。そしてここ20年ほどは，毎週決まって金曜日に病院臨床活動をしており，現在の病院臨床でもそれが続いており，出勤時にすれ違うスタッフと挨拶を交わすときに，「おはようございます。そうか，今日は金曜日か」といいながら通り過ぎて行く医師，「もう金曜日なのですね，あと

一踏ん張りで週末なんだ」という看護師らがいる。私の顔は「髙橋靖恵という臨床心理士」であるのと同時に,「金曜日の顔」でもある。もちろん私自身の一週間のリズムの中に「金曜日の」病院勤務が組み込まれている。このリズムは,自ずと患者らにも生起される。とりわけ,「金曜日」は,週の労働や勉学の最終日という特殊性から,「一週間のまとめ」をしにくい患者がいるのも否めない。さらに上記で北山が述べるような第三の目の機能が,病院での週1回の精神分析的心理療法において,重要な役割を果たしている。週末の不安を訴える患者に対して,管理医など医師らによる心理療法に対する理解が,患者と私の道行きの支えになっていることを添えておきたい。

本章では,私の心理臨床実践のうち,病院での活動をビネットとして例示しながら,日常性の中にあるひとつの空間としての精神分析的心理療法について論じていく。

II 日常性と週1回の精神分析的心理療法

精神分析的心理療法は,Freud (1919) の述べる「純金に銅を混ぜる合金」という,精神分析の「応用」として捉えられてきた歴史がある。しかし,日本で主として週1回の頻度で設定されている中で組み込んで来た日本的な精神分析的心理療法は,精神分析の「短縮版」ではなく,また支持的心理療法とも異なるこころの治療における独自性を有していると考えられる。そこでは,北山 (2009, 2016) が述べている環境設定を含む精神分析的マネジメントや自我支持的な在りようも必須といえよう。心理臨床の実践現場において,現実的にはまず,この設定を伝えていかねばならない。「毎週など,来所が大変です。隔週ではいけませんか?」,「月に2回程度なら来られます」というクライエントが多くみられるからである。そうした患者に,いかにして週に1度の心理療法が重要かを伝え,それが治療に活かされていったプロセスを例示する。

女子青年の症例Aは,大学を卒業後就職してまもなく,業務内容の圧迫を強く感じて追い詰められた気持ちになり,ある日,勤務後しばらくの時間放浪の末,気づいた時には全身に傷を負っていた。再度の自傷を防ぐために緊急入院となった。それまでのAは,勉強,運動共に力を発揮しており,その成果によって推薦入学を果たした大学を卒業していた。専門職に就く父親,専業主婦の母親に育てられ,生育史上にこころの問題を呈したことはなかった。就職先の企業は,もともと就きたかった仕事とは異なっていたものの,責任感の強いAは,上司からの

指導も含め従順に勤めを続けていた。いくらか仕事にも慣れてきた頃に，業務内容の変更を告げられたAは，大きな戸惑いと不安が高じて，このまま続けられないという切羽詰まった思いに駆られたようであった。そして，この入院時に仕事を退職した。

　導入期の面接や心理検査を用いた心理アセスメントから，「こころの空洞」が顕著で，不安が高い，一方で「問いかけや」，「サポート」によって，気持ちの立て直しが可能となり，自己表現も可能となる様子が理解された。一過性ではあるものの精神病性の不安がみてとれるため，私は主治医から，支持的な心理療法の依頼を受け，週1回の心理療法を開始した。

　心理療法では，言葉数は少ないながらも，次第に両親への尊敬と共に，同胞に比べた自分への対応についての理不尽さを語っていった。その想いとは裏腹に両親にそれらを言葉にして自分の生きる道を主張することができず，不本意な就職によって責任だけが強くのしかかるも，相談はできなかった。Aは，そのような想いが募って，追い込まれるままに行動に移したようだった。これらの理解が進み，終始穏やかに入院生活を送ったAに対して，主治医による行動化は繰り返されないとの判断を受けて，退院となった。退院後も心理療法は継続されたが，すぐに再就職をしたいと訴え続け，もう気分の落ち込みはないし，働く気力があるとのことで，就職活動を始めた。心理療法の手応えを感じていた私は，就職活動と共にこころの内面に対する理解をより一層深めていこうとするが，「別に」，「特に理由はないです」といった具合にかわされることが続いた。自由連想などほど遠い，現実の話をただ報告として語る面接が大半を占めた。

　当初の見立て通り，行動化に及ぶ症状はみられず，投薬内容も軽減され，アルバイトを始めた。アルバイト先で力を発揮し始めると「いつまで，毎週ここに来るんですか？　もう話すことないですよ」というAに，私から「話すことがないから治療に来たくないの」と問うと，「面倒くさいですよ」と語った。この「面倒くさい」は，私に大きく響いた。やっと，私に対するこころの声が聴けたと思えた瞬間であり，支持的心理療法から精神分析的心理療法への転換を予測させた。私は「私もあなたに，面倒くさいことを強いる母のような存在であること」を引き受ける介入を行い，両親との関係理解へAの洞察は進んで行った。また，月に1回程度の報告で良いでしょうというAに対して，私は，心理療法という面倒くさいことを続けることで，薬もなくなり，軽くなっていくのかもしれない。間隔があけば，困ったことをすぐに話す場ではなくなり，報告が長くなって，こころの問題への解決には届かないようだという必要性を繰り返し伝えて，通院を促し

ていった。ある意味これは、日常生活の報告をして、悩みを共に考える場であることを、私自身が伝えてしまっており、この時点で再び支持的心理療法的かかわりになっている。しかし、私との根比べのようなやりとりと並行して、Aは順調に回復していった。アルバイトを重ね、正規職員としての就職によって来院が難しくなり、面接が隔週になった。

　業務上も責任が持てる立場になっていったAに、「面倒くさいと言いながら続けてこられた」と伝えると「それは言いっこなしですよ」と苦笑し、今週困ったことの報告だけではなく、将来への不安と現在の心の在りようを結びつけていった。A自身が、「面接を続けることで、今まで言えなかった不満や困りごとが言えるようになりましたね。これは周りもそう言っているし、助かりました」といい、管理医からの投薬がなくなった折に、別の場所で私と心理療法のみ続けていく意志が伝えられた。「面倒くさい」と言い続けていたAからの、有用性についての表明、継続の申し出に、私は感激すら覚えた。

　Aとの心理療法は、出会って10年ほどが経過したのち、終結となった。このプロセスは、その時間の多くが支持的心理療法であり、ときおり登場する親や上司といったAを圧迫してくる人々とのやりとりに応じて、私との関係性に触れていった。このような転移解釈が届けられるのはほんの数回で、転移外解釈が主となっていたが、それはA自身の対人関係の在りように、理解を促したと考えられる。Aは、この入院や主治医からの心理療法への誘いがなければ、こころの内を他者に語ることはせず、行動によって自己表現をせざるを得ないつらさを抱えていったと考えられる。週に1度の心理療法において、「私たち」の間に起きていることを取り上げて行くプロセスから、A自身が他者への信頼感、受け止められる工夫をした自己表現を会得していった。

　終結時、ずいぶん自己表現が豊かで、他者にも開かれた振る舞いや言動が可能となったAをみて、私は、Aとの心理療法に意味が見出せず、苦悩の日々を送っていたことを思い出していた。Aとの面接は今でも思い出深く、「ある意味私のしつこさの粘り勝ち」と密かに思った。しつこい私は、どうしてそれほどまでにAとの心理療法の必要性を感じたのであろうかと考え、それが治療導入期の見立てによるものであると思うに至った。

　心理臨床の現場において、日常性を持った語りをいかにして粘り強く、患者自身の内面の問題と繋げていくかが、重要だと考える。従って、あらためて週1回のサイコセラピーにとって、導入期の心理アセスメントは重要な役割を果たすと認識したのである。このアセスメント時の感覚を週に1度の精神分析的心理療法

に活かしていく流れについて，再度後半でもふれておく。

III 週1回の精神分析的心理療法と対面法

　日常性の中に組み込まれた精神分析的心理療法は，非日常的な自由連想と解釈によってのみ成り立つ精神分析とは異なり，生活の匂いが漂う空間で行われる。私から「面接で思いついたことを自由に語るように」幾度か伝えても，「えっと，今週は」と切り出す患者が少なくない。それは私に限っていえば，冒頭に述べた「私が金曜日のセラピスト」であることに起因しているかもしれない。従って，日常で起きていることについての患者の語りや，環境からの影響で反応した気持ちを取り扱う中で，行動の意味を探究し，そこからの連想を問い，これまで生きてきた中での反復を思索する。ある意味，「日常の報告とそれにまつわる自由連想との橋渡し」をしているのかもしれない。特に面接の導入時期には，転移外解釈が多くなる。

　そのうち，私の方に転移解釈が想起されると，それまでの患者の笑い声や嗚咽を伴う「日常の報告」を聴いて応答するのとは少し違う，低くゆっくりとした声で，介入を行っているように思う。意図せずにこれによって，患者の心の奥底に伝わるように「注入」しているのかもしれない。多くの患者は，それまでの傾聴姿勢から変化した私の言葉を聴くとき，少しばかり身体を起こして姿勢が変わる。このやりとりは，「日常」という時間軸の中に特別に組み込まれた「50分」を有効にするための「私たち」の努力と感じる瞬間である。私は，「対面法」によって，患者の姿勢が変化するのをみている。

　Freud（1904）が暗示的方法と分析的方法について，レオナルド・ダ・ヴィンチの芸術論を引用しながら，石から内部に隠れている彫像を覆っている部分を取り除いていく手法と，白紙に色をつけていく症状を塗りつぶすことを述べている。さらに北山（2009）は，神経症治療における「自分をつくる」ことができる「覆いをとって分析する」という父親的な対応が求められるレヴェルと，より精神病的不安を抱えた患者に対して「覆いをつくり，覆いをする」母親的な包み込む治療が前提になるとしている。前田（2008ほか）は，表出的（情動的，転移的，洞察的）な心理療法と，支持的（教育的，現実志向的）心理療法の間にあるような精神分析的心理療法が，日本の心理臨床実践現場でのアプローチとして多くなされていると指摘する。私は，高頻度の精神分析においては，前者の治療態度が，週1回の精神分析的心理療法においては，この両方の使い分けが求められると考

えている。

　加えて馬場（1999）は，「自由連想法と対面法」において，対面法では，「日常生活や対人関係のなかでの，その人の振る舞いや考え方，そこに反映される防衛・適応様式が，とてもみえやすい，わかりやすい」と記している。さらに，「精神分析的」心理療法の基本姿勢について，自由連想のメリット，つまり無意識に近い領域にあるものが意識水準に漂ってくる。浮き上がってくるルートを，できるだけ開いておく姿勢を整えると結んでいる。

　いつからか，私は，多くの患者の精神分析的心理療法において「私たち」という言葉を使っていることに気づく。「あなた」の生きづらさを「私」が抱えながらも，「あなた」が生きやすくなるために主体となって考えていくこと，「考えられるあなた」になることを目指すがゆえである。「私たち」の感覚は，患者自身の考える力を大切にしていくことを支えているようでもある。この対面法で感じる双方の視覚的なものと時間の流れが，精神分析的心理療法にとって大切なものだと考えている。

IV　精神分析的心理療法にみる時間

　週に1度の精神分析的心理療法においては，患者は，セラピスト不在の6日間と23時間をじっと耐え，自らの力で生きていくことが求められる。従って，そこに流れる時間の意味は大きい。

　髙橋（2022）は，喪失の体験をきっかけに，こころの内へ内へとこもってしまう女性（本章では症例Bとする）が，社会に開かれていくプロセスをまとめた。Bとの心理療法では，まず，むき出しの傷口を覆う膜を作るような作業から入った。しかし，Aと同様に導入期の心理アセスメントの結果と，こころに漂う想いを言葉にする上で比喩を多用するBの力を感じた私は，「覆いをつくる」だけではなく，「覆いの内側に私も入り」，共に壁の補強をする心理療法をすすめていった。もちろん，単純に私を入れてはくれない。入ったと思えば追い出されるという状況の繰り返しは，数年にわたった。面接が膠着する中で，ふとアセスメント時にBが描写した風景構成法が私のこころに浮かんできた。石が積み上げられたように感じる風景であり，その中に入ること，そこで共に作業することの困難さを再認識したのである。この想いが，行き詰まった面接に対する理解をもたらし，セラピストとしての私自身が，この面接の展開を急がせる気持ちを落ち着かせていった。

第 16 章　週 1 回の精神分析的心理療法空間に漂う日常性と時間　241

　これまで別の患者との心理療法実践でも，導入期のロールシャッハ反応や描画が浮かぶことがあった。そしてそれを「いまここで」の面接の理解につなげていた。それはほぼ無意識になされていたことである。あらためてBとの心理療法プロセスから，なぜ「記憶しようとせず」にいることが，ふとこころに蘇るのかと疑問に思った。一週間前の時もあれば，数年前の語りによるものでもある。そして，初めて出会った時に語られた言葉の場合もある。それは時の流れを越えて，ブリーン Breen（2003）のいうセラピストの事後性の感覚を持って届けられる。
　私が実践している精神分析的心理療法では，「時間」の経過に拠るところが大きい。それゆえ，「記憶なく」漂うこころに，ふと過去に語られたことが蘇ってくる。それを咀嚼して返していくという介入を取り入れる場合もある。「ああ，たしか，……というようなことがありましたよね」という具合に，すると「なるほど，それと同じなのかもしれません」と言葉が返ってくる。これは，その事柄の意味を転移外解釈として伝えているし，もっと表面的な明確化にとどまる場合もある。そして，その場では語らず，転移解釈として出るべき時を待つこともある。
　このような時間の感覚は，1セッションの中でもみられる。冒頭に述べたように，「自由に思いついたことを話してください」と伝えても，面接は日常生活についての報告にはじまる。それでもそれが，次第にこころの内奥の話へと深まっていく。そこには，セラピストである私が，自然にもの想いを頼りに日常の報告と自由連想をつなぐ連結箇所を探し，漂う時間を過ごしているようである。さらに私は，1セッションの中で，最初に語られた言葉を大切にしたいと考え，面接の深まりのタイミングで，最初に話された内容とその後の展開についても結びつける解釈をしている。患者は面接を終えると，再び日常に戻って行く。週に1度の精神分析的心理療法は，そのセッションのたびにこのようなプロセスを辿る実感がある。
　この対面法で感じる双方の視覚的なものと，時間の流れを支えているのは，決して意識的に行われていないセラピストのこころである。そして，事例Bとのプロセスにみるように，精神分析的心理療法におけるアセスメントの重要性も強調しておきたい。

V　結びにかえて——精神分析的心理療法の独自性

　私は，心理療法の依頼を受けることが少ないであろう精神病圏の患者，発達障害が顕著な患者との心理療法も継続してきている。彼らとのかかわりは，支持的

心理療法である。それでも，病棟で混乱していた患者が静穏を取り戻していくと，「先生はあの人に何を言ったんですか？」，「あの人にカウンセリングが可能なの？」と他職種スタッフから声をかけられると，こうした姿勢の汎用性を確信する。そのためには，長い訓練の道のりがあるのはいうまでもない。加えて，私たちのアプローチは決して万能なものではなく，険しく一筋縄ではいかない多くのセラピーにおいて，無能感に苛まれることもある。髙野（2018）のいう「自負と慎みと」が，大切である。

　先に髙橋（2022, 2024）でもまとめたように，これらの地道な歩み，日常性とこころの深部をつなげ，時間の感覚に敏感になるためにも，セラピストの臨床的な想像力が問われる。精神分析的心理療法においても，ビオン Bion（1967, 1970）のいう「欲望なく，記憶なく，理解なく」という無意識的なこころの在りようが自ずと重視されるであろう。これは，松木（2015）のいう精神分析的心理療法における，平等にまんべんなく漂う注意を**向けない**聴き方（太字は原文のまま）でもある。しかし，私は，患者の語りと（記憶しようとせずに）留め置かれたセラピストの記憶が，直感的に想起され結びつくのであるから，治療者の「記憶」はどこかに存在している。ただそれはこころの深い所にじっと出番を待っているかのようである。こうあるべきと思うことは，そうした浮かび上がるもの想いを阻止することになる。探そうとせずにふわりと浮かぶことを大切に待つことは，セラピスト自身の精神分析的精神（心理）療法家としての訓練で体験するもの想いと，ヴェルモート Vermote（2018, 2023 ほか）が重視する，日本的な「無心」の姿勢（鈴木，1955/2007）から育まれるように思う。

　私自身の精神分析的心理療法を振り返ると，上記の事例A，Bを通して示したように一週間の間に起きた「日常」と，「いまここで」私との間での連想を語るという，その往還が，長いプロセスの中の一定期間やひとつのセッション内に起きることを実感している。加えて，Breen（2003）は，去って行ってしまう，繰り返される，一度きりといった時間の感覚に耐える reverberation time（残響時間）の重要性を提唱する。これは，セッションのない時間をそれぞれ生きるセラピストと患者が，それぞれこころの深い所で体験する「もの想い」を治療に活かしていくことといえよう。私はこの感覚こそが，精神分析的心理療法に見出される独自性であり，重要なポイントのひとつと考えている。

　　文　献

馬場禮子（1999）精神分析的心理療法の実践―クライエントに出会う前に．岩崎学術出版社，

東京.
Bion. W. R.（1967）*Second thoughts*. William Heinemann Medical Books, London.（松木邦裕監訳，中川慎一郎訳（2007）再考—精神病の精神分析論．金剛出版，東京.）
Bion. W. R.（1970）*Attention and interpretation*. In: *Seven Servants*. Jason Aronson, New York.（福本修・平井正三訳（2002）第4部 注意と解釈—精神分析の方法Ⅱ．法政大学出版局，東京，pp.193-329.）
Breen, B. D.（2003）Time and the aprés-coup. *International Journal Psychoanalysis*, 84; 1501-1515.
Freud, S.（1904）*On psychotherapy*. SE（7）.（越智和弘訳（2009）精神療法について—フロイト全集6．岩波書店，東京.）
Freud, S.（1919）*Lines of advance in psychoanalytic therapy*. SE（12）.（本間直樹訳（2010）精神分析療法の道—フロイト全集16．岩波書店，東京.）
北山修（2009）覆いをとること・つくること—〈わたし〉の治療報告と「その後」．岩崎学術出版社，東京.
北山修（2016）分析的枠組と分析的態度について．精神分析研究，60(1); 41-51.
北山修（2017）提題 週一回精神療法—日本人の抵抗として．In：北山修監修，髙野晶編：週一回サイコセラピー序説．創元社，大阪，pp.45-60.
前田重治（2008）図説 精神分析を学ぶ．誠信書房，東京.
松木邦裕（2015）耳の傾け方—こころの臨床家を目指す人たちへ．岩崎学術出版社，東京.
岡田暁宜（2017）週一回の精神分析的精神療法におけるリズム性について．In：北山修監修，髙野晶編：週一回サイコセラピー序説．創元社，大阪，pp.45-60.
鈴木大拙（1955／改版2007）無心ということ．角川学芸出版，東京.
髙橋靖恵（2022）治療者の事後性とアセスメントへの回帰．精神分析研究，66(3); 247-259.
髙橋靖恵（2024）心理臨床実践において「伝える」こと—セラピストのこころの涵養．福村出版，東京.
髙野晶(2018)週1回の精神分析的精神新療法—自負と慎みと．精神分析研究, 62(4); 568-574.
Vermote, R.（2018）*Reading Bion*. Routledge, London.
Vermote, R.（2023）Reconsidering some psychological/psychoanalytic concepts from Mu. In：松木邦裕・西平直・Vermote, R.：無心の対話（四）．京都大学大学院教育学研究科教育実践コラボレーション・センター，京都.

第17章
POSTを通じて考える週1回における「精神分析的」

山口貴史

I　はじめに

　本論文では「微妙」な領域について述べようと思う。
　それは，精神分析的サポーティブセラピー（Psychoanalysis Originated Supportive Therapy；以下，POST）なのか，精神分析的心理療法なのか，どちらとも言い難い領域のことである。
　筆者らが執筆し，POSTと精神分析的心理療法の違いを強調した『精神分析的サポーティブセラピー入門』（岩倉ら，2023）を読んだ読者は，戸惑うかもしれない。「両者は異なると言っていたじゃないか」，と。一方で，精神分析的心理療法を専門とする臨床家からは，「精神分析的心理療法とPOSTは明確に異なるものだ」「サポーティブセラピーにわざわざ精神分析の名を冠する必要はあるのか」と批判されるかもしれない。
　つまり，この論文は双方から不評を買う可能性がある。率直に言えば，どちらの言い分もわからなくはない。
　しかし，本論ではあえてこの微妙な領域に焦点を当てる。なぜなら，何とも言えない領域こそ「実臨床」を反映している可能性が高いからである。そしてその領域は，本書の主題である週1回における「精神分析的」を考えるための素材を豊富に含んでいる，と思えてならないからだ。

II　POSTとは

　読者の中にはPOSTを知っている方もいれば，耳にはしたがよく分からない，あるいは聞いたことがない方もいるだろう。

表1　POSTの特徴（岩倉ら，2023）

①目標は適応状態の改善である。
②無意識については扱わず（言及せず），意識を大切にする。
③転移－逆転移についての理解は治療者の心の中に留め置く。
④見立てや理解は常に精神分析理論に基づく。
⑤自我に注目し，自我を支持する，つまり退行抑止的に関わる。
⑥自我にかかっている負担軽減を目的として，必要に応じ環境調整やマネジメント作業を行う。
⑦自我を支え，補強することを目的として，励まし，助言などの直接的な介入も用いる。
⑧転移を扱わないため，治療構造や頻度，終結についての扱いは柔軟で多様である。

まずはPOSTについて簡単に説明したい。POSTを知っている方は復習として読んでいただけたらと思う。

POSTとは，直訳すると「精神分析に起源をもつ／由来するサポーティブセラピー」である。従来，サポーティブセラピーについては多くの知見が積み重ねられてきた（Rockland, 1989; Winston, A. et al., 2004/2009 ほか）。それらに対し，POSTは精神分析的な理解を後ろ盾にして用いる支持的なセラピーのことである。精神分析を志向（Oriented）し目指していくものとして治療者の前方に配置するのではなく，治療者の理解を背後から支え続けるものとして「後方支援」に位置づけた点にオリジナリティがある（関，2023）。

POSTの特徴を肯定形で述べると表1のようになる。

以上をまとめると，POSTは観察自我を育て支え，より適応的な防衛を強化する実践である。精神分析性という観点から考えると，精神分析的心理療法は精神分析性の方に強調点がある「精神分析的」心理療法だとすると，POSTは精神分析的「心理療法」と言えよう（山崎，2023）。

III 「精神分析的」とは

本論の主題である「精神分析的」とは厄介な言葉である。「精神分析的とは何か？」という問いの答えは学派によって大きく異なる。さらに言えば，臨床家個人によっても異なる。

「精神分析的」とは，非常に多元的なものだと私は考えている。それぞれの臨床家には自分なりの精神分析的があるということだ。どの部分を強調するかによって精神分析的の中身はかけ離れたものになり，まるで同じものを指していると思えないといった事態も起こりうる。

では，POSTにおける精神分析的とは何だろうか。

先に述べたように，クライエントを精神分析的に「理解」することにある。精神分析理論や知見を活用しながらクライエントのパーソナリティを見立て，転移にも注目するが，一般的に精神分析的技法とされる転移解釈は原則的には用いない。賞賛，保証，励まし，助言，心理教育といった具体的な介入を厭わない。

つまり，POSTの「精神分析的」は，精神分析的な介入や体験ではなく，「理解」に比重を置いていると言える。

Ⅳ 「週1回」POSTと「週1回」精神分析的心理療法

以上がPOSTについての概説であるが，ここで本書の主題である「週1回」について考えてみたい。

POSTはさまざまな治療構造に対応している点にもその特徴がある。隔週や月1回，あるいはそれ以下の頻度でも実践が行われており（山口，2024など），むしろ現代の臨床状況のなかでは低頻度で行われる方が圧倒的に多い。

しかし，週1回のPOSTがないわけではない。実際，私の臨床経験を振り返ってみても，週1回のPOSTケースはいくつか思い浮かぶ。

そうしたケースで週1回を選択した理由は，基本的にはマネジメントをしやすくするためであった。たとえば，自傷や自殺企図など行動化が激しく，現実状況が非常に過酷であるがゆえに，危機介入や家族を含めた周囲への働きかけが必要なケースなどである。つまり，隔週以下の頻度では対応しきれないほど現実への介入が必要ということだ。

もちろん，そうした介入が必要でも，さまざまな事情から週1回のペースで心理療法を行えない場合も多い。しかし，いずれにしても内面の「探索」のためではなく，現実状況（外）への「介入」のために，「週1回」という頻度を選択しているように思う。

一方で週1回の精神分析的心理療法では，一般的には転移が集まりづらいとされているものの，方向性としては転移を「集め」，それを治療的に扱いながら，内省へと向かう。本書の縄田論文や山崎論文はそうした週1回の特徴を踏まえた上での工夫が述べられている。

転移という観点からみれば，POSTは転移を集めるよりも「拡散」させている。言い換えれば，「転移バルブを締める」（堀川，2022）とも，エクスポートする（Kernberg, 1999）とも表現できる。もちろん，転移は自然発生的に生じるもの

なので，拡散させるとはいえ，POSTであっても転移は起こる。しかし，POSTではその転移を進展させたり直接解釈したりせず，「心に留め置く」。

このように，同じ「週1回」でも，精神分析的心理療法とPOSTのあいだには転移の集め方，取り扱い方に大きな相違点がある。

以上をまとめると，以下のような結論が導き出される。

週1回POSTの「精神分析的」は理解にある一方で，精神分析的心理療法のそれは転移や無意識を取り扱うなかで内省が促される点にある。つまり，前者は「理解」ベース，後者は「体験」ベースと言える。

だから，精神分析的を体験ベースなものと考える人にとっては，POSTは精神分析的ではなく，精神分析的心理療法は精神分析的ということになる。

とはいえ，先に述べたように精神分析的の定義は多元的である。精神分析的な理解よりも精神分析的な体験の方が，精神分析度が高いわけではない。だから，POSTにはPOSTの，精神分析的心理療法には精神分析的心理療法の「精神分析的」がある。

……という結論は，本当に妥当なのだろうか。

一見，妥当そうに見えるが，どうもひっかかりを覚える。そもそも，POSTと精神分析的心理療法をきれいに分けることは可能なのだろうか。

理念的にはこのような結論になりうるが，実際の臨床場面は複雑である。本論の関心はこの何とも言えない微妙な領域にある。

そこで，本論文はこの暫定的な結論は妥当なのか，という問いを立て，以下で論じていきたい。つまるところ，ここまでは少々長い前振りである。

本論では一つの「臨床的事実」から考えるため，まずは事例を紹介する。

なお，本事例は筆者の経験した事例を複数組み合わせ，かつ個人情報が特定されないよう大幅に改変を加えた。

Ⅴ 事 例

1．治療開始まで

治療開始時，Aは中学生男子だった。

不登校を主訴に治療者が所属する精神科クリニックを訪れ，数回の診察を経て主治医から治療者に心理療法を依頼された。

一応の主訴は不登校だったが，Aの症状や日常生活の困りごとは不登校にとどまらなかった。例えば，日常的に下痢を繰り返して1, 2時間トイレにこもり，1日に10時間以上ゲームに興じてはテレビ画面に罵声を浴びせた。幼少期より一人遊びに没頭することが多く，自身の趣味を一方的に他者に話すことから，自閉スペクトラム症を疑われたという。

　現在困っていることを問うと，Aは「別に」と言って面接室の中を忙しなく歩き回り，じっとこちらを見た。その視線はどこか警戒しているような，しかしこちらに関心を向けているようにも感じられた。明確な主訴や治療目標はなかったが，Aは来院を嫌がる様子ではなかったため，私たちは隔週ペースで会い始めた。

　なお，当時の治療者の頭の中にはPOSTという概念はなかった。だが，症状フォーカスのCBTや内省を目指す精神分析的心理療法は適応ではなく，「力動的な方向づけのサポーティブセラピー」を行う方針を立てていた（今考えるとPOSTを行っていたということである）。

2．マネジメント期

　治療開始後，Aははまっているアニメやゲームの話をまくし立てた。聞きなれない単語が飛び交い，YouTubeを早送りしたかのような語りのリズムに，治療者はまるで別世界に迷い込んだような錯覚に陥った。最初の1, 2カ月はほぼ話の内容を理解できなかったが，Aの好きなアニメやゲームを調べてから面接に臨むうちに徐々に話についていけるようになった。

　最初の1年ほどはその時々の困りごとが語られ，それらを一緒に話し合うというスタイルの面接が続いた。たとえば，オンラインゲームで知り合った友人からゲーム上で「裏切り行為」をされて「ぶっ殺す！」と息巻くAに対し，何に対して腹を立てたのかを尋ね，どのようにやりとりすればいいのかを一緒に考えた。とはいえ，「あいつが悪いんだ，死ね！」「僕は何も悪くない」と他責的に語るAの話をそのまま聞く時間が大半であった。

　また，定期的に親面接を交え，母親へAに対する接し方を助言した。人当たりがよく，穏やかそうなAの母親は，ふとした瞬間に見せる曇った表情が印象的であったが，治療者は特段の介入をせずに様子をみた。

　1年ほど経ったあるセッションで，Aは「もっとここに来てもいいよ。まあ，僕はどっちでもいいんだけど」と，遠回しに頻度を増やすことを求めた。治療者はAの対人希求性の高まりを感じ，週1回の頻度への変更を決断した。とはいえ，ふいに見せるAの鋭い視線は治療者に対する何らかの不信感を示唆していると思

われた。

　その後も基本的には現実場面へのマネジメントを行ったが，Aと母親が時々こぼす話からは不登校のきっかけに何らかの「学校のトラウマ」が存在し，教育虐待とも呼べるような「期待」をかけてきた父親が，ある時点からほぼ関わらなくなっていると推測された。とはいえ，それらの話は深めず，あくまでも現実に軸足が置かれた面接が2年目，3年目と続いた。

3．現実適応の高まりと過去の語り，そして転移のあらわれ

　治療開始から4年が経過した頃，Aの現実状況は随分と変化した。些細なきっかけで関係の「リセット」を繰り返してきたオンライン上の友人関係は，安定した関係性が維持される「フレンド」が登場するようになった。その友人たちから「学校行かなくても勉強はしないと」とアドバイスされたAは，長らく「封印」していた教科書を取り出し，勉強を始めた。そうしたなか，ある出来事をきっかけに友人たちとオフラインで会う話が浮上した。「どうせまた裏切られるに決まってる」と言いながらも恐る恐る参加したAは，「すっごく楽しかった」と安堵し，「フレンド」たちは「リア友」になった。

　同時期，治療者に対して「実はさ，僕，山口先生のことずっと信頼してなかった。僕みたいな子どもを先生は問題児と思うに決まってる。でも，今は信頼してもいいかもと思ってきた」と，不信と信頼を直接的に語った。

　そのようななか，Aは「過去のトラウマ」をぽつりぽつりと語り始めた。「指導」という名の下に教員から行われたそれらの行為は，明白に一線を越えており，教員による悪質ないじめ／暴力だった。同級生からも凄惨ないじめを受けたが，持病が悪化した母親の入院が重なり，誰にも相談できないまま不登校になった。Aは教員への怒りを露にし，時にフラッシュバックを起こし，身体化が悪化した。教員への怒りもさることながら，助けてくれなかった両親への怒りや失望感を抱えていると思われたが，Aにとっては触れ難い感情のようだった。

　4年半が経過した頃，家庭内のある出来事と治療者都合の休みが重なった。Aはどことなく苛立っていたが，治療者が取り上げても「別にそんなことない」とやや躁的に別の話題を話し続けた。治療者は迷いつつも，治療関係が中断しそうな雰囲気はなかったため，陰性感情を取り上げなかった。

　さらに1カ月ほど経過したあるセッション，Aは不機嫌そうなオーラをまといながら入室した。そのような姿を初めて目の当たりにした治療者は驚き，戸惑った。こちらをチラ見したAは，おもむろにスマホを取り出し，イヤホンをしなが

らYouTubeを見始めた。あっけにとられている治療者を尻目に，Aは外界の全てをシャットダウンするかのようにYouTubeに興じた。どこか挑発的でもあるAの態度に治療者は若干いら立ちを覚えながら，〈今日はどうしたのだろう〉と問いかけてみたが，Aは無視した。その無視はまるで治療者が目の前に存在しないかのようだった。

治療者は迷いながらも，〈今日は話したくないって気持ちなのかもしれないけれど，YouTubeを見るのは止めようか〉と伝えると，Aはこちらを睨みつけた。その表情はこれまで見たことがないほど険しい形相で，殺気立っているように感じられた。Aの本気の怒りがこちらに伝わってきたが，なぜそこまで怒っているのか治療者には分からなかった。治療者が何を聞いても，何を伝えても反応せず，重く長い沈黙が続いた。治療者は教師からのいじめや父親の態度を連想し，1カ月前の治療者の休みへの反応などを考えたが，はっきりと結びつくものはなかった。

ただ，治療者に対して「何か」，つまり強い転移が向けられていることは実感できた。とはいえ，この面接でその転移を取り扱うべきか迷い，最終的には何も伝えなかった。

翌セッション，Aは気まずそうに入室した。少しの沈黙を挟んでから，「実は，この前来た時の前の日だったと思うんだけど……。先生の夢を見たんだ。しかもね，僕が先生のことをガラスの花瓶で殴る夢だった」と報告した。そして，「夢の中であまりに腹が立って，夢から覚めた後，ここに来るまでどうしたらいいか分からなかった。その気持ちのままこの部屋に入って，気持ちがおさまらなくてどうにもできなかった」と続けた。

治療者はAの無意識が動いていると確信し，これは取り上げるべきだと考え，夢について尋ねた。Aは「(夢の中で)自分の話をまともに聞いてくれなくて，先生はバカにしたように笑った。見下したような表情をした」と語り，怒り始めた。そして，「先生はあいつみたいだった。あの目はあいつの目と一緒だ」と，Aをいじめた教員を想起して当時の出来事を初めて詳細に語った。その教員はAの「言い分を聞かない」人物で，まさに前回のセッションの治療者と同じだった。Aは「(前回のセッションの)YouTubeだって，話しづらくて自分なりに『間』をつくってたのに，そんな僕の気持ちを考えずに怒ったじゃないか！」と治療者を責めた。

Aの言葉を聞きながら，治療者は確かに悪かったと思い，謝るかどうか迷った。サポーティブセラピー的には謝ってもよい気がしたが，この局面からAの内的世

界の理解を広げていくためには謝罪はせず，この話を広げた方が良いと思われた。しばらく考えてから，〈うん〉と肯きにとどめることにした。するとAは「僕はずっとつらかった」とつぶやいた後，その当時助けてくれなかった両親への怒りを初めて連想した。

こうしたやりとりを経て，治療者はクライエントの現実状況と内省的な方向付けの治療への準備性が整っていると判断し，治療契約を再度結び直し，その後の面接は精神分析的心理療法寄りのものへと徐々に移行していった。Aはときに治療関係を媒介としながら，教員からのいじめや「裏切った父」への怒りと寂しさといったテーマと向き合い始めた。現実の父親との関係はAが期待するほどの成果は得られずAは再び傷ついたが，徐々に脱錯覚のプロセスを歩み始めた。

この事例をもとに，以下では週1回における「精神分析的」を考察する。

VI 事例の解説

Aが不機嫌そうに入室したセッションと，その翌回の治療者の夢を報告したセッションは，Aから治療者に非常に強い情緒が向けられていると感じられた。そして，その場面をAとのあいだでやりとりすることにより，Aは教員によるいじめの体験だけでなく，当時助けてくれなかった両親への怒り，すなわち怒りをぶつけようがなかった持病もちの母親と，その母親のケアを放棄して仕事に逃げた父親への憤りを語った。つまり，治療者に強い転移を向け，その転移を通して新たな連想を広げていった。

精神分析的心理療法であれば，(クライエントにもよるが) こういったことは起こる。というよりも，起こるように治療構造が設えられており，それ自体が治療機序になっている。

一方のPOSTはそうではない。起こらないようにしているとすら言える。この事例は精神分析的心理療法ではなく，POSTを行っていた。治療経過のかなりの部分を外的な現実に働きかけるマネジメントに割き，Aは内面の探求を求めて来院したわけではなかった。

しかし，「その瞬間」は起こった。そしてその瞬間，私にはこの事例がPOSTなのか，精神分析的心理療法なのか分からなくなった。つまり，何とも言えない，何とも名付け難い瞬間だと感じられた。

VII 「精神分析的瞬間」

　このように強い転移が向けられ，連想が広がっていく局面を「精神分析的瞬間」[注1]と呼びたい。
　POSTにおいて精神分析的瞬間が生じるとき，POSTと精神分析的心理療法の輪郭は極めて曖昧になる。
　拙著『POST入門』のなかで，私たちはPOSTと精神分析的心理療法のあいだに明確な境界線をひいた。この試みは臨床上からの発想というより，学術的ひいては政治的な意図から行われた。具体的には，これまで名付けられてこなかった臨床領域に名前を付け学術的に論じられるようにすること，クライエントが求めていないにもかかわらず半ば無理やり「精神分析的心理療法」を導入する風潮を食い止めること，などである。
　つまり，臨床的には明確な境界線をひくことは難しいと考えていたが，あえて線をひくことによってもたらされるメリットに賭けたのである。実際に出版してみて，私たちの試みには一定の効果があったと感じている。
　しかしながら，こうした試みにはデメリットも付随する。単純な図式では説明できない複雑で繊細で微妙な実臨床を描き切れない，ということである。臨床場面で行われている面接は明確に分類できるものではない。支持寄りのPOST，洞察寄りのPOST，支持寄りの精神分析的心理療法，洞察寄りの精神分析的心理療法が存在するように，実際にはスペクトラム的であり，同じクライエントでも経過の中で変わっていく。

VIII　POSTにおいて「精神分析的瞬間」が生じる諸条件

　このように書くと，「POSTにおいても精神分析的瞬間が生じることが重要である」と受け取る読者がいるかもしれないが，私が主張したいのはそういうことで

注1）藤山（2010）は演劇と精神分析の共通点を描き出した論文の中で，「精神分析的瞬間」という言葉を用いている。この論文の精神分析的瞬間は「精神分析が，きわめて非日常的で人工的な，人生の自然とは離れているかのような枠組みのなかで，人生の真実の瞬間を現出させる」という意味である。これは分析プロセスを決定づける瞬間を指していると思われるが，本論文では藤山が言うほどには決定的なものではなく，もう少し生起頻度が高い瞬間を想定している。

はない。

　そもそもPOSTの治療機序はこうした瞬間にあるわけではなく，起こらなくてもクライエントが良くなればそれで良い。だから，多く起こった方が良いとか，少ないとダメという話ではない。単にPOSTでも生じるこの瞬間を考察し，週1回の精神分析的心理療法の「精神分析的」を照射したいのである。

　では，POSTにおいて精神分析的瞬間が生じる条件とは何だろうか。

　1つ目は，週1回という頻度である。先の事例のように転移を集めなくとも，週1回という頻度で会い続けていれば，集まってくることがある[注2]。転移はどこでも生じるものでもあるが，一般的には隔週以下の頻度で治療者に濃厚な転移が向けられることは少ないだろう[注3]。

　2つ目はクライエントの性質である。従来言われてきたように，治療関係に心的なテーマを持ち込みやすいヒステリカルなパーソナリティや，psychological mindednessが高い人は精神分析的瞬間が生じる可能性は高い。一方で，自閉部分が優勢あるいはトラウマ体験によって生気を失って心を閉ざした「desparked」(Music, 2022) なクライエントは，こうした瞬間は生じにくい。本論からは脱線するが，現代の臨床現場ではこういったクライエントが増えており，転移解釈を中心とした狭義の精神分析的心理療法が有用なケースは減っているのが現状だろう。

　そして3つ目は，セラピスト側の転移を「追う」作業である。本事例においても，POSTを行っているあいだ絶えず転移の動きを追っていたからこそ，いつもと様子が異なるセッションで「何か」が治療者に向けられていると感じ取れた。もし追うことができなければ，この局面の重要性や力動的な布置を察知することは不可能だっただろう。「(サポーティブセラピーにおいても) 転移の進展には注意深く注意を払うことが重要である」(Kernberg, 1999) という言説や，MBT (Mentalization-Based Treatment) の「転移トレース」という概念のように，「追う」作業は精神分析的瞬間が生じる一つの要件である。

　以上をまとめると，週1回という頻度，関係性に自身の心的問題を持ち込めるクライエントの能力，セラピストの追う技術の3つの変数の掛け算によって，POST

注2) 週1回では転移は生じないとする論者もいるが，ここでは週1回であってもある程度は転移が生じるという立場で論じている。

注3) 一般的に精神分析的瞬間が起こりやすい頻度について述べており，隔週以下だと絶対に生じないという意味ではない。そうした低頻度であってもクライエントとセラピストの組み合わせによっては起こりうるだろう。

において「精神分析的瞬間」が生じるか否かが決まると考えられる。

　もちろん，このような要件はPOST特有のものではない。おそらく精神分析的心理療法でも大部分が重なるだろう。と考えると，週1回POSTと週1回精神分析的心理療法はほぼ同じなのだろうか。

　というわけでもない，という点を以下で述べていく。

IX　求められるセラピストの「舵取り」
　　　──精神分析的心理療法？　POST？

　POSTでも精神分析的心理療法でも精神分析的瞬間は生じるが，セラピストは目指す方向を判断しなければならない。POSTが必要な人に精神分析的心理療法を提供すること，精神分析的心理療法が必要な人にPOSTを提供すること，どちらもクライエントは不利益を被るからである。できる限り多くの瞬間が起こるような治療状況を設えてクライエント自身の内面に向かっていく精神分析的心理療法なのか，そうした瞬間や内省を増やす(注4)のではなく精神分析的な理解をもちつつも現実への介入を行っていくPOSTなのか，舵取りを行う。

　髙野（2023）の言葉を借りれば，シフトを「チェンジして」精神分析的心理療法の方向にいくのか，「チェンジせずに」POSTのまま進めていくのかということだ。

　前者の場合，瞬間そのものを俎上に載せ，セラピストは治療関係を含みこんだ理解を伝えていくことになる。これは「精神分析的」に寄せていく，とも言い換えられる。

　後者の場合，従来議論されてきたように「原則として陰性転移のために治療が損なわれる危険が生じない限り，転移そのものは扱われない」(Winston, A. et al., 2004) ことになるだろう。

　方向性の判断基準の一つは，クライエントの現実状況が一定程度落ち着いており，恒常的な治療設定が提供できるかである。こうした治療構造論的な観点なしに「精神分析的」を追求することは，非常にリスキーである。

　この見極めについては詳細に論じた（山口，2023）が，精神分析的瞬間が生じ

注4）「増やす」という表現は人為的に増やせるニュアンスを与えるかもしれないが，セラピストにできることは増えるための仕掛けを設えることであり，意図的に起こすわけではない。

た直後に限定して述べると,「反応をみる」と「話し合い」が重要である。前者は,瞬間が生じた後にクライエントが何事もなかったかのように振る舞うか,それとも続けて何らかの連想をするか,自分自身について知ることに関心を示すようになるか,といった反応をみる。後者は,その瞬間をクライエントがどのように感じ考えたかを尋ねたり,セラピストの理解を伝えたりする。この時に伝える理解は,いわゆる試みの解釈と呼ばれるものに近い。

重要なのは,様子を見ることである。「POSTをしてるんだから,転移を展開させてはいけない」とクライエントの話を途中で切ったり,逆に「精神分析的心理療法に導入するチャンスだから,再契約をしなければ」と即座に提案したりしないということだ。一旦判断を留保し話し合ってみることでしか,その後の方向性はみえてこない。

シフトチェンジする際は,同一セラピストが行うのか,別セラピストにリファーするかを検討する(山口,2023)。前者の場合,とりわけ子どもの臨床では治療者が介入の種類を精神分析的心理療法寄りに変え,なだらかに移行することもありうるだろう[注5]。

いずれにしても,瞬間が生じること自体が重要ではなく,精神分析的になっていくか否かは瞬間の取り扱い方によって決まるのではないだろうか。

X 「週1回」と精神分析らしさ／精神療法らしさ

最後に,本書の主題でもある「週1回」について触れたい。

本書や『週一回サイコセラピー序説』が編まれたように,週1回という頻度は精神分析的心理療法を行うための設定として扱われてきたところがある。実際,日本精神分析学会でも長らく「週1回の精神分析的心理療法」が議論されてきた。

しかし,週1回という頻度は精神分析的心理療法の専売特許ではない。頻度という設定が治療の内容を規定する部分があるのは事実だが,決定するわけではない。大切なのは治療者が提供できる治療法の性質を理解した上で,目の前のクライエントと何を目的に会うのかを考え,その目的に沿った適切な設定を提供することである。

注5)ただし,松木(2015)が「精神分析的臨床を構成するもの」の第一の要素として「設定」を挙げているように,精神分析的心理療法に移行する際には再度設定を見直す必要がある。その際に「何のためにどのような方法でどこに向かうか」をクライエントに説明しないと,クライエントと治療者のあいだで目指す方向にズレが生じる可能性があるだろう。

こうして文字にすると当たり前のように聞こえるかもしれないが、私は週1回という頻度でクライエントと会っている時に精神分析的心理療法に寄せようとしすぎてうまくいかなかったケースがいくつかある。それらのケースを思い返すとクライエントに申し訳ない気持ちになるが、そのような事態を招いてしまったのは、「(転移解釈を中心とした) 精神分析らしさ」にこだわりすぎて「精神療法らしさ」を過少評価していたからだろう。岡田 (2019) は「週一回の精神分析的精神療法で精神分析らしさを真に生かすならば、おのずとそれは精神療法らしくなる」と述べているが、そのためには治療者の中で「精神分析らしさ」と「精神療法らしさ」を相対化しておくことが必要である。

また、週1回という頻度で精神分析らしさを発揮するためには、精神分析らしさについて再考する必要がある。最近では少しずつ流れが変わりつつあるが、日本では精神分析らしさは「転移とその解釈」にあるという考えが大勢を占めてきた。しかし、週1回という頻度で転移と解釈に焦点を当てすぎると、その治療は破綻する可能性が高い。頻度を上げるのは一つの解決策であるが、現代の臨床状況にその余地があるのかは甚だ疑問である。

以上を踏まえると、精神分析らしさのとらえ方を拡張し、無理なく持続可能な形を考えていくことも必要ではないだろうか。むろん、こうした考えは「もはや精神分析ではない」と批判されるかもしれない。だが、クライエントを置いてけぼりにして狭義の精神分析らしさに固執することは決してクライエントのためにならない。

持続可能な形の一つは、精神分析的心理療法のなかの精神療法らしさ、支持的な要素を再評価することだろう。週1回の精神分析的心理療法にも多分に支持的な要素はあり[注6]、おそらく各臨床家はPOST的な仕事を行っている。両者に共通する「小技」がたくさん存在するはずだ。その意味でPOSTと精神分析的心理療法は相補的でもある。今後そうした小技を学術的に探求していくことは、週1回の精神分析的心理療法における「精神分析的」を考える上で重要だろう。

注6) 例えば、本論で取り上げた事例で転移を取り扱った場面こそが「支持」であったと解釈することも可能なように、何をもって支持と考えるかも重要な議論点であるが、本論の範囲を超えるためここでは論じない。

XI 結論として

　本論は週1回POSTを通して，週1回精神分析的心理療法における「精神分析的」を考察した。最後に私なりの結論を述べたい。

　週1回精神分析的心理療法と週1回POSTの違いは，「精神分析的瞬間」の多寡とその取り扱いにあるのではないだろうか。前者はできるだけ瞬間が多くなるような設定や技法が用意されている。一方で後者はそのような仕掛けはなく，多くの時間は「瞬間」ではないが，先に述べたような条件が揃えば起こるときには起こる。

　このように述べるとPOSTを無理やり精神分析的心理療法に寄せているように見えるかもしれない。しかし，私が主張したいのはPOSTが精神分析的であるか否かではなく，本事例のような一つの臨床的事実から考えてみると，両者には重なる部分があるということである。

　その意味で，「このケースはPOSTである」とか，「このケースはPOSTではなく精神分析的心理療法である」といった分類をすることにはあまり意味がないのかもしれない。精神分析的瞬間が多ければいい，少なければダメという話ではなく，治癒のために瞬間が多く必要な人もいれば，そうではない人もいる。そして，起こりやすい人もいれば，起こりにくい人もいる。それはクライエントによって異なる。

　ただし，セラピストはPOSTなのか，精神分析的心理療法なのかといった「方向」を意識する必要はある。ここで言う方向とは，精神分析的瞬間を増やす方向なのか，そうではないのかを判断し，それに適した介入と構造化を行うということだ。クライエントごとに判断し，必要な治療方針を組み立て，舵取りをすることが重要である。

　とはいえ，そもそも「週1回」という設定は現代の臨床状況では極めて稀なものになりつつある。今後は限られた臨床現場，クライエントにしか行われないものになる可能性すらあるだろう。しかし，時代は変わるものである。その時代の臨床状況という現実を直視しながら，今後も「精神分析的」を考えていきたい。

　　文　献

藤山直樹（2010）「劇的瞬間」と「精神分析的瞬間」．精神分析研究，54(1); 12-17.
堀川聡司（2022）転移．臨床心理学，22; 559-562.
岩倉拓・関真粧美・山口貴史・山崎孝明（2023）精神分析的サポーティブセラピー（POST）入

門．金剛出版，東京．

Kernberg, O. F. (1999) Psychoanalysis, psychoanalytic psychotherapy and supportive psychotherapy: Contemporary controversies. *The International Journal of Psycho-Analysis*, 80(6); 1075-1091.

松木邦裕（2015）総論：精神分析的臨床を構成するもの．精神分析研究，59(1); 52-71.

Music, G. (2022) *Respark: Igniting hope and joy after trauma and depression*. Mind-Nurturing Books.

岡田暁宜（2019）週一回の精神分析的心理療法におけるリズム性について．In：北山修監修，髙野晶編：週一回サイコセラピー序説．創元社，大阪，pp.45-60.

Rockland, L. H. (1989) *Supportive therapy: A psychodynamic approach*. Basic Books, New York.

関真粧美（2023）精神分析的サポーティブセラピー POST における「助言」について．精神分析的心理療法フォーラム 11.

髙野晶（2023）医療における週一回スピリットと技法．精神分析的心理療法フォーラム，11; 107-116.

山口貴史（2023）POST の終盤をガイドする―POST の終結と精神分析的セラピーへの移行・リファーの方法論．In：岩倉拓・関真粧美・山口貴史・山崎孝明：精神分析的サポーティブセラピー（POST）入門．金剛出版，東京．

山口貴史（2024）先天性難聴者に対する精神分析的サポーティブセラピーの試み．精神分析研究，68(2); 230-239.

山崎孝明（2023）「週1回」と介入技法―その問いの妥当性について．精神分析的心理療法フォーラム，11; 97-106.

Winston, A., Rosenthal, R. N., Pinsker, H.(2004) *Introduction to supportive psychotherapy*. American Psychiatric Publishing, Washimgton D. C.（山藤奈穂子・佐々木千恵訳(2009) 支持的精神療法入門．星和書店．）

あとがき

　あっという間だったと思う。
　2016年祇園祭の頃の京都で，北山修率いる日本語臨床フォーラム・コンベンションが週1回精神療法をテーマとして行われた。それを起点にしてすぐさま北山は書籍化の設定を拵（こしら）え，私は背中を押され，あれよあれよという間に『週一回サイコセラピー序説』を作ることになった。
　その後もいろいろな形で週1回は論じられてきた。自分の役目を終えた気になっていたところ，山崎の依頼により2023年のやはり祇園祭の頃に京都に赴いた。その時，ふと次なる週1回の論文集の着想が湧き，その発想を山崎に伝えた。その後はまえがきに記された通りである。
　こうしてみると，「週1」出版プロジェクトは京都の極暑に焚き付けられてきたように思える。あるいは，蓄えられてきた燃料がまさに発火するポイントがそこにあるべくしてあったとも言えるだろう。
　週1回精神分析的サイコセラピーは日本における精神分析との曖昧な関係の時代から急速に訪れた峻別の時代を経て，今はその独自性を探求する時代に入っている。本書に収められた論文は，それぞれの角度から体験に根ざした十分なオリジナリティを持ってそのテーマに迫っている。その特徴を一つ挙げるなら，「here and now」から「there and then」まで，そして「あなたと私」から「あなたと誰か（たち）」までを視野に収め，セラピーの目的を自覚しながらの臨床の場から生まれた，と言うことだろう。
　私が個人的に見る限り，日本の精神分析的領域においては，1980年代は自我心理学が基本であり中核であり，多種の介入技法を用いつつ転移解釈に結実させるといった風潮であった。その後対象関係論が浸透し席巻し，それが本書でも随所に出てくるhere and nowの転移解釈が頂上に君臨するかのような了解を作り出したように見える。以上はあくまでも私見であるが，国際的にも，here and nowだけに閉じこもることへの議論はある。何かが絶対化されるとその本質が損なわれることは分野を問わず起こる。人のこころは，「絶対」に惹かれがちなものであるが，それを疑い，揺らぎ続けるのが精神分析的なあり方ではなかったか。

だから，精神分析的な臨床家には，戸惑い彷徨い続けてほしいと思う。その行程での拾い物を身近な仲間，そしてまだ見ぬ仲間に届けてほしい。それらテーマを持って書かれたものを集めた論文集（collected papers on 〜）を作るのは，小さなアーカイブを作ることになるのだと思う。個々の論文としての力とはまた異なる，束になった時の力や手に取りやすさ，包括的に結ぶ像などが確実にあると感じた。

　日本精神分析協会（JPS; Japan Psychoanalytic Society）には精神分析家を養成するコースだけでなく，30年近くの歴史を持つ精神分析的精神療法家コースがある。2019年に精神分析的精神療法家センターという組織が設けられ，それは所属する精神療法家や研修生および関心を持つ精神分析家が集い考える場となりつつある。今回はそこに所属する臨床家を中心に論文を集めた。

　今回間に合わなかったが，週1回をめぐる論考を依頼したい書き手や，収めたい論文はまだまだある。さらに時の経過によって新たな見方，見え方も生まれよう。

　週1回のセラピー（45〜50分）は現実的に難しいようだ，と言う声は私の耳にも間接的に時々入る。それがどういう実態なのか私は十分には知り得ていない。しかしそもそも，臨床家のほとんどの持ち枠が週1回を切らない頻度で十分な時間が確保された，かつある程度内省が可能なケースで満たされる，ということは限られた場合を除けば現実的にはあまりないと私は思う。臨床経済の要素，患者／クライエントの要素，社会的要素など様々なものの影響を受ける。もちろんセラピストの習熟度もある。しかしセラピストにとって自身の持つ臨床実践の時間の一部分であっても，週1回のセラピーを実直に手懸けることができれば，患者／クライエントにも，セラピストにも恩恵がある。セラピストが行うその他の臨床実践に対してもおそらく恩恵がある。精神分析的な素養は，専門科目としてだけではなく基礎科目として位置づけられるという主張もある。その精神分析的な素養を培うための最も小さな単位は週1回である。週1回の精神分析的セラピーが臨床家の持ち時間の中の何処かに担保され，考えられ続けるかどうか，と言う観点に立ってみよう。ずっと考えなくても，ある時期そのような体験を持てることにも意義がある。そういった基礎的な存在としての週1回の意義は，時を経ても変わりはないのではないかと思う。

　本書は，私の予想をずいぶん超えた山崎孝明先生の韋駄天振りによって，勢いと実のあるものになった。幾度にもわたる原稿の往復に応じていただいた著者各

位の綿密な仕事は，ここに対話を読者に開くことになる。そして，それらを現のものとする場を準備し，見守ってくださった遠見書房の山内俊介さんに感謝したい。

　もうひとり，『序説』と精神療法家センターの構想の生みの親である北山修先生にまずはこの成果をお届けしたい。

　最後に，週1回サイコセラピー探求に関するバトンがまた継がれ刷新されることを期待し，私が初めて見る景色もそこには描かれているのではないかと俟つところ大である，と記しておこう。

2024年10月　髙野　晶

索　引

英数字
2次元　152
3次元　152
A-Tスプリット　5, 98, 140-147, 149-153, 192, 193, 204, 235
free floating attention　83
here and now →今ここで
IPA　3, 14
MBT　151, 253
on demand　147, 148
POST　3, 17, 23, 26, 27, 151, 208, 244-248, 251-258
there and then　31, 34, 36, 40, 41, 161, 260

あ行
アイデンティティ　5, 6, 14, 19, 21, 25, 159, 168（同一性も参照）
アクティングイン／アクティングアウト→行動化
アセスメント　17, 37, 76, 93, 94, 98, 105, 114, 123, 131, 160, 170, 174, 191, 208, 213, 237, 238, 240, 241, 243
遊び　72, 108, 138, 180, 248
アムステルダム・ショック　3, 13-15, 18, 46, 60, 184
暗示　33, 41, 72, 239
アンビバレント　77, 126, 217, 220
行き詰まり感　33, 41, 72, 239
生きづらさ　170, 171, 173, 177, 181, 240
依存欲求　52, 100, 164
一般外来　98, 141, 146, 185, 186, 190, 197-200, 203, 204, 207, 208
イド的供給　66
異文化　144, 150-152
　治療的—　144
今ここで（here and now）　18, 27, 31-36, 39-44, 46, 51-53, 55, 77, 78, 80, 82-84, 86, 109, 117, 132, 134, 136, 161, 167, 176, 187, 188, 231, 260
インスティテュート　60
受身的　78, 83, 94, 160
エナクトメント　33-35, 43, 102, 104, 109, 144
置き換え　32, 71, 72, 84, 108, 225
小此木啓吾　44, 105, 106, 139, 153, 168, 184, 196
大人の部分（成人の部分）　15, 23, 66, 167
親面接　248

か行
回帰性　223
解釈
　かさね—　231, 232
　抵抗—　35, 188
　転移—　5, 15, 21, 24, 27, 31, 35, 36, 40, 43, 46, 47, 52-56, 61-63, 66, 68, 70-74, 77-80, 82-85, 104, 167, 187, 188, 192, 193, 200, 226, 228, 238, 239, 241, 246, 253, 256, 260
　転移外—　25, 35, 43, 47, 53, 54, 84, 161, 187, 188, 194, 226, 238, 239, 241
　内容—　35, 188, 192, 194
　発生的—　36, 43, 188
　変化を引き起こす—　35
　変容惹起—　46, 54, 55
　変容性—　19, 27, 61, 70, 72-75, 85, 196, 234
　夢—　35
外的現実　23
解離　174, 176, 179, 180, 223
カウチ　5, 16, 19, 21, 27, 32, 33, 63, 91-97, 102, 103, 105-124, 126-131, 134-139, 161, 185, 217, 218
抱える
　—環境　43, 112, 207

一力 5, 63, 121
抱えること（ホールディング） 64
学生相談 157-163, 166-168, 235
葛藤 19, 72, 79, 80, 99, 108, 135, 137, 159-161, 165-167, 189, 206, 220
　兄弟— 166
環境としての母親 66
関係性 16, 24, 26, 44, 50, 59, 61-68, 80, 116, 120, 157, 160, 161, 165, 167, 189, 213, 214, 216, 219, 220, 238, 249, 253
　—の物語 66-68
関係論 60, 109-111
観察 24, 71, 83-85, 103, 172, 202, 203, 225, 245
間接性 92, 111, 121, 122
管理医 98, 99, 140, 141, 153, 192, 193, 236, 238
希死念慮 147, 192, 193, 195, 199, 200, 202-204
傷つきやすさ 171-173, 177, 179, 181
逆転移
　—の利用 54, 55
　相補的な— 40
キャンセル 51, 63, 94, 177, 191, 206, 207
教育研修セミナー 15-17, 23, 143, 209
共感 36, 37, 40, 109, 164
供給 63, 65-67, 113, 120, 122
協働機能 151, 152
共同注視 161
強迫 72, 108, 122, 201, 203, 223, 228
共有する現実 96
近似仮説 18, 21, 22, 24, 25, 184
近親姦 223
空想（ファンタジー） 24, 35, 44, 72, 81, 115, 121, 122, 138, 150, 171, 195, 222, 224, 231
クライン派 31, 46, 47, 57, 60, 62, 65, 109
クリニック→診療所
訓練分析 16, 45, 46, 60, 131
ケース検討会（症例検討会） 32, 45
原光景 96, 129, 138
健康への逃避 65, 161
現実検討 186
現実原理 110
現実志向的 158, 165, 239

幻想 46, 54
合金 33, 35, 236
攻撃性 160, 167, 207
構造化 20, 56, 92, 98, 144, 146, 147, 170, 185, 204, 208, 257
行動化（アクティングイン，アクティングアウト） 66, 73 82, 85, 95, 99, 101, 130, 141, 147, 148, 160, 177, 180, 199, 237, 246
高頻度 32, 60, 74, 75, 111-113, 131, 226, 239
国際精神分析学会 3
互恵的 208
古澤平作 3, 126, 129
コンサルテーション 160
コンテイニング 73

　　さ行

罪悪感 38, 39, 194, 205, 218, 228
再構成 35, 36, 43, 46, 53, 109, 161
最早期記憶 193
再発見 31, 178, 182, 232
搾取 172, 178, 179, 218
サジェスチョン 144, 186
参照機能
社会的参照機能 104
母親参照機能 104
自我違和的 84
自我機能 121, 148, 185, 186
自我支持的 66, 161, 222, 236
自我状態 161
自我心理学 31, 47, 187, 260
自我の強さ 161
自己愛 153, 173, 177, 190
自己感覚 175
自己心理学 110
事後性 241, 243
自己対象 189
自殺 144, 184, 190-192, 246
支持的 36, 43, 66, 107, 108, 158, 161, 185, 187-189, 194, 198, 200, 203, 208, 222, 236-239, 241, 245, 256, 258
　—心理療法 236-238, 241
自傷 98-101, 200-203, 236, 246
実演→エナクトメント

索引 265

質問 186, 190, 194, 201, 228
　—と明確化 186, 194
実臨床 244, 252
自発的 63, 67, 163
自負 15, 18, 27, 184, 196, 242, 243
自閉 152, 153, 248, 253
　—スペクトラム症 248
『週一回サイコセラピー序説』 3, 18, 26, 27, 32, 44, 45, 105, 106, 124, 168, 182, 196, 209, 221, 233, 243, 255, 258, 260
週1カウチ 107, 108, 121, 122
週4回 3, 5, 13-17, 19-21, 24, 33, 45, 46, 62, 63, 68, 71, 74, 161
週5回 62, 63, 65, 67, 129
修正情動体験 110
充足 110, 111, 119, 120, 141
柔軟性 129, 189
自由連想 15, 21, 32, 33, 35, 57, 76, 103, 106, 109, 123, 126-140, 196, 215, 237, 239-241
主治医 140, 143, 144, 146, 150-152, 186, 191, 192, 195, 203, 204, 207, 237, 238, 247
純金 33, 236
賞賛 25, 163, 246
症状 23, 37, 110, 114, 141, 147, 158-160, 162, 164, 166, 167, 174-176, 179, 183, 188-190, 193, 195, 198, 201, 206-208, 213, 215, 225, 237, 239, 248
象徴化 111, 120
焦点化 159, 163
情動調律 104, 110
症例検討会→ケース検討会 45
助言 25, 45, 114, 182, 189, 197, 200-203, 245, 246, 248, 258
女性性 100
処方 123, 140, 143, 144, 147, 183, 206, 215
自立 14, 37, 38, 158, 159, 165, 186, 204, 206, 207
神経症 34, 35, 53, 72, 74, 108, 109, 162, 167, 199, 239
身体化 141, 166, 167, 249
身体感覚 175-177, 180, 204, 224
診断 98, 143, 153

心的空間 117, 118, 122
心的構造の変化 189
心的次元論 152
心的資質 213, 220
心的退避 122
心的な平衡 65
心的変化 62
振動 45, 47, 53-57, 196, 231, 233
信念 179, 180, 216
心理教育 25, 160, 192, 193, 246
診療所（クリニック） 36, 37, 56, 95, 143-145, 147, 153, 182, 183, 191, 197-200, 204, 247
心理臨床 171-173, 178, 235, 236, 238, 239, 243
スーパービジョン 32, 150, 161
スクールカウンセリング 157
スクールカウンセラー 201-203
ストレイチイ 62, 231
性愛 118
成人の部分→大人の部分
精神病圏 128, 130, 241
精神分析
　—学会 3, 14-16, 18, 19, 21, 27, 46, 59, 60, 70, 71, 76, 86, 106, 107, 112, 125, 143, 153, 184, 186, 188, 213, 233, 255
　—協会 3-5, 14, 15, 18, 45, 106, 109, 184, 233, 234, 261
　—的【心理療法】 17, 22-26
　【—的】心理療法 22-26, 70
　—的実践 19, 26, 60, 62, 125
　—的瞬間 252-254, 257
　—的心理療法フォーラム 4, 18, 26, 27, 31, 59, 124, 196, 258
　—的精神療法家 4, 5, 14, 18, 56, 184, 261
　—的な臨床 19, 26, 60, 62, 125
　—文化 19, 26, 60, 62, 125
　—らしさ 16, 17, 23, 26, 86, 124, 255, 256
精神療法家センター 4, 14, 15, 261, 262
精神療法らしさ 23, 255, 256
成長 37, 64, 101, 102, 110, 111, 137, 150, 198-200, 216
性的 126

生命感 170, 178-181
接触 16, 26, 41-44, 55, 59, 66-68, 73-75, 79, 96, 117, 144, 171, 191, 219
　　—のインパクト 16, 26, 59, 67, 68
　　—面 66, 68
摂食障害 47, 98, 197
絶望感 197
前意識 230
全体状況 81, 83, 84, 109
相互交流（相互的交流） 26, 93, 97, 101, 103, 104, 106, 111, 112, 127, 133, 135, 139
存在すること 121, 178, 180

　　た行
ターニングポイント 226, 233
退行
　　悪性— 66, 185
　　依存への組織的— 66
　　—促進的 109
滞在する 173
対象関係論 57, 58, 61, 62, 69, 72, 86, 124, 182, 187, 260
対象喪失 98, 206
対象表象形成 102
対人関係論 109
対面法 5, 33, 48, 91-98, 101-106, 110, 112, 120, 124, 126-130, 132, 135, 137, 139, 177, 185, 191, 204, 239-241
対話 33, 56, 59, 181, 189, 215, 243, 261
多元的 245, 247
他職種 242
脱価値化 102, 192
脱錯覚 191, 251
タビストック 56
多様なレベルの介入 85
短期精神療法 129
断念 110, 111, 118-120, 219
遅延効果 121
知性化 41, 43
中間領域 166, 167
中断 55, 63, 65, 93, 172, 174, 177, 179, 199, 203, 249
中立的→ニュートラル
超自我 35, 36, 193
　　厳しい— 35

　　—転移 35, 36
　　補助— 35
直面化 25, 35, 161, 186, 188, 189, 192, 194, 215
治療構造論 91-93, 95, 105-108, 119, 123, 140, 142, 144, 145, 150, 153, 184, 254
治療同盟 148, 162
沈黙 84, 95, 101, 115, 117, 164, 174-177, 179, 180, 190, 205, 217-219, 228, 250
使い分け 23, 74, 185, 187, 239
低頻度 46, 47, 56, 71, 86, 92, 93, 97, 112, 113, 121, 128-130, 167, 184, 196, 246, 253
手続き記憶 190
転移
　　—解釈 5, 15, 21, 24, 27, 31, 35, 36, 40, 43, 46, 47, 52-56, 61-63, 66, 68, 70-74, 77-80, 82-85, 104, 167, 187, 188, 192, 193, 200, 226, 228, 238, 239, 241, 246, 253, 256, 260
　　—の偏重 80, 82, 85
　　—解消への抵抗 43
　　—状況 24, 41, 43, 46, 79, 187
　　—神経症 34, 72, 74, 108, 109
　　—対象 81
　　—に気づくことへの抵抗 40, 43
　　—の自然史 73
　　—の集結 73-75, 81-85
　　—の収集 74, 75, 79, 81-83, 85
　　—の醸成 19, 24, 27, 70, 75, 80-85, 196, 226, 234
　　—の進展 75, 253
　　—の発現 108, 114
　　—の発展 200
転移外 24, 25, 33-35, 42, 43, 47, 53-56, 81, 83, 84, 116, 161, 167, 187, 188, 193, 194, 226, 231, 232, 238, 239, 241
　　—解釈 25, 35, 43, 47, 53, 54, 84, 161, 187, 188, 194, 226, 238, 239, 241
同一性 158, 168（アイデンティティも参照）
投影 35, 54, 55, 57, 65, 73, 82, 85, 149, 151, 152, 159, 161, 167, 190, 202, 222
　　大規模な投影— 73, 82
　　—同一化 54, 57, 65, 73, 82, 85, 149, 152
洞察 33, 34, 36, 42, 86, 106, 118-121, 142,

索　引　267

162, 183, 189, 195, 208, 209, 237, 239, 252
　―の三角　33, 34, 42
当面性　70, 72, 74, 75, 80-85, 226, 231-233
飛び地　123
トラウマ　3, 174, 181, 206-208, 223, 225, 233, 249, 253
貪欲　100

な行

内在化　102, 119, 121, 122, 167
　―促進機能　119, 121
内省促進機能　118, 119
内的設定　59, 82
内的対象関係　44, 52, 79, 80, 84, 114, 134, 168, 189
生々しさ　93, 96, 97, 124
ナルシシスト　122
日常
　―性　136, 161, 235, 236, 238, 239, 242
　―生活　23, 33, 118, 119, 158, 161, 198, 238, 240, 241, 248
　―の自我感覚　129, 130, 134-136, 137
　―臨床　141, 208, 209
日本精神分析協会　3-5, 18, 45, 106, 184, 233, 234, 261
乳児　64, 66, 67, 104-106, 113, 138, 223
ニュートラル　66, 67, 78, 94, 111, 133, 162, 166
乳幼児研究　97, 104, 110
寝椅子→カウチ
ネガティブ・ケイパビリティ　177, 180, 181
能動性　92, 129, 166
能動的　24, 74, 82, 83, 85, 93, 142, 144, 159, 160, 189, 193, 198, 214

は行

背面椅子式　91, 93, 94, 98, 126-131, 106, 131, 130-138
破壊的　49, 52, 100, 102, 148, 192-194
迫害的　20, 67, 168, 186, 194
剥奪　64, 67, 93, 110, 113, 120, 204, 207
励まし　25, 200, 202, 245, 246
発達　34, 47, 104, 111, 125, 129, 157-161, 168, 218, 219, 233, 241

　―課題　159
万能感　216
反復性　223
被害感　228
被害者支援　170
被虐児　170
非言語的　93, 97, 103, 104, 118, 223, 225
　―交流　97, 104
　―コミュニケーション　103
ヒストリー　96, 186
必要時　146, 147, 185
ひとりでいる能力　112
非日常空間の創出機能　118, 119, 136
非日常的　136, 239, 252
否認　68, 98, 115, 202, 229
比喩　34, 101, 240
表出　34-36, 93, 94, 99, 112, 148, 160, 165, 168, 189, 190, 195, 207, 222, 239
病態水準　130, 170, 199, 200, 213
病棟　60, 140, 144, 145, 197, 198, 242
平等に漂う注意　67, 72, 83-85, 103, 226
分厚い設定　63
ファンタジー→空想
複眼的思考　208
不在　39, 40, 98, 100, 110, 111, 121, 141, 162, 164, 176, 177, 206, 207, 214, 240
不信感　162, 163, 166, 248
不全感　164, 166, 173
プライバシー　111, 113, 118, 122, 128, 157
フル精神分析　17
ブレイクダウン　179
フロイト　44, 57, 61, 70, 86, 91, 92, 103, 105, 123, 124, 128, 138, 233, 235, 243
分析的第三者　111
分析文化　144, 147, 150, 151
分節化　174, 178, 180
分離不安　39, 160
分裂　57, 65, 112, 129, 229
平行移動仮説　5, 15-18, 20-22, 24, 60, 76
変形　24, 62, 109, 151, 178
防衛　15, 23, 41, 65, 73, 84, 94, 95, 97, 104, 113, 115-118, 122, 152, 166, 168, 180, 186, 223, 235, 240, 245
防衛機制　84, 152, 186
亡霊　222-227, 229, 232, 233

ボーダーライン 143, 144, 152
ホールディング→抱えること
保証 25, 112, 118, 246
補助自我 141, 185, 186
ホワイト研究所 109
本能 53

ま行

毎日分析 18, 32, 33, 41, 42, 46, 129, 131, 134, 184, 213, 214, 233
マネジメント 38, 63, 114, 115, 118, 143, 158, 160, 166, 193, 235, 236, 245, 246, 248, 249, 251
丸投げ 143, 145, 146
見立て 48, 114, 131, 143, 170, 190, 191, 237, 238, 245, 246
見て見ぬふり 14, 19-21, 27, 172
身投げ 146
身振り 67, 99, 101, 102
見られること 97, 101
見ること 96, 97, 101
無意識的空想 35, 44, 171, 222, 224
無意識的配慮 25
無料 160
無力感 130, 172, 173, 176, 197, 204
明確化 35, 101, 142, 180, 186-189, 194, 215, 241
目覚めている 178
メンタライゼーション 31, 189
妄想-分裂ポジション 65
モーニング 168, 206
物語 62-64, 66-68, 148, 181, 222, 224, 225, 233

や行

優しさ 172, 173
有料 160
幽霊 222, 223
夢
　顕在— 35
　潜在— 35
　—解釈 35
　—見 6, 64, 174, 178, 179, 182
よい対象 121
陽性転移 167, 187, 216

抑鬱 111, 163
　—不安 118
　—ポジション 111, 120
寄る辺なさ 65

ら行・わ行

力動機能 151, 152
力動精神医学 14, 141, 143, 153
力動的精神療法 33, 188, 195
理想化 41, 123, 184, 203
料金 63, 160
連続性 63, 119, 168, 176
ロス 231
ワークスルー 72, 86, 124, 190, 200

著者一覧（50音順）

飯島みどり（いいじま・みどり）慶應義塾大学学生相談室／南青山心理相談室

岡田暁宜（おかだ・あきよし）名古屋大学総合保健体育科学センター／同大学院医学系研究科精神病理学・精神療法学

日下紀子（くさか・のりこ）ノートルダム清心女子大学人間生活学部児童学科／関西心理センター

鈴木智美（すずき・ともみ）精神分析キャビネ／可也病院

関真粧美（せき・まさみ）南青山心理相談室

髙橋靖恵（たかはし・やすえ）京都大学大学院教育学研究科臨床心理学講座／油山病院

縄田秀幸（なわた・ひでゆき）油山病院

藤山直樹（ふじやま・なおき）個人開業

山口貴史（やまぐち・たかし）愛育クリニック／あざみ野心理オフィス

尹　成秀（ゆん・そんす）帝京大学文学部心理学科／南青山心理相談室

若松亜矢（わかまつ・あや）LUNA大曽根心療科／仁大病院

編著者略歴

髙野　晶（たかの・あき）
　1981年，京都府立医科大学卒業。東京大学心療内科，公立昭和病院心身医療科，東京国際大学人間社会学部，心の杜・新宿クリニック勤務を経て，2021年より北参道こころの診療所にて精神科・心療内科外来と精神療法に従事。
　日本精神分協会精神分的精神療法家／現・日本精神分協会精神分的精神療法家センター長。日本精神分学会精神分的精神療法医・スーパーバイザー。
　著書：『治療者のための女性のうつ病ガイドブック』（金剛出版，分担執筆，2010），『精神分析から見た成人の自閉スペクトラム』（誠信書房，分担執筆，2016），『週1回サイコセラピー序説—精神分析からの贈り物』（創元社，共編，2017），『精神療法の饗宴—Japan Psychotherapy Weekへの招待』（誠信書房，分担執筆，2019）ほか。

山崎孝明（やまざき・たかあき）
　2008年，上智大学文学部心理学科卒業。2019年，上智大学博士後期課程総合人間科学研究科心理学専攻修了。2020年，日本精神分析学会奨励賞山村賞受賞。現在，こども・思春期メンタルクリニック。
　博士（心理学），臨床心理士・公認心理師。
　著訳書：『精神分析の歩き方』（金剛出版，2021），『精神分析的サポーティブセラピー（POST）入門』（金剛出版，分担執筆，2023），『当事者と専門家—心理臨床学を更新する』（金剛出版，2024），『フロイト技法論集』（岩崎学術出版社，共訳，2014），『フロイト症例論集2—ラットマンとウルフマン』（岩崎学術出版版社，共訳，2017）ほか。

週1回精神分析的サイコセラピー
——実践から考える

2024年11月15日　第1刷

編著者　髙野　晶・山崎孝明
発行人　山内俊介
発行所　遠見書房

〒181-0001 東京都三鷹市井の頭2-28-16
株式会社　遠見書房
TEL 0422-26-6711　FAX 050-3488-3894
tomi@tomishobo.com　http://tomishobo.com
遠見書房の書店　https://tomishobo.stores.jp

印刷・製本　太平印刷社

ISBN978-4-86616-210-2　C3011
©Takano Aki & Yamazaki Takaaki 2024
Printed in Japan

※心と社会の学術出版　遠見書房の本※

遠見書房

思春期心性とサブカルチャー
現代の臨床現場から見えてくるもの
（島根大学教授）岩宮恵子 著
子どもたちとの心理カウンセリングを重ねる中，話題に出てくる「サブカル」とその背景から見えてきた，いまどきの子どもたちの真の姿を思春期臨床の第一人者が読み解く一冊。1,980円，四六並

描画連想法——ラカン派精神分析に基づく描画療法の理論と実践
（中部大学准教授）牧瀬英幹 著
紙を交換する新しい描画療法「描画連想法」。この技法について，多くの事例を交えながら理論から実践まで語り尽くした一冊。スクィグルや風景構成法についての論考も収録。3,080円，A5並

文化・芸術の精神分析
祖父江典人・細澤 仁 編
本書は，人間を人間たらしめる文化・芸術に精神分析の立場から迫ったもので，北山修をはじめ多くの臨床家が原稿を寄せた。映画や文学，音楽，美術から，フロイトの骨とう品集めまで，精神分析の世界を拡張する。3,300円，A5並

AIはどこまで脳になれるのか
心の治療者のための脳科学
（京都大学名誉教授）岡野憲一郎 著
AIと意識と心の問題に，精神分析と脳科学の分野を横断する臨床家・岡野憲一郎が挑む。不思議な症例や最新の脳科学研究から脳と心のメカニズムを明らかにし人間存在に迫る。2,200円，四六並

そもそも心理支援は，精神科治療とどう違うのか？——対話が拓く心理職の豊かな専門性
（東京大学名誉教授）下山晴彦 編
公認心理師の誕生で，心理支援のアイデンティティは失われてしまった。そんなテーマから生まれた対談集です。信田さよ子，茂木健一郎，石原孝二，東畑開人，黒木俊秀など。2,420円，四六並

天才の臨床心理学研究——発達障害の青年と創造性を伸ばすための大学教育
名古屋大学創造性研究会（代表 松本真理子）編
ノーベル賞級の「天才」研究者たちの創造性の原点とは？　才能をつぶすのも，広げさせるのも大学教育にかかっている現在，天才たちの個性と周囲のあり方を考えた1冊です。2,200円，四六並

スピノザの精神分析
『エチカ』からみたボーダーラインの精神療法
（精神分析家・精神科医）川谷大治著
フロイトにも影響を与えた哲学者スピノザ。同じ精神分析家によるスピノザの哲学を真っ向から扱った一冊。長年の治療経験と思索から，「エチカ」と精神分析の世界を解き明かす。3,300円，四六並

呪医とPTSDと幻覚キノコの医療人類学
マヤの伝統医療とトラウマケア
（和歌山大学名誉教授）宮西照夫 著
伝説的シャーマンの教え，呪医による治療，幻覚キノコの集会……。マヤの地における呪医とキノコとトラウマケアをめぐるフィールドワークの集大成，著者渾身の一書。2,530円，A5並

みんなの精神分析
その基礎理論と実践の方法を語る
（精神分析家）山﨑 篤著
19世紀の終わりに現れ，既存の人間観を大きく変えた精神分析はロックな存在。日本で一番ロックな精神分析的精神療法家が，精神分析のエッセンスを語った本が生まれました。2,420円，四六並

Ｎ：ナラティヴとケア
ナラティヴがキーワードの臨床・支援者向け雑誌。第15号：オープンダイアローグの可能性をひらく（森川すいめい編）
年1刊行，1,980円

価格は税込です